無名氏的文學作品探索與紀懷

文史哲出版社編委會編

現代文學研究叢刊
文史哲出版社印行

國家圖書館出版品預行編目資料

無名氏的文學作品探索與紀懷 / 文史哲出版社編委會編. -- 初版. --臺北市：文史哲，民 93

面： 公分. --（現代文學研究叢刊；14）

ISBN 957-549-567-5 (平裝)

1. 無名氏 - 傳記 2. 無名氏 - 作品評論

782.886 93012005

現代文學研究叢刊 14

無名氏的文學作品探索與紀懷

主編者：文史哲出版社編委會編
出版者：文 史 哲 出 版 社
http://www.lapen.com.tw
登記證字號：行政院新聞局版臺業字五三三七號
發行人：彭 正 雄
發行所：文 史 哲 出 版 社
印刷者：文 史 哲 出 版 社
臺北市羅斯福路一段七十二巷四號
郵政劃撥帳號：一六一八〇一七五
電話886-2-23511028 · 傳真886-2-23965656

實價新臺幣四六〇元

中華民國九十三年(2004)十月十一日初版

ISBN 957-549-567-5

無名氏的文學作品探索與紀懷　目錄

無名氏文學作品研討會論文

《紅鯊》與《古拉格群島》……黃文範……七

巍巍隱天，俯觀雲霓——簡論《無名書》……戈正銘……二五

探求・反思・自由——讀《無名書》……尉天驄……四五

眼睛凝視眼睛——重看無名氏的《無名書》……羅　鵬……八七

論無名氏後期短篇小說的藝術得失……唐翼明……九七

創傷的聲音：評析無名氏的「大牆文學」著作……吳燕娜……一二三

無名氏文學作品研討會紀實……朱自力等……一六三

哀榮新聞剪影……二二七

公祭備極哀榮　政界文壇大老到齊　無名氏追贈華夏獎章……陳文芬……二二九

爲無名氏送行……中央日報……二三一

作家無名氏病逝　臨終前仍繫著作……大洋時報……二三三

老作家天不從願　無名氏　晚境貧病昨病逝……徐開塵……二三五

塔裡的女人
北極風情畫　作家卜乃夫走了……張璨文・陳文芬……二三九
無名氏病逝　藝文界哀悼……中央日報……二四一
無名氏病逝　享壽86歲……聯合報……二四三
無名氏研討會　主角缺席……賴素鈴……二四六
無名氏最後手稿及詩篇手稿……卜寧遺稿……二四九
追懷文錄……二五九
小說家寫的詩……向明……二六一
無名的大丈夫，親切的長者——敬悼無名氏……張健……二六五
二〇〇二年的秋天　看魚游……碧果……二六八
無名氏三大奇蹟……徐世澤……二七一
當生命變成礦物時……張默……二七五
小雨，在雲山蒼茫間飄、飄、飄……謝輝煌……二七八
無名氏的二三事……魯軍……二八一
聞無名氏逝世……台客……二八四
無名氏的文采……黃文範……二八六
霜影亂紅凋——悼念乃夫兄……戈正銘……二九〇

我們虧欠無名氏……向　明……二九二
無名氏，你沒有死……王　璞……二九四
天涯異客——記念作家無名氏先生……辛　鬱……三〇一
無名氏二三事……瘦雲王牌……三〇三
沒有人接的電話……墨爾本　俗　子……三〇六
我最敬愛的無名氏老師……墨爾本　駱　駝……三〇九
九州生氣特風雷……戈正銘……三一二
適去，順也……魏子雲……三一六
哀無名氏先生……周玉山……三一八
文曲星沉——祭無名氏（卜寧）先生文……金　筑……三二〇
無名氏的浪漫情懷——《抒情煙雲》讀後……瘦雲王牌……三二二
記憶大海裡的珍寶……向　明……三二五
圓山飯店新春文薈欣遇無名氏先生預祝八秩榮慶……王　幻……三二八
無名氏先生餐敘小記……中華民國新詩學會……三二九
我所知道的無名氏……宋北超……三三一
懷念熱忱待人與堅持創作的卜老……彭正雄……三三九
附錄：無名氏文學創作年表……彭正雄……三四七

無名氏文學作品研討會論文

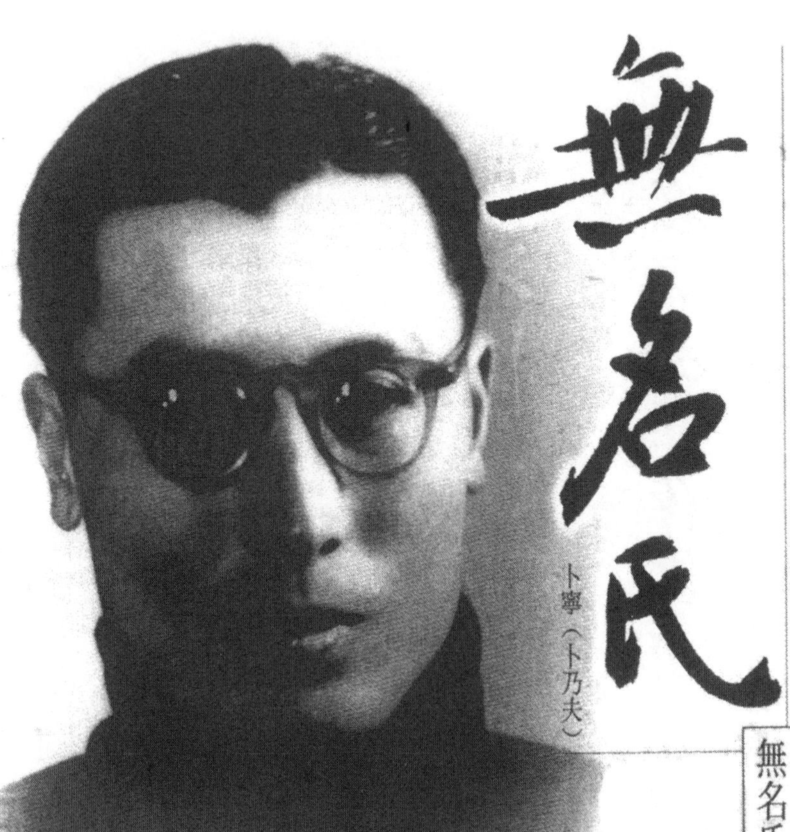

無名氏文學作品研討會暨書法展

◎主辦單位：
國立政治大學中國文學系
文史哲出版社
官邸藝文沙龍

◎贊助單位：
台北市文化局

日期：民國九十一年十一月九日（星期六）
時間：上午九時至下午五時四十分
地點：台北市徐州路46號市長官邸

無名氏文學作品研討會

專題演講：
歷史的鐘聲
主持人：朱自力政大中文研究所所長
主講人：尉天驄政治大學中文系教授

論文及論文發表人

上午論文發表（九時至十二時）
主持人：朱炎 逢甲大學文學院院長
無名氏的文學時代（瘂弦・名詩人）
杜歐與古拉格群島（黃文範・名翻譯家）
狼嚴顯天，俯視寰覽（戈正銘・交大教授）
探求・反思—自由（尉天驄・政大教授）

下午論文發表（十四時至十七時）
主持人：龔鵬程・佛光大學校長
剖析金色的蛇夜（Carlos Rojas・Florida univ教授）
無名氏的短篇小說及散文的藝術（唐翼明・政大教授）
評析無名氏的大體文學著作（吳燕娜・美加州大學教授）

無名氏手稿書法展覽會

日期：民國91年11月9日至15日上午11時至下午9時

《紅鯊》與《古拉格群島》

Wumingshi's Red in Tooth and Claw and Sozhenitsyn's The Gulag Archipelago

名翻譯家　**黃文範**

一

《紅鯊》爲無名氏在台灣所寫的一篇報導文學，序言說「全是眞人眞事，由當事人口述，提供資料，由我整理，撰寫報導。除主角外，全部人物都是眞姓實名。」①他也說：「我一生寫了五六百萬字，三十多本書，只有這本，眞正是用別人鮮血寫的書。」

《紅鯊》在一九八九年九月開始發行，不像傳記性的小說《野獸》，也不像個人回憶錄如《海的懲罰》與《走向各各他》，這本書原是根據一位任職情報員的國軍軍官洪憲衡（中文本的化名）的回憶，由無名氏經過多次談話，加以記錄整理後再寫出來，過程非常艱苦。因爲洪氏並不懂如何正確抓住回憶重點及細節，需無名氏一再教導、啓發他回憶的技術、及表達方式，書中情節約略如下：

一九五一年三月，洪憲衡在上海爲蔣經國供應情報，遭中共秘警逮捕，起先關在上海監獄，一九五二年八月，發配青海省勞改隊，成爲建築青海到西藏公路的修路隊隊員，開始他的苦難。

青海省原爲中共「古拉格」的中心，也就是遙遠而苛酷的勞改營所在地。「反革命分子」與刑事犯在這裡掙扎求生，卻往往失敗。

一九五四年秋，洪憲衡從修路隊調出來，遣往青海德令哈農場，進一步勞改，可算是僥倖有福活下來的人。但十三年之後，幾乎有兩年之久，他遭關在一座井底，忍受極殘酷的刑罰。一九七六年，北京政府採取新政策，取悅華府，洪憲衡終於和其他國府文武高官一起釋放。但他堅持要去台北，直至一九七八年十一月，才能如願到達。一九八七年四月，無名氏同他初會，對他的經歷大感興趣。後來看了他有關勞改的回憶文字片斷，儘管內容紊亂，文字很差，又多口號教條，仍覺從中可篩選出一些問題，再由新的答案中知道一些眞相。於是和他會談數百次，包括聚餐、電話，以便獲得更多的資料，終於進行《紅鯊》寫作。

《紅鯊》是一部震撼人心、直寫人在逆境中求生的重要紀錄，人們可以看到一幕又一幕勞改制度下，成千成萬犧牲者集體受難或死亡的慘劇。例如：

一九六八年二月廿日，在青海省會的西寧，共黨當局竟從上午九點到下午三點，用機關鎗掃射綿延不斷遊行向政府抗議的隊伍，造成七八千人死亡，上萬人受傷，還有兩三萬人遭逮捕。

誰能想到，五六百人光腿赤腳，在一處冰冷的河流中站成一個個同心圓，好讓圈中比較乾的地區，由別的工人爲橋樑打橋墩。那座橋樑的設計師們又哪會想到，這麼多人的雙腿長期浸沒冰水中，晚上烤火取暖，竟從膝蓋脫落下來，斷了。

誰又會料到，這批「土法上馬」的工程師，以這種方式造起的一座大橋，大約一年光景，就和同一條河邊的三層百貨大樓一樣，根本就倒塌了。

誰又會想到，幾年以後，那處工程草率的水庫，竟自崩坍，淹沒了一處村莊，三千多居民中僅有三百人倖存。②

二

整整三十五年前，也就是一九六八年五月，索忍尼辛在蘇聯的羅德楚伊斯德(Rozhdestvo-na-Iste)這一處名不見經傳的小地方，完成了他那部掀天揭地、氣勢磅礴的巨著《古拉格群島》(The Gulag Archipelago)，記述蘇聯半世紀以來，一種最殘酷制度的實況。這部書由俄文譯成英法各種語文後，震動了全世界，一時之間，洛陽紙貴。

我自一九七四年九月十三日起翻譯《古拉格群島》，在中央日報副刊連載，到一九七五年元月卅一日停載，我仍繼續翻譯，在同年四月自費出版了中文版《古拉格群島》上卷上冊，具見我對這本書的執著。直到九月，才由遠景出版社接手，後來又續譯中卷及下卷，由「道聲出版社」在一九七七年五月、及一九七九年十二月分別發行。

《古拉格群島》的中譯，我並不是頭一個，但譯完全集，卻是我的一項心願。並且敢於自豪，達成了。這部書的各種譯本，不論譯成英文、法文、日文，都是兩三個翻譯家接力或者合作。這種方式的好處是快，能使譯本早日問世，但缺點則是譯文文詞語氣不能一氣呵成，人名、物名、地名間有舛誤。

我譯完這部大書，共一百八十二萬五千字，前前後後花了七年的時間，油然而生感喟：

「中國的索忍尼辛在何處？」

三

一九七八年以後，我們可以漸漸看到大陸的文學作品。但關於勞改制度的文字，一本都沒有。索忍尼辛說過：「鐵打的『群島』，流水的頭頭，勞改營是鐵打就的，因爲這種『獨特的』政權，沒有了它，就生存不下去；如果把『酷勞改群島』解散，政權本身也不能存在了。」③

所以，初見以勞改隊作背景的一本小說④，我十分高興，以爲關於大陸勞改營實況的書，終於呈現。可是仔細品味，覺得小說家筆下的勞改營，竟與索忍尼辛筆下所描述的大異其趣，像：

「我只要一投入勞改營，鍬一拿到我的手，蔴袋一站上我的肩，稻捆一貼在我的背，我就會入迷，就會發瘋，如同『紅菱艷』中那位可愛的女主人公，一穿上那雙魔鞋，便會不停地跳啊！跳啊！直跳到死一樣。」

「幾株粗大的柳樹下面，金色的夕陽映照著他們黑色的囚服。他們列著隊，扛著鍬、甩著手臂。看看他們遠去的背影，頗覺得他們精神抖擻得可愛。」

「晚上回來一大瓢，那是多麼噴香誘人的一大瓢呀！蔥花撒得很多，大米麵條是稠稠的……炊事員不停地揮動著粗壯的手臂，俯在熱氣騰騰的大桶上……用海碗那麼大的短柄鐵瓢、一大瓢一大瓢地把『米麵調和』打到勞改犯人的飯盆裡……實實在在地洋溢著人情味。」

這種描寫，使人迷惘，這與《古拉格群島》中的勞改營，相差很遠！如果把第二段的「囚」改成「衣」；第三段的「勞改犯」改成「每一個」，這不是「人民公社」嗎？

更使人難以置信的，這部小說還說：「在勞改隊，政治犯卻幾乎都能得到勞改幹部的信任……與他們對刑事犯的態度不同。」這又與索忍尼辛所說的背道而馳。在《古拉格群島》中，「第五十八條犯人」(政治犯)受盡「積極份子」的凌虐，勞改營重用的幹部，是以前的共產黨員與黑道份子的刑事犯，這一點，索忍尼辛用「政治犯的位置」寫了整整一章(古中，頁四三〇)，而「積極分子」與「忠貞分子」(古中，頁三四三、頁四四七)也各有一章。以十萬字的篇幅，寫得詳詳盡盡，難道青海的勞改營會由「政治犯」來「當家」嗎？

四

早在中共「全國第三次公安會議」上，由毛澤東親筆所擬的決議，以史達林時代的勞改營爲藍本，再參以本身累積管理「人犯」的經驗，因此，它的勞改體系，並不亞於蘇聯的《古拉格群島》。

只是大陸小說家現在不描寫勞改營眞情實況，該由什麼人來加以揭開？

有人問過索忍尼辛，寫出這些偉大作品的奧秘何在？他回答道：

「奧秘僅僅在於自己被人頭下腳上甩進地獄時，把它寫出來而已。」

被甩進地獄裡的大陸作家很多，但走出來的人，連自己的經歷都不寫出眞相，旁人又怎麼能置腹推心，把自己的慘痛經驗告訴他來寫？索忍尼辛的《古拉格群島》便是他自己的親身經驗，還加上兩百二十七個勞改犯(zeks)血淋淋的經驗累積而成。

中國的索忍尼辛在哪裡？

然而，無名氏先生的《紅鯊》刊出，我不禁喟然：

「我找到了！」

翻譯人只要見到一個英文生字、直接、立刻的反應就是：中文叫什麼？

我翻譯《古拉格群島》，譯到蘇聯運送囚犯的火車車皮，稱爲「史托里平車」。史托里平(Pyotr Arkadeyevich Stolipin 1862-1911)爲帝俄時代的政治家，因進行土地改革，及把貧農「殖邊」到鮮卑利亞而聞名；他擔任過內政部長，後來被一名「社會革命黨」人刺殺。這種車皮以他命名。是他的發明，還是在他任內拿來輸送貧農而得名，不得而知。我音譯爲「死拖裡病車」。「古」書幾乎用了整整一章來描寫這種車皮。⑤

「運囚車皮」多麼齷齪的四個字兒！事實上，全是劊子手的字眼。它們意思是指出這是鐵路上囚犯的車皮。可是，除開監獄文件之外，旁的地方都沒有見過、用過。犯人習於稱呼這種車皮是「史托里平車」，更簡單的稱呼是「死拖裡病」。

「死拖裡病」車是一種普通客車車皮，裡面堵得嚴嚴實實，但卻有敞開的格窗便於檢查。這些格窗有交錯的對角鐵條，就像人們在車站停車場所見的那一種，一直開到車頂，因爲這種車沒有通常從旅客房間突出在過道上的行李架。過道上都是普普通通的窗戶，可是朝外的一面都有對角的鐵條。囚犯房間裡沒有窗戶，只在第二層睡鋪的位置，有一個小不點兒大的鐵柵百葉窗，這也就是何以這種沒有外窗的車皮，看起來很像行李車的原因。到小房間裡面去的是拉門：帶鐵條的鐵框門。

從過道上這一邊看去，這一切活像一個巡迴動物園；一批像人的可憐動物，都胡亂一堆兒擠在獸檻裡，獸檻裡環繞著地板、和床鋪四周都是鐵絲格子，他們慘兮兮朝外望著你，求你給點兒東西吃喝。就只有一樣兒不像，在巡迴動物園裡，他們從不讓野獸擠得這麼緊緊實實的。

根據不是犯人的工程師所計算，在「死拖裡病」的小房間裡，底層床鋪上可以坐六個人；中層床可以躺三個(這兩層還可以連上一個鋪位，只除了把門旁邊爬上爬下的空間都堵死了。)上層的行李架上還可以躺上兩個。現在，如果在這十一個人以外，再塞進十一個人到房間來(最後一個人，看守員在關門時，得用皮靴把他從門口踹進來)，這才算是「死拖裡病」房間中正常的規定人數。兩邊的行李架上，各有兩個人縮成一團兒半坐著；另外五個人躺在加拼的中鋪上(他們運氣很好，這處地位要憑打贏了才有，如果有任何犯人是下九流偷兒世界裡來的，那裡就是他們躺的地方)；這麼一來還剩下十三個人在下層；每一張床鋪上各坐五個，兩張床鋪的走道，有三個人坐在他們的腳中間。夾雜在人中間的、在人頭上的、在人底上的，都是他們的私人物件。這也就是他們一天又一天，交叉的雙腿在插在身體下坐著的方式。

而中共輸送勞改犯的火車車皮，更等而下之了，無名氏在「鐵悶子」(見《紅鯊》原書第二章)裡這麼敘述：

這種車廂，又稱「鐵悶子車」，平時專運馬牛豬羊，罕見載人，想不到這次竟輸送我們這些「勞改動物」，而且塞得滿滿的。我們上車時，到處是馬牛糞尿，臭氣薰天，只得用手紙和舊衣服擦乾尿液，把大糞運到馬桶內，再舖上帶來的草蓆，這才能安下身子。

火車由上海開出，沿途只發一些黑麵包果腹，乾巴巴的，不易下嚥，成日難得有水喝，渴極了。夜半車止某站，月台上盡是兵，三步一崗，五步一哨，荷鎗實彈，重重佈防，嚴密監視，唯恐有逃犯。這時，警衛一連迭催囚徒們火速抬下馬桶，出清糞便，再抬上兩桶開水，供大家飲用。這眞是大旱望雲霓，衆人很快喝光。有帶水壺的，便乘機裝滿了。翌日，巴巴的讓每人啜一口，潤潤乾燥嘴唇。

每節列車廂，頂上只開四扇小鐵窗，框內嵌了些鐵杆，排得很密，這就更妨礙空氣流通。我們的眸子朝天望，終日僅見小小四個長方塊，三種被鐵欄杆分割的顏色：亮天、陰天、黑天。沿途風景，只有午夜車停，才偶爾一顯。這時到處一片漆黑，幾盞路燈，稀疏、昏黃，連附近一棵樹、一株草都看不清楚。囚犯抬著開水，才一登車，士兵馬上拿起大鐵鎖，從外面緊鎖車門。縱使一隻小麻雀，也揷翅難飛。車廂面積約十幾坪，竟滿塞七八十人。我們完全變成罐頭鳳尾魚，擠得水洩不通。日日夜夜，只能肉貼肉、或坐或站、或臥。坐或臥，連腿也伸不直。空間是這樣密不通風，空氣又污濁不堪，氧氣不足，二氧化碳濃得像稠粥，濃濃的、倒灌我們口鼻，再加上兩隻木製大馬桶，晝夜二十四小時擴散臭氣，且混雜人體擠出的汗液酸味，那一片抑塞呼吸的悶鬱，直使我們瀕於窒息邊緣。

不消幾天，一些人就病了。發熱、頭痛、暈眩、瀉肚、胃疼，不一而足。哪有醫生治療？嘔吐者吐得滿身，濺及同伴，越增腥穢。最苦的是腹瀉，要左一趟、右一趟，從一個個人體上爬過去。他拉了那許多糞便，越發叫車廂臭氣瀰漫。間有不濟事的，忍不住，正爬著，穢物就瀉到褲子上，甚至滲透長褲，污染了別人。再說那些發燒者，哪怕熱度較高，也不能老躺著休息，叫別人連站幾天幾夜，只得熬著坐起來，硬撐。眞是呼天不應，叫地不靈。

這兩位大作家對押送勞改犯的火車，都寫得眞實、詳盡、生動。使我恍然大悟，蘇聯的「死拖裡病車」，原來就有個十十足足中國化的對等譯名「鐵悶子」，這是在任何字典上無法學到的一個生字。但相形之下，也使我覺得無名氏先生對「鐵悶子」的描繪，比索忍尼辛筆下「死拖裡病車」鮮活，也更爲紮實。

無名氏《殍繪》，是繼世界名著《餓》以後，描繪飢餓及勞改營中的飢餓，最出色的一篇，敘述一九五九年到一九六一年「三年大飢荒」中，光是青海柴達木盆地附近的勞改犯，就餓死了十幾萬人！

餓得最兇時，我們所看見的，那已不是一張張人臉。在人們頸椎上蠕動的，是一副副白紙面具，有點像午夜美國三K黨：面具上毫無人血，也無人氣，更無人相。因爲，每一個活人全像才斷氣的死人，又奇蹟式的暫時復甦一樣。所謂「臉」，大多呈倒三角楔形，有些簡直是骷髏形，人皮直似一層透明薄紙，一扯就破。最突出悲劇性的是雙眼，深深凹陷，兩主睛珠，如兩顆念佛珠，無光，無活意，幾乎無色，望人時，總是凄凄慘慘，好像在說：「下一分鐘我就要死了。」正因每副人相全是凄凄慘慘，而形相有點猙獰，大家也就互不覺慘或猙獰了。覺得「慘」或「猙獰」，這個動詞「覺得」，屬於十年前的過去式。這時候，人們往往連說話也困難，都說不清楚：不是不想說，是說不出。哪怕使盡吃力氣，用透肺活量，一個個的聲音仍低得像蚊子。你只見他們嘴動，冒氣，露牙，不斷嘰哩咕嚕，在發音，微響，像在講話，但洩出來的那一點點幽音，你諦聽好一會，依舊聽不清他究竟在說些什麼。他乾瞪著眼，直直看你，似乎還未說話，就聲嘶力竭，兩片唇皮不停抖顫，卻有氣無力，神色悲苦。一種可憐的掙扎，眞像他已深深淹沒，沈入水底，還想浮上來。

夜裡，有的人睡下去，還是活的。天亮時，竟全身冰冷，兩腿筆直。你簡直弄不清楚，他究竟什麼時候死的？奇的是，有的人，雖死，雙眼卻睜得老大，牙關也咬得緊緊。通常，死人睜眼咬牙，偶爾也有，卻沒有這麼多。開睛，是死不瞑目；咬牙切齒，是滿肚子恨。那些死在工地的、路上的，不少也是張眼咬牙。其中一些，大約是張口想吃，卻吃不著，想說，卻說不出，想喊，喊不響。

索忍尼辛對勞改營中的集體死亡，也有實實在在的記載⑥。

人們在那裡一待就好幾個月，通舖上的臭蟲，多得就像蝗蟲一樣。一天只有半杯水，再沒有多的了！——沒有一個人責問一聲。那裡有一處囚營全是韓國人，統統死於拉痢。死得半個不留。在我們囚營裡，他們每天早晨要拖走一百具屍體，那時正在蓋一處太平間，所以他們就把犯人套在拉車上，用人去運石頭。今兒個你拖東西，明天他們把你拖到那裡去。到了秋天，傷寒蒞臨；我們也幹的是同一樣的辦法，不到發臭不把屍體交出去——好多領點口糧。甚麼醫療都沒有，我們爬到圍籬邊哀求：「拿點藥給我們。」看守塔上的衛兵就是一梭子火。然後他們才把患傷寒的犯人，集中到一棟隔離的營房裡。有些人到不了那裡就死了，回來的人只有少數幾個。那裡是雙層床，睡上舖的人要是病了，發高燒，就沒辦法爬下來去上廁所——因此，就會完全流到睡下舖的人身。那裡的病號有一千五百人，所有的看護都是賊，他們從屍體上拔掉金牙，而且不僅僅只從屍體上。

《紅鯊》描繪勞改犯修築青藏公路的慘狀，死了好幾萬勞改犯。索忍尼辛則以整整一章

⑦，敘述蘇聯如何驅使勞改犯修築「白(海)波(羅的海)運河」「莫(斯科)伏(爾加河)運河」，勞改犯在冰天雪地中死去的慘象⑧：

每一個工作天完了，工地上總留得有好些屍體，雪花撒在他們臉上。其中一具屍體彎身在翻過來的手推車下面，他的手攏在袖子裡，就在這種樣子下活活給凍死。有些人把頭埋在膝蓋中凍僵了；有兩個人背靠背坐著凍死。他們是農家子弟，以及人們可能想得出來的最好工人。他們一次上萬上萬的派到運河工地來，因營當局想盡辦法，使每一個人都不同自己的父親在一個營區內，他們竭力要拆散一家人，而且馬上派給他們運沙石、搬磚石的工分，那怕在夏天都沒法子完成。沒有一個人能教他們半點東西，警告他們一下。他們以鄉村中的純樸，拚了老命幹活，很快身體就不行了，然後就凍死掉，人成對兒成對兒抱在一起。到了晚上，雪橇出去收屍，趕車的把屍體往雪橇上一丟，就悶糊糊砰然一聲。

他們說，在一九三一年到一九三二年的頭一個冬天裡——死掉十萬人，這個數字正等於構成運河工程的全部勞動力。爲什麼不相信？更可能的還是打了折扣；在戰爭中的相似情況下，俘虜營的死亡率每天百分之一是普遍的事，也是衆所周知的知識，因此「白波運河工程」中的十萬人，只在三個多月就死光了，後來還有整整一個夏季，再加上一個冬天。

五

毛澤東罵知識份子是「臭老九」，整得中國大陸知識份子死去活來，也自有師承。《古拉格群島》寫出在一九一九年九月十五日，高爾基打算為逮捕了的一些知識份子緩頰時，列寧回了封信，顯然，有些知識份子是這一案的被告，列寧批判廣大的俄國知識份子，寫道：「確確實實說來，他們不是全國的人才，而是狗屎。」在另外一次場合裡，他向高爾基說道：「如果我們打碎了太多的腦袋瓜的話，那都是他們(知識份子)的過錯。」「假如知識份子要求正義，為甚麼不投靠我們？」⑨

列寧表達出他對知識份子的不信任和敵意，「腐敗的自由派」，「假裝虔誠」，「在『受過教育人士』中那種習以為常的懶散。」他認為知識份子一直都是鼠目寸光，已經「背叛了工人的本原。」

《紅鯊》中那篇使人悚然的「井底」，便使我想起了伯力市「混凝土凹槽」二十四小時的酷刑⑩，而「井底」那個受刑人，卻在青海的一口二十多公尺深的乾井底下，過了整整兩年不見天日的囚禁生活。

自「文革」以還，中外人士只知道一九七六年四月五日、一九八九年六月北京天安門兩次事件，是震動全球的大慘案，卻不知道一九六八年二月二十二日，在西寧發生了更大的屠殺。

由於「文革」拋出「造反有理」「打倒當權派」的口號，一名從上海棉紡廠調到西寧的中年工人吳新華，便成立了「八一八造反派」，準備在二月二十二日奪權。

西寧的「當權派」早已在街頭嚴陣以待，對著一排排套著「八一八」紅布黃字袖章的群衆，以機槍掃射，屍積如山，地下的鮮血後來用消防水龍頭沖洗，有的直接流進省府大樓附近的黃河（應爲「湟水」），河水一度染成通紅，陳屍七八千具，輕重傷近萬人，當時與事後遭逮捕的達兩三萬人，佔了西寧市四十萬人口十三分一。然而，這一慘絕人寰的屠殺，直到無名氏先生秉筆直書，才爲世人所悉。

相似的，索忍尼辛在《古拉格群島》中，也報導了幾次蘇聯勞改營犯人的集體反抗。在下集第十一章〈扯斷鐵鏈〉(Tearing at the Chains)[11]與第十二章〈肯格爾營的四十天〉(The Forty Days of Kengir)[12]，作了詳盡的報導。雖然反抗的群衆都失敗而慘遭屠殺。可是，他們英勇反抗暴政的史實，透過索忍尼辛與無名氏的秉筆創造，而栩栩如生地活在世人心裡。

六

一般說來，索忍尼辛與無名氏這兩位大作家，有許多相似的地方。他們都是生於一九一幾年代的作家，熱愛文學、熱愛眞理、更熱愛國家，可是都受到「祖國」的苛待。索忍尼辛遭判刑八年，放逐三年。無名氏頻遭迫害，先後曾在浙江杭州邊海灣集中營及潘板橋農場勞改一年多，又囚禁杭州小車橋監獄一年三月，出獄後又受監管三年，也惟其因爲他們有這種「頭下腳上，甩進地獄」的經驗，目歷親經勞改體系，而他們的雄渾文筆與敢於揭露眞相，獲得了廣大群衆信任，紛紛把本身所遭受的痛苦告訴他們，請他們代寫出來，向全世界控訴。

索忍尼辛集結了兩百二十七人的經歷，無一句不眞實，寫出了氣勢磅礡的《古拉格群島》；無名氏回到台灣，也受到同胞的信託，把親自經受勞改與慘遭鬥爭的經歷告訴他，再結合他自己的經驗，寫出了《紅鯊》這本書，舉世爲之屏息。

註釋

①《紅鯊》頁十一，無名氏，台北，黎明文化公司，一九八九年。

②「索忍尼辛與無名氏」夏志清，一九九四年五月十四日聯合報副刊，夏氏英文由作者迻譯。

③《古拉格群島》上册頁七七四(《古拉格群島》分上、中、下共三册，上册爲台北遠景出版社，一九七五年出版；中册爲台北道聲出版社，一九七七年出版；下册亦爲台北道聲出版社，一九七九年出版)

④張賢亮《男人的一半是女人》。
⑤古上，頁七三七
⑥古上，頁七九六
⑦古中，頁九一
⑧古中，頁一二六
⑨古上，頁五一九
⑩古上，頁二〇〇
⑪古下，頁三九五
⑫古下，頁四五一

翻譯家 黃文範，譯有索忍尼辛《一九一四年八月》《第一層地獄》《古拉格群島三卷》暨《戰爭與和平》《恩尼派爾全集》等書八十冊，逾二千三百萬字。

巍巍隱天，俯觀雲霓

——簡論「無名書」

國立交通大學機械工程系榮譽退休教授 戈正銘

作爲華文現代文學中的一座高峰，無名氏（卜乃夫），正如東漢文學家與科學家張衡在其「南都賦」中所稱，「鞠巍巍其隱天，俯而觀乎雲霓」。

無名氏的主要著作「無名書」，共六卷，二百六十萬字，是他以全部生命力苦心經營了五十多年，具有劃時代意義的巨著。自上世紀四十年代中期出版第一、二卷以來，歷經劫難，才得全部出版。出版後又不斷修改，直至逝世前方最後定稿。本文將對無名書分卷加以論述。

一、九州生氣恃風雷——論「野獸、野獸、野獸」的元氣

二十世紀四十年代後半期，中國廣大土地上內戰正酣之際，中國文壇上忽然出現一朵空前絕豔的奇葩——無名氏（卜乃夫）的「野獸、野獸、野獸」。作爲二百六十萬字的、六巨册的「無名書」的第一巨册，它著實震撼了當時的文壇。看慣了魯迅的沉鬱短篇、茅盾的「遵命文學」、巴金的流暢篇章，讀者終于看到了「迴腸蕩氣感精靈」、「亦狂亦俠亦溫文」的、

元氣淋漓的宏偉鉅著：無名氏的「野獸、野獸、野獸」。它的出現標示著華文現代長篇小說，在新文學運動經過三十年的歷程後，在「而立」之年終於成熟了。

「九州生氣恃風雷」，中國大地的蓬勃元氣經過苦難風雷的激蕩終於迸發出來了！元氣在「野獸」一書中是貫徹始終的。首先它表現在本書的主題，對生命的執著無比的追求之中。本書的最後一頁點出書名的命意：「野獸樣向生命撲過去！與生命肉搏！抓生命的頭，擰生命的臉！……去追求！去追求！到地底去追求！到海角天涯去追求！……生命不是爲了做點綴的侏儒！不是爲蒼蠅樣到處舐甜！不是爲了蚊子樣嗡嗡嗡嗡，又貪婪、又牢騷、又懦怯！生命是爲一場霹靂雷鳴、爲一場瀰天雷火。」正如荷馬的「伊利亞特」與「奧德賽」一樣，作者對人性的刻劃鞭辟入裡，細膩的探討了人性的弱點。重點卻表現在對生命的自我肯定與認同上。在荷馬的史詩中，人的自我最大的肯定表現多在戰場上的殘忍與殺戮。與此不同，無名氏的史詩則顯示著，元氣即是生命，元氣即是無比執著的追求。這種追求就是人的自我最大的肯定。

其次，元氣貫徹於本書對痛苦與戰爭的闡述中。本書除了悲天憫人的一面之外，深刻的指出，痛苦——包括戰爭帶來的痛苦——是獲取幸福的必由之路。不像但丁在「神曲‧地獄篇」第一章第一句悲觀的說：「當人生中，我迷失在一個黑暗的森林之中。要說明那個森林的荒野，嚴肅和廣漠，是多麼的困難呀」，作者胸有成竹的寫道：「戰爭在進行。革命在進行。中國大陸在進行翻天。古代東方在進行覆地。所有這一切進行主要是——一片時代大瀑流在進行。大瀑流中，千千萬萬渴望明天的生命們，招展出千千萬萬順應瀑流和表現瀑流的姿態。」生命只有在經由大痛苦後才更有元氣。證之作者本人的半生苦難經歷，可謂夫子自道。

另外，即使在純景色的描述中也充滿著元氣。請看：「藍色海水彩畫似的開展，畫軸隱入天際，白色毛卷層雲的波浪裏。天空靛藍，影綽綽的，疏掛縞狀雲的乳色薄幕。藍色天氈下，海水輕舐淡棕色海岸，空闊中鳴起神秘和音，藍色的和音。在長期海蝕輪迴中塑成的海岸，微微隆凸淺棕色胴體，它的每一個細胞，現在都滲透陽光的金液。一些斑駁的古銅色海螺獅，摺扇形的褐色大蚌殼，及一些被巨浪打上來的五臂海盤車，星花似的紫黑色海盤車，古典意味的裝飾這片淡棕色胴體。胴體的另一部分，點綴綺紋玲瓏的五彩貝殼，絢爛的海藻，以及海藻中的半透明樹架形的水螅群體，它們爍爍發光。……彩色蝴蝶魚在海裏游。一切和平而蔚藍。」生機處處，萬物欣欣。醲郁的元氣直撲讀者！愛因斯坦說：「個人的生命只有當它用來使一切有生命的東西都生活得更高尚，更優美時才有意義。生命是神聖的，也就是說它的價值最高，對於它，其他一切都是次一等的。」偉大的文學家與偉大的科學家在心靈深處是完全契合的。

韓愈的「雜說一」說：「龍噓氣成雲。雲固弗靈於龍也，然龍乘是氣，茫洋窮乎玄間，薄日月，伏光景，感震電，神變化。」作為人中之龍的無名氏以其「薄日月、伏光景」的浩然的元氣「茫洋窮乎玄間」，馳騁文壇六十多年，以八十五歲高齡，筆耕愈勤，眞正做到了使讀者們「感震電，神變化」。以致他的作品可以歷經五、六十年時間的考驗。

二、我有迷魂招不得——《海豔》的追求

《海艷》乃是無名書六卷中繼第一卷《野獸、野獸、野獸》後的第二卷。內容主要描述主人翁印蒂在社會革命追求幻滅之後「入出」愛情生涯的過程，「我有迷魂招不得」（李賀詩句）式的自我追求。

就文學思潮而言，《海艷》大大突破了西方傳統浪漫主義的樊籬，創建了文學的「宇宙主義」——宇宙文學（Cosmic Literature）。就愛情表述而言，雖多浪漫的傾向，但在其深層卻是充滿了宇宙精神之和諧，「宇宙間盡有比革命和正義更動人的景物，更絕對的絕對，更完整的完整。只有在這種絕對的完整中，我們才呼吸到永恆美麗的諧和」。印蒂的父親印修靜體現了東方哲理式的和科學的宇宙觀。母親和姨母則分別體現俗世的宗教觀與人生觀。而女主角瞿縈則是印蒂的巨大的回響和化身，也是唯一相輔相成的知心的「完成者」。這由「渠縈」這個諧音中可以窺測一二。作者在無名書後幾卷中對東方哲學與宇宙精神有更淋漓盡致的發揮。「歡樂是人性的，不是神性的，它絕不是永久的持續，只是剎那與剎那的飛躍。人

不該苛求歡樂，正像母親不能苛求子女。」這段話的前半段是叔本華悲劇式的追求，後半段卻是儒家精神的「克己」要求，東西方哲學在此取得了平衡。

《海艷》的第二個大突破是結構上的突破。全書採開放式的結構。傳統的長篇小說多由幾條線索並行。每條線索由一個有頭有尾的故事支持，諸線索間往往交叉聯合，猶如有幾條巷子的封閉的社區。海艷則不強調故事性，或可以說簡直沒有故事，既沒有故事，所以可以無始無終，隨時開始隨時結束。猶如一個四通八達的數百萬人口的大都市，永遠逛不完，逛不厭。

《海艷》的第三個大突破是文學語言上的突破。其一爲語彙的突破。自「五四」時期胡適提倡「八不」主義以來，新文學家們很少用典故，也很少用文言原有的語彙，以致文字的表現力大爲削弱，實在是畫地爲牢，自縛手腳。胡適其實對西方文學仍處于一知半解狀況，因而亂開藥方。孰不知二十世紀的西方巨匠如詩人艾利奧特的「荒原」，小說家喬伊斯的「尤利西斯」不但用典，而且用典用得多得驚人。本來文學應在繼承中創新，這是天經地義的常識。無名氏的作品中大量應用文言的詞彙如「熹微」、「抃舞」、「育𤇓」、「膃肭」等，而自創的詞彙更多，如「轂轉」、「玉灩灩」、「海靜」、「魔崇色彩」，眞是美不勝收。其二是語法上的突破。《海艷》是詩小說，故詩語成分極大。名詞當形容詞、副詞，或副詞、形容詞當名詞等等，不一而足，極大地豐富了他的表現能力。其三是確立了「白話美文」。

文言文中美文佔很大比例，只要翻開昭明文選，一大半都是美文。白話文的美文典範少得可憐，不是劉鶚的老殘遊記，就是朱自清的「荷塘月色」。所以嚴格說在無名氏之前，白話美文並未確立。海艷確立了白話長篇小說中的巨幅美文的典範，特別是關於愛情與海的巨幅美文。可謂前無古人。由于篇幅所限，此處就不引用了。

三、百年淬厲電光開——「金色的蛇夜」之奇

清代思想家和詩人龔自珍在他的著名的「己亥雜詩」第七首中寫道：「廉鍔非關上帝才，百年淬厲電光開。」上句是自珍自謙之詞。意思是說：自己議論文章之所以詞鋒雄奇，並非天生得來，而是經過百年磨礪才顯耀光芒的。現在用這兩句詩來形容無名氏，需將「非」字改爲「原」字，因爲龔自珍與無名氏都是曠世奇才。超前時代的奇才往往是寂寞的。啓蒙思想家龔自珍如此，「開放式」詩小說的先驅者無名氏在公元四十年代末到七十年代末也是如此。「曾是寂寥金燼暗，斷無消息石榴紅」，在與外界隔絕了三十多年之後，雖然無名氏（卜乃夫）的代表作「無名書」得以在港台出版，但近二十年來大陸文壇對他的著作很少提及，直到近幾年情況才有所改觀，對他在現代文學史上的先驅者的地位逐漸給以肯定，但仍然是不夠的。正如夏志清教授的名著「中國現代小說史」給張愛玲一個專章一樣，無名氏在中國現代小說史中也完全有資格佔一個專章，筆者相信歷史會是公平的，讓我們拭目以待。

無名書是當代的奇書。第三卷《金色的蛇夜》更是奇中之奇。請看如何「奇中之奇」：

一、創作風格轉向之奇　無名氏在「北極風情畫」和「塔裡的女人」兩本匠心獨具的愛情小說空前成功之後，本可乘勝擴大戰果，像當時不少其他作家那樣，寫一系列類似的愛情小說。名利雙收，絕對是左券在握的。無名氏卻不此之圖，毅然以搏獅之力轉而專心經營其名山巨著無名書。敝屣名利，義無反顧，直到巨著完成。此一奇也。

二、結構與形式之奇　無名書這種「開放式」的江河詩小說，在四十年代的中國是超時代的。即使在世界範圍內，如此巨幅的以詩、東西方哲學、宗教等有機的「入化」小說，也是空前的。此二奇也。

三、創作環境之奇　無名書的大半內容是在大陸易幟後寫的。在派出所幹部、里委幹部、居民小組長和左右鄰居的層層環伺之下——幸好那時還沒有針孔錄影機——採用「小病大養」、「明修棧道，暗渡陳倉」——交出一本講肺病應如何休養的書——等等的障眼法在家堅持「地下」的自由創作，身體力行了陳寅恪先生的名言，「獨立之精神，自由之思想」。其經歷之艱辛超過宋朝鄭思肖之寫鐵函心史。他堅持「地下」自由創作達三十餘年。這個紀錄，不僅在中國大陸是獨一無二的，在全世界也是絕無僅有的。此三奇也。

四、無名書原稿失而復得之奇　文革抄家時，原稿已被抄走，多年後居然原封不動的發還。覆巢之下，竟有完卵。此四奇也。

五、出版過程之奇　文革過後，無名氏爲了在香港出版無名書，發動了數十位友人在上百個城鎮分散的將稿子，以每封信一、二張的方式，投寄香港十幾個指定地點。經過一年九個月，共寄近二千封信，一九八○年十月才全部寄到香港。以後才得以在港台出版。這個紀錄也是一項世界紀錄。此五奇也。

六、金色的蛇夜探索之奇　無名書的其他各卷探索了「大人生」的各方面，唯獨「金書」探索的是「惡」，所以是奇中之奇。自一八五七年波特萊爾的「惡之華」初版以來，怪誕、變態、憂鬱、恐懼、性，已成藝術的對象。正如維克多・雨果所讚賞的那樣，「創造了新的戰慄」。無名氏超越波特萊爾的地方在於：波特萊爾受天主教影響太深，有著太多的原罪的悔恨，一生唯一的主要作品「惡之華」只有一百二十六首詩。無名氏早就擺脫造物主這個「美麗的假設」——法國大科學家拉格朗日回答拿破崙的話——以洋洋數十萬言把「世界末日的象徵」表現得淋漓盡致，創造了「更新的」戰慄，無名氏在這方面的紀錄，迄今在整個華文世界中仍是首屈一指的。此六奇也。

七、金色的蛇夜第一主角被顛覆之奇　整個無名書的第一主角自然是印蒂。出人意外的是不管作者主觀意旨如何，金色的蛇夜的第一主角已經不由分說的被莎卡羅所「奪取」。莎卡羅說：「一個女人，被男人嫖厭了，反過來也嫖嫖男人，這是很合理的。性交不過是抽一枝菸而已。」這段話正象徵著這「奪權」的過程。此七奇也。

八、金色的蛇夜中「惡」的表現之奇　上文已提過，「金書」對「惡」有詳盡的描述，但無名氏不同於從波特萊爾到紀德之處在於：他從不採用低沉、頹廢的筆調，而終始採取馬蒂斯氣勢雄「奇」的色調。全書一以貫之的肯定了生命的根本價值。此無名氏之所以為無名氏也。此八奇也。

九、金色的蛇夜中知識濃度之奇　偉大的文學家必須具備廣博的知識。「金書」在這方面顯得非常突出。不僅涉及中外的文、史、哲、倫理、宗教、藝術——包括音樂、繪畫、雕塑等——這些「大」學問的諸多方面，連極冷門的知識，無名氏也知之甚詳。只舉一例：鴉片煙的好壞、製作，煙斗、煙槍等一整套「鴉片經」，筆者還沒有在別處看到過。

九奇皆備，稱金色的蛇夜為天下奇書，不亦宜乎？更有趣的是，前引李商隱的詩「曾是寂寥金燼暗，斷無消息石榴紅」預言了「金書」的命運：先是苦心孤詣的創作（曾是寂寥），一九四九年只出了上卷，隔兩年即被查禁（金燼暗），隔了三十多年（斷無消息）才在港台出版。終于等到現在（石榴紅）。無疑的，「她」會有愈來愈多的知音（紅）。

四、信仰之美——「死的巖層」驚豔

對於毫無根據的事物，談不到信仰，正如沒有人相信一加一等於三；對於確鑿不疑的事物，也談不到信仰，正如一加一等於二，因為那是活生生的事實。只有當似乎有相當證據，而又證據不足，或有矛盾時，才產生信仰問題。無神論者認為「神」是不必要的假設，有神論者則信仰「神」，這裡的「神」當然是廣義的，指一切超自然的「主體」。

古今中外涉及宗教的小說不為不多，但多是著重描述和闡明宗教之「眞」，像《死的巖層》那像著墨於宗教之「美」至於盡致的小說，卻是空前的。

弗朗西斯，培根在「偉大的復興」中說：「關於我自己我不想說什麼，但關於所談到的對象，我則希望人們不要把它看作是一種意見，而是看作是一項事實，並相信我在這裡所做的不是為某一宗派或理論奠定基礎，而是為人類的福祉和尊嚴奠定基礎。」

無名氏在一舉成名後，毅然轉而慘澹經營二百六十萬字的「無名書」的宏偉事業。正如培根所說，他「在這裡所做的不是為某一宗派或理論奠定基礎，而是為人類的福祉和尊嚴奠定基礎。」為了保持尊嚴地進行自由創作，無名氏不惜冒巨大的生命危險，進行長達三十多年的，人類文學史上並無前例的嘔心瀝血的「地下創作」。無名書不僅是無名氏的終身事業，而且是他的全部生命。字字看來皆是血，卅年辛苦不尋常。無名氏對無名書的投入與所作的犧牲，已超過曹雪芹對紅樓夢的投入與所作的犧牲。

「死的巖層」是無名書六卷中的第四卷，主要寫主人翁印蒂對宗教的追求與詮釋。二十世紀初蔡元培提出「以美育代替宗教」，多少還是沒有跳出「敬鬼神而遠之」的儒家本位。無名氏以其深厚的中西學養，才調逸邁，釋羈韁鎖，直指宗教的崇拜神，即是「美的崇拜」。

非大悟性，大手筆，曷能及此？

「愛情是一種美，一種藝術。建立在愛上帝和被上帝所愛的基礎上的宗教，實在是一種最偉大的美的探險。也只有在這一場合，神的存在才具有最新的也最健全的意義。崇拜神是人類對美的最高崇拜的表現，也是人對最高美的無止追求。我們儘可把這當作一種偉大理想，因爲它裡面包括一切文化的最高特點：眞理、美麗、智慧、善良、勇敢、道德。必須站在純美立場，上帝才是一個最偉大的榜樣。這樣一種偉大人格，雖尚未經證實，但人仍可以把它當做一種象徵存在：不只象徵神本身的高潔，也象徵人性本身的高潔。一切藝術的最偉大特點，是象徵，上帝是一種最偉大的象徵主義，因而也是一種最偉大的藝術。我們說，未來世紀的文化享受，應以藝術爲主要特點，這在宗教方面，也找到最確切的基礎。」

作爲偉大的文學家，無名氏以爲這種「美的崇拜」統攝了眞理、善良、道德。這是完全可以理解的。這與康德認爲「宗教並不是道德的原因，而是道德的結果」並無矛盾。康德在「實踐理性批判」快結束時說的一段話，也是人們後來在康德墓地奉獻給他的一塊青銅碑上鐫刻的一段話：「有兩種東西，我們對它的思考越是深沉和持久，它們所喚起來的那種越來越大的驚奇和敬畏就會充溢我們的心靈，這就是繁星密布的穹蒼和我心中的道德律。」尤其可與無名氏的見解前後相互輝映。

關於「死」，印蒂的父親，生物學家印修靜，臨終時：「我沒有遺囑，因爲我沒有死。

我只不過從『人』這個生物轉變成一些無機的和有機的化學原素，它們又漸漸轉入，另外一些動物與植物軀體中。……金字塔下面的這塊破岩石，是我唯一遺囑。它蘊藏我全部思想和感覺。……這是石頭哲學、石頭藝術。它比一切哲學和藝術更持久、更堅固。」死即是生，生即是死，只是過程的延續，死不足悲，生亦不足喜，自自然然行之即可。「石頭」蘊藏全部思想和感覺，也就是蘊藏了生與死的奧秘。奧秘藏得很深很深，在石頭巖層深處。「死的巖層」即生死的奧秘，生活的奧秘，宇宙的奧秘，永恆的奧秘。

死的巖層一書的結構是作者獨創的，開放式的結構，「閉門推出窗前月，投石衝開水底天」，另有一番妙境。正如作者自言，像蚯蚓一樣，切成一段、一段後，每一段都仍是活的。文字之美，更不待言，是小說也是散文，更是詩。「無我無造無受者」，「有形有心即有情。」

五、揮灑日月成瑰詞——「星雲」的宇宙文學

清代乾嘉年間的著名詩人黃仲則讚美李白「揮灑日月成瑰詞」。將這句詩移贈無名氏之寫「開花在星雲以外」是很恰當的。「星雲」一書的書名顯示作者以鴻鵠之志決心開拓宇宙文學的新疆土。宇宙文學乃是以探索人類對宇宙的內心感受，美感經驗及形象思維爲主旨，描繪人類精神的探索和靈魂自我尋求放之于全宇宙中的歷程。文學史中宇宙文學自有其淵源。

例如在哥德晚年所改作的浮士德裏，由第一部中的「感情人」，經過在小宇宙中的種種享樂生活而來的煩惱和罪過的試煉，在大宇宙中領悟了最高的理念，最後成爲偉大的「行動人」。惠特曼在著名的「草葉集」中寫到：

啊！巨大的球體，泳游於太空，

以觸目可見的力和美覆蓋一切，

光明、白晝與盈溢的精神黑暗互交替，

上有太陽、月亮和無數的星辰在高空運轉。

這些都是宇宙文學的一些吉光片羽。但在長篇鉅著中，以宇宙文學爲主幹，無名氏實爲開山的宗師。

宇宙文學不同於宇宙哲學。哲學是理性的、邏輯的、宇宙文學則是感性的，直覺的或不必然是邏輯的。亞里士多德哲學主張上帝的超越性，即上帝與宇宙完全脫離；斯多噶哲學則主張上帝內在的理論，即上帝完全潛存於宇宙之中，宇宙是上帝本人。他們的論證都是不帶感情而冷靜的。宇宙文學則不然。無名氏寫道：「當他一從宇宙軀體裏分裂開來時，即使只是形式的分裂，隨即就陷入這片可怕的宇宙觸手中。動一步，陷一步。越是動，越陷得深。他的感覺假如是葉子，每一葉的呼吸、搖擺，都混合著宇宙壓的原始光、力、色、線條。他的血肉與宇宙血肉纏成一片。他的血液裏，有太陽的血液味，有流星的光閃。」

可見，無名氏的「宇宙」不僅不再是哲學家冷靜思考的對象，也不再是惠特曼的有著美麗星球運行其中的遙遠的宇宙，而是一個與人血肉相連，呼吸與共，甚至稍似伊底帕斯情結投射者的對象了。這標示著宇宙文學的成熟的創立。

宇宙文學也不同於宇宙科學。宇宙科學不但是理性的，邏輯的，而且更重要，是分析的，是以事實與實驗觀察結果爲依據的。它追求的是宇宙之「眞」。宇宙文學當然不排斥理性，但卻是綜合的，以美感經驗的整體及形象思維爲基礎的。它追求的是宇宙的「美」。宇宙科學的創始人愛因斯坦說：「相信眞理是離開人類而存在的。」「眞理這個詞的意義隨著我們所講的究竟是經驗事實，是數學命題，還是科學理論，而各不相同。」「我們認爲眞理具有超乎人類的客觀性，這種離開我們的存在，我們的經驗以及我們的精神而獨立的實在，是我們必不可少的。」愛氏追求的是宇宙的「眞」。

無名氏寫道，「整個宇宙非常之美，像一個剛用可狄香水沖洗過的胴體。整個宇宙所以非常美，因爲它有一張最美最善的臉，這個臉被月光化了粧，薄敷了一層最透明的月光香粉。他像在看一幀文藝復興期的粉畫，或者，一張波特萊麗的女像。」「東方人是用詩的態度，對本體作整體觀照，沉潛其中，因而揮然一體的描畫，帶抒情味的欣賞。我對整體，也採這種態度。」無名氏追求的是宇宙整體的「美」。

無疑的，美與眞不但並不相互排斥，而且是相輔相成的，你中有我，我中有你。同樣，分析與綜合——整體觀照——也是如此。正如渾沌動力學大師費根堡所說：「當你注視梵谷早期的作品，你可以看到億萬的光點與細節；他的畫裏貯存了大量訊息。他很清楚那些東西必須放進畫面，絕不可缺少。」分析的，細節的美與綜合的，整體的美是結合在一起的，是相互滲透的。無名氏以其橫逸的才華，騰拔的氣勢，對宇宙整體美，獻出了劃時代的巨著。爲我們提供了榜樣。筆者作爲科學工作者，期待科學同行們對宇宙分析之美也能有所貢獻。過去我們在這方面做得太少了。

宇宙文學的感悟在清晰的自省人類在宇宙中的地位後，自覺的對與人類息息相關的全宇宙作重點的美學關懷，極大的擴大了關懷的對象。這是它最不同於以往的文學之處。無名氏說，宇宙「錯綜複雜得幾乎叫人不可思議，啓發人以無窮神秘想像。……就在我們頭上，有一千萬萬顆太陽環繞銀河系中心而旋轉，每顆太陽的旋轉速度，一秒鐘要走二百多公里，繞銀河中心一圈，大約要二萬萬年。……全部宇宙，又大得怎樣不可想像。這不只是科學，簡直是最神奇的詩。」是的！宇宙本身就是美的化身，就是詩的巨大實體。自宇宙大爆炸以來已經二百億年過去。只誕生了數百萬年的人類有甚麼理由不熱烈擁抱這永恆而巨大的詩體呢？

六、此中有眞意——「創世紀大菩提」的醒覺

楞嚴經說：「法筵清衆，得未曾有。」無名氏所著無名書是五四新文學誕生以來「得未

曾有」的一部開創性的煌煌巨著。「創世紀大菩提」作爲無名書第六卷——完結篇——而言，猶如希世皇冠上嵌在額前的最大的一顆紅寶石，顯得格外璀燦和永恆。

創世紀大菩提與海豔一樣，是一部開放式結構的開山巨構。它像一個數百萬人集居的大都市，四面八方都是出入口。內部的分區和道路千變萬化，你永遠逛不完、看不盡。就因爲永遠逛不完、看不盡，因而提供讀者豐富的想像空間，使讀者永遠讀了一遍還想再讀一遍，言而盡有意無窮，如食諫果，回味無窮。羅曼羅蘭的「約翰・克里斯朵夫」也是開放性的巨著，由於內容偏重音樂，未如本書內容的「全知性」。

提到「全知性」，這也是本書卓然絕倫的特色，對比目下許多沒有廣博學問的作家，尤見其爲魯殿靈光，彌足珍貴。作者對中外文學、哲學、宗教、歷史，甚至科學都有淵博而獨到的見解。這種融合「大學問」的「大見解」幾乎全書中俯拾皆是，美不勝收。隨便引一段：

「一個名詞、幾個字，或一些簡單理論，絕不該竭盡人的一生。雖說字和人一樣，有瑰奇的肉體，也有美麗的靈魂，但不管它具備怎樣綺麗的靈魂或肉體，字總是字，除了給予你靈魂的震盪、心理的滿足外，你不能得到別的。它像一扇喬煌鮮彩的中世紀教堂玻璃窗，你以爲，穿過這扇旖旎的窗子，可以看見另外什麼，（甚至是天堂）實際上，你永遠得不到什麼。……自然科學領域，字與字的關係及其總表現，又當別論。」（第六六九頁）。

看來短短幾百字，不是讀破萬卷書，不是「曾經滄海難爲水」而有極高悟性的人，哪裡寫得出來！即使寫得出，也只有無名氏才能把深邃的哲理用「詩語」表達得如此之美。「詩語」幾乎佔本書一半的篇幅。其內容之豐富，不是筆者一篇短文所能勝任介紹的。好在各家對此已有不少論述，可供參閱。

筆者作爲一個科學工作者特別向讀者推薦，無名氏對科學的見解。本書經由男主人翁印蒂鄭重發表以「星球哲學」就是以現代自然科學，特別是天體物理學與宇宙學爲基礎的。「具備星球哲學這樣一種瑰麗的透明的遠景、基礎和境界，我們的靈魂，將眞正超脫生命與死亡現實束縛，置身於一片永恆透明的境界中……。我們不倚賴上帝、阿拉、佛，和別的任何神祇，也不憑仗任何強制性的一元論，也不完全藉助於社會現實的強迫性的壓力，我們所皈依的，是生命整體的智慧，與由此而產生的高超的生命境界，以及與東西文化（包括將來科學的發展）毫無牴觸的新文化整體，相反的，這種新整體恰恰能靈活的適應我們的人生眞理新背景。」（第一四〇頁）

用英國唯名主義者威廉・奧卡姆的「剃刀原則」和本世紀「科學哲學」的開山人卡爾・波普的「可證僞性」（falsifiability）來檢驗「星球哲學」，完全可以接受。可喜的是，無名氏與我們大多數科學工作者一樣，都是「不可救藥的」，科學樂觀主義者！善哉，吾道不孤也。

文學巨著無名書在二十世紀中葉的出現不是偶然的。她是多難的中國「窮而後工」促成的文學巨人的嘔心瀝血的大傑作，標示著華文現代長篇小說的完全成熟。南朝謝靈運說，天下共有才一石，曹植獨占八斗，他自己得一斗，天下共分一斗。今才人雖逝，無名書將是不朽的。

無名氏二十七歲即震驚文壇。五十多年來，歷盡劫難，堅持創作，直到逝世（二〇〇二年十月十一日）前，仍在寫作。筆者與乃夫兄訂交已二十年，痛失良友，曷勝悼惜。謹賦七律一首，以爲悼念：

七律　**悼乃夫兄**

早歲螢窗客舊京，淹通中外悟虧盈。
歌狂北極華巔夢，琴碎南都塔裡情。
海豔孤燈長獨影，星雲繁景偶商庚。
菩提樹下修成果，宇宙文宗不朽名。

無名氏青年時代求學於北平，發憤螢窗苦讀，博覽遍及中外古今，遂成通人。「虧盈」出自易經：「天道虧盈」。第三、四兩句是無名氏成名作「北極風情畫」及「塔裡的女人」兩書之內容。「北」書以一怪道士狂歌於華山之巔展開情節。「塔裡的女人」則以男主角在南京演奏小提琴而與女主角邂逅爲開端。第五句的「海豔」是「無名書」的第二卷。「獨影」指佛家所說的三境之一的「獨影境」。這裡指，追憶既往，設想未來。第六句的「星雲」是指「無名書」的第五卷「開花在星雲以外」。「商庚」即倉庚。詩經：「春日載陽，有鳴倉庚。」商庚鳥叫，表示冬夜已過，春日將來臨。「商庚」是雙關語，還有另一層意思：商略（即商量）于長庚星。詩經：「東有啓明，西有長庚。」所以第六句的第一種意思是：星雲滿天，自是繁景，卻經常是孤寂一人，偶而也有愉悅的春天鳥鳴。例如，無名氏在「無名書」全部寫畢後，曾在斗室中獨自低聲歡呼、歡跳以示慶祝。第二種意思是：星雲繁景，無人共賞，只好偶而與長庚星共享了。因爲有第二種意思的存在，所以用第一種意思時，可以用第二種意思的，作爲動詞的「商」字與上句作爲動詞「獨自形成」的「獨」字相對。這在詩律的技巧中，叫做「借對」。第七句中，「菩提」指「無名書」最後一卷「創世紀大菩提」。第八句指「無名書」開創了宇宙文學——特別是第五卷「開花在星雲以外」。無名氏乃是宇宙文學的宗師。

探求・反思・自由
——讀《無名書》

尉天驄

1

無名氏的《無名書》是一部大河小說，依據它的定稿，共分爲六大卷，那就是：

第一卷　野獸・野獸・野獸
第二卷　海艷
第三卷　金色的蛇夜
第四卷　死的巖層
第五卷　開花在星雲以外
第六卷　創世紀大菩提

它的創作過程經歷了十五個漫長的年頭，而公開問世又延遲到二十年之後，其間更隨著中國的變亂，遭遇到種種困苦。正因爲如此，我們便可以透過書中主人公印蒂和他同時代人物的種種事蹟，看出作者的心路歷程。這六部作品中的事件是相互連貫的，而經由這些事件，我們不僅見到書中主要人物經由掙扎、奮鬥的過程，而且也在其中見到他的人生境界如何在艱困中一層層往上提昇。這正它的可貴之處。這一點，在初讀它的前兩卷的人，就已經可以覺察出來。例如香港中文大學的黃繼持教授在讀了《野獸・野獸・野獸》以及書後的預告後就說：

印蒂這個角色，在每一卷中，印証生命之一「相」，而諸相承接，作者是採取了體驗而揚棄以超越的模式，肯定否定之一串，合而成爲現代人的天路歷程。印蒂即以印証生命的根蒂，以求生命的本體。只有深深印証生命的本體，撥開虛妄，復歸眞實。從這裡再出發，才能眞正有人類文化的再生。目前這個時代，已經朽壞得不能局部修補，我們要索性回歸到創造的源頭。而回歸的路程，開始於表象的穿越，透過黑暗的層域，以迫入生命的實體。剝落了層層幻妄，才能眞正見到生命之光，於此証悟宇宙人生究極意義之所在。

雖然黃教授由於早逝，未能看到整套《無名書》的出版，但他經由《野獸・野獸・野獸》的現實，卻已預見到全書發展的脈絡。那就是：一層層的掙扎，一層層的探索，一層層的反省，最後在歷經挫敗和奮鬥後，獲得了生命的純淨與自由。而我們所見到的全書，也正是這樣的情況。所以，這一系列作品，不僅顯現了個人與時代的現象，更經由一層層的體認而獲取了生命的智慧。就這一點來說，它很像法國羅曼羅蘭（R. Rolland）的《約翰・克利斯朵夫》。羅曼羅蘭寫的是十九世紀腐敗的歐洲，無名氏所寫的則是危機重重的當代中國。

所謂大河小說，不僅是就作品的「量」而言，更是就它的「質」而言。這樣，它就必須具有它歷史性和哲學性。所謂歷史性，就是它對時代的眞實性，所謂哲學性，是指它對這一時代的洞察力。而《無名書》便具有這些特點。

這部作品的內容是怎樣的呢？大陸作家汪應果在《無名氏傳奇》中，曾作了這淺近的說明：

《野獸・野獸・野獸》是寫追求革命的紅色狂熱。

《海艷》是寫追求愛情與肉體的歡樂。

《金色的蛇夜》是寫靈魂墮落欲望深淵的黑色狂歡。

《死的巖層》是寫對神與宗教的思考。

《開花在星雲以外》是寫儒、釋、道在禪的基礎上渾成一體，形成新的世界觀。

《創世紀大菩提》是寫在新信仰指導下的社會實踐及人生追求。

綜合而言，這過程，就是生命的由低俗到崇高，由污穢到純淨的層層奮鬥。而其中顯現的追尋、掙扎、挫敗、彷徨、覺醒，以及由之而交織成的愛情、友情、親情等個人與群體的作爲，就構成了全部作品的內容。如果它有一個總名，也許可以叫做《印蒂》或《印蒂的時代》。如果借用音樂作品來形容，它的一層層的發展、一層層的提昇，眞像貝多芬第一到第九的一系列交響樂，起始時是那樣不安、騷動、勇進，中間是那樣困惑、掙扎、探索，到最後則是那樣的到達莊雅與和諧。而從《野獸・野獸・野獸》、《海艷》到《金色的蛇夜》、從《死的巖層》到《花開在星雲以外》和《創世紀大菩提》所展現出來的，也正是這樣的情況。正由於此，所以在每一卷的前面，作者也像羅曼羅蘭那樣寫下了他的題辭：

獻給這一時代爲眞理而受苦難，
而不屈，而掙扎，而戰鬥，
而終將獲勝的各民族純潔靈魂！

這顯示著，六卷的《無名書》不僅具有時代的意義，更有思想的意義。

2

這一思想的發展是有著現實的、時代的因素的。整部《無名書》從《野獸・野獸・野獸》到《創世紀大菩提》，就時間方面來說，是從北伐、國共分裂到抗戰勝利這一動亂歲月，而其揭幕之時，也正是茅盾的《追求》、《幻滅》、《動搖》和巴金的《滅亡》的時代。那時，不僅中國，就是全世界都籠罩在革命的浪潮之中。革命固然滿帶著理想主義的色彩，在激進之中卻也處處充斥著暴力和虛無主義的作爲。在這種情況下，浪漫便經常變成放縱與盲目，其結果，便使得很多革命者成爲屠殺生靈的劊子手。這一點，非常相似於當年的法國大革命。在那場狂熱的革命中，左派的雅各賓黨專政到羅伯斯比爾的時代的大恐怖，可謂達到高峰。結果呢？在一七九四年被稱爲「熱月」的「七月」，羅氏也遭到了處死。而《無名書》的主角印蒂的一出場，也就是在《野獸・野獸・野獸》的開始，他便是以狂熱的革命者的姿態出現的。他投入左派的運動中，參加過農民運動，擔任過下層工作，而在國共鬥爭中卻又被投入牢獄之中，飽受折磨。在皮鞭之下，他不但不屈服，反而想到貝多芬所說的「通過痛苦的歡樂去」聽千千萬萬巨大靈魂的聲音，並由此而追尋生命的意義，而堅持著自己的方向：

生命是一個痛苦的力！
一個不朽的痛苦的創造！
去！去！去！
到煤礦井底層去找人性！
到遠古農奴的黑暗生涯中去找神性！
到無數千萬人飢寒哭泣聲中去聽人間聲音！
到荒年大飢餓把最後一塊餅子送給鄰人的農民身上去找上帝！
去！去！去！
去交出自己！交出自己！

在打碎牙齒的嘴裡，會吐出永恒的花！

在噴血的破爛胸膛中，會噴出不朽的福音！

在血肉大糢糊中有大復活！

在大痛苦裡有大創世紀！

在五馬分屍的最深虐殺中有大救主！

就因爲他有了這樣的堅信，痛苦的牢獄生活並沒有把他打倒。但是他出獄以後，卻遭到組織的一層又一層的打擊。同志的污陷、朋友的絕情，他才眞正認清了黨的不公不義。然而他的領導卻告訴他說：「在革命裁判席上，只有黨的公平，沒有個人的公平。任何個人的公平，必須和黨的公平聯繫在一起，才能立腳。在絕對的黨的公平要求下，個人必須犧牲，無條件、無考慮的犧牲。」

這眞是一場殘忍的打擊。於是在這種情況下，印蒂有了一次的大的挫敗與覺醒：

夠了！夠了！我現在才明白了。我多年來所崇奉的理想，它的領導者就從無理想氣息。他們只是下流社會流氓棍痞的化身。不同的是，流氓棍痞沒有那一套美麗的理論。這些棍痞們卻會把野心和陰謀打扮成花枝招展的少女。以前，我痛恨政府領袖們的卑鄙無恥，現在，我覺得在野的所謂「革命領袖們」，也好不了多少，老虎與豺狼，五十步百步而已。這些在野的棍痞們也同樣的專制、獨裁、蹂躪人性、不容許良知存在。藉所謂「鐵的革命紀律」，他們壓榨了群眾的一切。夠了！夠了！而當他的組織、他的上司指責他的行爲是「反革命罪狀」時，他憤怒的叫道：

盡量構陷我的罪狀吧！革命陣營裡，現在已沒有光明磊落的理性。到處塞滿特務式的懷疑和猜忌。革命不再鼓勵同志相愛、人群相愛，而鼓勵同志互相懷疑、人群互相猜忌。革命鼓勵父疑子，女疑母，兄弟夫妻相互猜忌。照這樣發展下去，革命如果勝利了，整個世界非變成瘋人院和精神病院不可。對於這些領導加快建築瘋人院和精神病院的領袖們，我提出抗議，這就是我的罪？……這一切惡劣的傾向，你們有一個美麗名詞，叫做「現實主義」。革命不再代表一種偉大神聖的感情，而變成商場貨品，用尺、用寸、用升、用斗來計算，這就是革命。任何個人純潔情感，全放在天秤上秤量，看能值多少鈔票、多少代價。變相的市儈主義毒化革命。革命者身上發出腐臭的商業味，正像資本家用算盤來算每根工人骨頭的價格一樣，來精算每一根青年骨頭的價格。我抗議這種市儈主義，這就是我的罪？

於是，在心靈的大絕望、大悲痛中，當初逃離家庭，反叛父母的印蒂，帶著創傷回到父母親身邊。倫理的親情，使他深悟到生命最根本的所在。當父母親撫摸著他的身軀時，他從心底叫出：「這是純人與純人的愛！這是永恒的母性。是生命從野獸進化成人的歷史見証。這是黑暗世界的光明。這是人類普遍得的最後保証。啊！媽媽！我最親愛的媽媽！在這混沌宇宙中，有哪一種生命，能像妳給我這麼多陽光？當我倒下時，有哪一種生命，能像妳這樣扶持我？安慰我？溫暖我？愛護我？如果沒有妳仁慈的眼睛，整個大自然和人間將變得怎樣可怖？」

正是有了這樣的倫理的愛的光輝，他才能擺脫政治上的虛無主義帶來的傷害，而產生繼續活下去的勇氣。他說：「我四周的愛不許我死，所以我不該死，不能死，我必須答謝這些愛，活下去！」這樣在眞誠地掙扎、奮鬥之後，他又一次感到生命的喜悅：

靈魂的自由，精神的廣度，正義的無限開展，理性的白晝，良心的勝火，這一切一切，全是生命花朵中花朵。沒有靈魂的自由，沒有精神的廣度；沒有廣度，就沒有理性的白晝。生命的自由泉水，終古常新，從地底湧出，投向任何一隻杯子，一個碗，一隻手，一朵花，沒有人有特權在泉水四週築籬牆。

…… ……

靈魂的絕對自由是一種大享受，也是大苦刑。在達到最後的享受堂奧之前，必須通過一重又一重的苦刑門。

而經過這些苦刑門的結果，印蒂便對近代的激越的革命，開始有了深層的認識：

激進的革命（特別由法國大革命所得的教訓），往往在理想的糖衣中潛藏市儈現實的毒藥。革命的目的只有一個：勝利。

法國大革命的末期恐怖，告訴人一件事：純粹放縱盲目情感，大地會變成什麼樣子。雅各賓專政與斷頭台的日夜喝血（又大多是無辜的誠實窮人的血），是個人野心和放縱到極度的盲目情感的結晶。

個人領袖野心，會穿著最華麗最漂亮的「人民」衣服，反轉身子向「人民」要一個東西：「血！」

政治「英雄」們的勝利高台，每一寸都是「人民」血骨砌成的。

在現實政治中（特別是在中國），老百姓一直是政治家們的皮球，由他們隨意踢來踢去。善良的百姓們，你們即使不能拿刀子宰了這些「政治家」，還不該對這些爲「政治目的」和「責任」而作足球戲的豺狼們，作最深的詛咒？爲什麼你們當中，有的快給踢扁了，踢得稀爛了，還躺在地上，渾身鮮血淋漓的向這些踢足球戲的屠户們高唱讚美歌：「啊！偉大的領袖！……偉大的同志！……」

由於有了這樣的認識，他不僅對於中國的現實絕望，而且也對它的即將到來的未來，產生莫大的恐懼。

雖然在這恐懼之中卻也預感到歷史終會爲專政暴亂者宣告死刑。

現實政治既是骯髒的糞坑，任何黨派，凡能在現實政治上有立足地的，非站在糞坑中不可，也必然會染上齷齪和奇臭。立足得越牢固，也髒臭得越厲害。政黨在現實政治上的成功與醜惡成正比。成功因素越高，醜惡因素也越大，這種情形，在中國特別顯著。越是乾淨純潔的靈魂，在現實政治裡越沒有立足地，因爲他們不願變成蛆蟲，在糞坑中翻滾，和別的蛆蟲們「鬥爭」，搶「公理」，搶正義。糞坑裡開不出花，花只能開在溪邊。

…… ……

一幕新的雅各賓歷史劇，已吹了哨子，紅色的幕布正在慢慢揭開，這結果，只能抬來一個新的「熱月反動」，以及「熱月反動」的勝利。這個「熱月反動」的到來，也許不是今天和明天，也許不是今年與明年，也許不是這十年廿年，但只要雅各賓的鑼鼓聲一天天高，它的到來是命定的，它的勝利也是命定的。在革命陣營裡，只要雅各賓獅子一出現，後面一定緊跟著「熱月反動」的狼。而中國這個狼面貌上，一定會以極左姿態出現，非毀滅千千萬萬人不可。革命想藉這獅子貪揀一點便宜，結果卻被狼咬死。即使肉體不咬死，靈魂卻被咬死了，歷史不會冤枉人的。

正由於這樣的從現實政治生活得到沉痛的反思和覺悟，於是印蒂和他的一些朋友便各自有著不同的追尋道路。有的仍然在完全相信黨的正義下，走著現實主義的道路，在所謂的「革命理想」下，狂熱地學習殺人，毫不留情地打擊、摧毀與自己方向不同的人，絕不手軟。有的則經由哲學、思想等方面作更深一層次的思考和探索。由是而展現不同的人生方向。這就是中國左派革命及它以後發展出來的史實。

3

因此，在無名氏的作品中，也正像在茅盾和巴金的作品中所呈現的一樣，那一時代下的知識份子，受到歐洲十八世紀以來的風潮的影響，大都具有濃烈的浪漫主義的色彩。這種浪漫主義隨伴著人道主義的關懷和理想主義的嚮往，便不可避免地產生激進和狂熱。於是，這股浪潮中，也就潛伏著安娜琪主義和虛無主義的暗流。於是到了近代，隨著現實社會的等等悲苦、不幸的出現，特別在落後的國家，便往往把這種精神顯現在革命作爲上。因此，浪漫主義與革命主義從法國大革命以來，便幾乎結合成爲二而一的東西。這在二〇年代到三〇年代的中國尤其如此。所以以那一時代爲背景的文學作家，便對此有著共同的主題。茅盾如此，巴金如此，無名氏也是如此。那是一個背叛的時代，也在很多地方顯出它的衝動與盲從。於是當革命遭到挫敗，或者因爲革命經驗而認識到革命的非理性、殘暴和冷酷時，在四處茫然而找不到出路時，這種浪漫主義非常容易陷入頹廢之中。茅盾的由《追求》而走向《幻滅》和《動搖》，便是必然會發生的事。於是，在這樣的挫敗中，書中的人物，無論男和女，便由革命青年一變而成爲性的享樂者，過著灰暗的的生活。

這樣的行爲，就執行革命的人，或仍然沉醉於革命幻夢中的人而言，當然是不滿意的。

於是當時便產生對於茅盾這類行爲的指責，錢杏　的《從東京回到武漢》中，就是其中的一個，他說：

> 自從一九二七年政治上有最後一次的變化以後，我們的茅盾先生便改變幾年來的革命運動精神，而大做其幻滅運動。大矛盾、幻滅、動搖、追求的當中，他對自己以前所信仰的革命起了懷疑，消極的幻滅起來。

而傅克興也在《評茅盾君底「從牯嶺到東京」》中對之予以棒喝：

> 說中國革命走到了絕路嗎？斷沒有這個，中國的革命還在發展到一個新的高潮，決沒有走到絕路去。

在這樣的情況下，正如鄭學稼在《由文學革命到革文學的命》所說的：「一九二七年革命大浪潮過後，對著苦悶生活的青年，和五四後陷於窮境缺乏人們爲他們指示歷史正路的青年」，多陷於戀愛和性慾的追求中。反這更壞的，當日自命爲領導他們的『革命家』們，卻在遵行第三國際訓令，要他們盲目地從事『暴動』。無出路的生活，不僅把他們養成一種投機性，而且驅他們走上性的放蕩之路」。於是年少時代浪漫主義所產生的盲動情懷，在這新一波的革命浪潮下，更進一步的陷入投機、僥倖的更大盲動中，而一步一步地成爲政治和黨派的動物。到了這一地步，便只能眼睜睜地看著更多現實，朝著非理性的方向發展，不但失去批判的能力，而且言不由已，循著「組織」的既定路線寫作，有意或無意地做了罪惡的幫兇。對自己來說，這是虛妄不實的生命，對歷史來說，這是虛妄不實的說謊。茅盾後來由《子夜》以後，所遵行的道路正是如此。即使在中共革命成功他後來當了文化部長，遭到種種不實的指責和侮辱，仍然極力堅忍，沒有絲毫反抗。爲甚麼他們會眼睜睜地看著一些不義之事（如王實味事件、胡風事件等）發生，不但不表示意見，反而落井下石，予以附合呢？其主要原因便是他們生命已屈從於政治生命和黨派生命，因而失去了人的本性。所以，在這種情況產生的作品，只能是政治文學、黨派文學，在黨和政治的前提下，一個人的命運必然要遵照指令，隨時要接受檢查，完全失去個人的意志，這樣以來，個人的靈魂必然遭到污染和扭曲，那裡還有人的尊嚴可言？但是，與這些人相反，在一九四六年以前，當大多數人迷惑於革命的追求時，無名氏卻已經由作品中的人物揭發革命陣營中種種陰暗的事實：

從這件事，我更深一層發覺：黨把人與人之間的關係，毒化到什麼程度！這一切全像一場噩夢。短視的絕對現實主義、功利主義，和「只顧目的，不擇手段」這一策略的高度運用，已毒化了人性。這種主義和策略無限制施用後，或早或遲，不僅會毀滅人群，也會毀滅黨自己。

在當時左派的狂熱與權威下，這不能不說是難見的勇氣和膽識。如果有人說，無名氏裁贓左派的革命，我們可以引出一段高爾基的資料也作了解。高爾基是站在蘇俄革命黨一邊的，但他的良知，也使他不能不對那種革命出現的弊病有所發言。高爾基怎麼說的呢？。這裡引用一段大陸學者單世聯在讀到高爾基的《不合時宜的思想》時所說的話來作證明：

> 他（高爾基）不只是在政治制度更替的意義上理解革命，而更多是從文明和文化視覺看待革命。舊制度的分崩離析也意味著此前一切道德理性、社會規範、文明體制解體，於是生命中古老而殘忍的獸性噴湧而出，一切陰暗的本能，如報復、仇殺、兇狠之類全都釋放出來。「世界歷史的所有強大的力量都動作起來了，所有的獸人都已掙脫了文化的鎖鏈，撕碎了披在身上的那一層薄薄的文化的聖衣，無恥地赤裸著身體」。高爾基反覆描繪了兩類型的野獸化，一方面是革命家以人的（肉體）生命體做試驗，「很有氣魄地屠殺」，「這些不久前的奴隸，在他獲得了充任別人的主宰的可能性之後，就變成了最肆無忌憚的專制者」；革命領袖到普通民眾，都不區分誰是革命原則的敵人，誰是他們非理性行爲的敵人。在震撼世界的革命中，生命的廉價也足以令世界震驚。高的描述是：「是可恥的事，也是犯罪的事」、「良心死了」、「是盲目的殘酷，是血流成河，是鼓動獸性的本能」、「一場陰暗的情欲的暴風雨」等等。

可見無名氏所寫的革命現況，都是事實。他以《野獸・野獸・野獸》爲書名，來反思中國一九二七年以來的大革命，實在也有著同樣的意義。只可惜，高爾基的話在蘇俄解體前一直不准公佈，而無名氏的書在當時也不曾受到重視。他的《野獸・野獸・野獸》初版於一九四六年底，《海艷》初版一九七年，《金色的蛇夜》上冊初版於一九四八年末一九四九年初。

其餘幾卷，因爲中國現實政治的巨變，在寫作與出版上不得不延長到二十年之後才能完成。就早期出版的兩部半來說，在當時的肅殺現實之下，命運也實在是非常艱辛的。這一史實不正說明了中國當代知識分子是如何在革命中迷失嗎?正是如此，所以無名氏在《金色的蛇夜》上册就已對此有所領會，他說：

> 一個知識分子，除了社會現實的黑暗，還有一重精神大戈壁的黑暗。
>
> ……　……
>
> 這個世界太沉痛了，一切沉痛中的最高沉痛，莫過於一個清醒的知識分子，有意屠殺自己良知；一群飛入雲際的天使，有意砍掉自己翅膀，紛紛墮落污泥臭水溝中，且以此屠殺和砍伐爲最高的沉醉。也好，世界目前既然還需要無恥無辜的血，給它！
>
> 這是一種靈魂絕境。在這種絕境下，如果活下去，就得不擇手段，不顧目的，放任自己精神最純潔的部分崩岩般解體。

愈是在這樣的艱苦下，我們便看到兩種不同的人生，一面是在由虛無主義的下墮中，一步步由頹癈而腐爛而走向死亡，另一面則是在不甘於腐爛和死亡中，繼續探索，繼續追求。《無名書》中所展現的正是如此。

4

由於在《野獸・野獸・野獸》中，作者透過印蒂體認出急進的左派運動是一種極端激切的功利主義，由報償主義走向極權的報復主義，結果所產生的不是愛的、而是恨的事實。這就使之有了新的省悟，所以書中的主人公海蒂便有了另一種追求的方向，他說：

> 就在十月前，我還認爲血最美，生命最高境界是改造，剷掉所有醜惡、黑暗，創造一個嶄新的金世界。但現在，我卻認爲，不流血的世界更美。醜惡和卑鄙不僅寄生在制度上，更寄生在人身上。人身內的黑暗和卑劣剷不掉，身外的更難祛除。要改造制度，先得改造人。詩是最好的刷子，能把人的心靈洗刷得乾乾淨淨。這個世界本不缺少美。假如每個人都能崇奉它，醜也就不會冒出來了。以醜洗醜，永洗不淨，以美代醜，才是唯一眞理。第一步，每個人自己應先得創造、擴大他的內在美。世界上，懂得殺人，並且專愛殺人的，是政治家和軍人，不是詩人。這個齷齪世界，只有詩人與藝術家是清白的。

於是他便由政治領域的體認走上更深一層次的探索。而在第二卷的《海艷》中，他由喧鬧的大都市回到寧靜的杭州的自我的小天地，展開了生命中的內在的追尋，而愛情便首先敲響了他的大門。

在年青的生命中，現代的兩大主題大都離不開革命與愛情。當革命的浪漫遭到挫敗以後，愛情往往就成生命的追求主調。這在五四到三〇年代的中國亦是如此，只要翻一翻這階段的一些文藝作品（如茅盾、巴金、郁達夫、張資平等等均是），就可以知道的，無名氏自然也不例外。

在自稱「習作」的早期作品《北極風情畫》和《塔裡的女人》中，無名氏已展現了對愛情狂熱的嚮往和幻滅。而在《無名書》各卷中，他更嚴肅地不斷思考愛情的意義。在《海艷》中如此，在《金色的蛇夜》中如此，一直到《創世紀大菩提》仍然在不停地思考。從一開始，愛情就以兩種不同的姿態引發了無名氏的關注。它或者是艷麗的、開放而又矜持的，充滿了肉慾的誘惑，一位愛情對象的出現，每一顧盼之間，幾乎可以喚醒全世界的感官。這是屬於現代的、都市型的女人。它或者是靜雅的、幽嫻的、賢淑又具有夢幻的；這是理想型的，具有永恒意義的追尋對象。而二者在最初又往是凝結在一起的，她的存在像似生命中永遠在嚮往的夢境，然而隨著現實與理想的不斷撞擊，就往往產生各自不同的遭遇，或讓人受盡煎熬，或讓人潦倒一生。關於此，《塔裡的女人》中的黎薇和《北極風情畫》中的奧蕾利亞，可以說是這兩種類型的融合。它一方面讓人在生命中感受無限的純潔、溫暖、甜美，也同時讓人在生命中感到無以言說的蠱惑、虛妄、幻滅與冷酷。因此，所謂愛情，不只是男女雙方的交往，而是透過它，顯現著複雜的、曲折的、隱秘的生命歷程；它既是朝向眞、善、美不止息的追求，也可能成爲引往沉淪、敗德的道路；它既可能給予人最艱辛的磨鍊，使之更加淳厚、堅強；也可能使人自毀毀人，使之澈底頹敗；它既可能淨化生命，也可能毀滅人性。人的感情生命既然與它的生物條件、社會條件、文化條件有著連環的關係，於是在人生的道路上，愛情的追尋也就成爲不停的探索了。而相對於現實社會的種種很多，人的追求愛情，除了最低層的情慾外，還在於它有所具的崇高性；也就是說，想要經由愛情求得宇宙中的絕對、永恆的皈依。在《海艷》一開始，印蒂面對大海時，便申述了這種生命的欲求：

現實鬥爭中，他多年求不到的絕對，此刻他在一秒鐘內就求得了。在大海面前，再沒有手段、懷疑、猜忌、陰謀、誣陷、卑劣、殘忍。這裡，只有一個絕對完整的表現；它誘惑人無條件活下去，召喚人絕對向永生走，往生命最深處走。這時候，人不再感到生命的粗硬，會用一種感激的情緒，交付自己的一切。

「啊！海！我感謝你！你告訴我生命中最崇高的部分。今後，我要接受你的思想，用一個嶄新觀點看世界，看宇宙。……」

而這樣的欲求，也就帶他開啓了愛情的探索。

在《海艷》中，經過政治追求的挫敗，在南洋過了一段時光的印蒂，又啓程回去中國。正是在回國的船行中，一位白衣的神秘女郎傳奇式地闖進了他生命之中。她是美的化身，卻又那樣矜持，帶有傲氣，整整八個海上的夜晚，她以一種無法探究的力量謎一樣地吸引印蒂的探尋。他們雖然也有一些短短對談，卻更加讓人莫測高深。她像維納斯，更像海上的妖女，而在一個晚上，她卻莊嚴而又華麗地接受了他的長吻，然後又望不可及、夢幻一樣的爲印蒂強烈地激起生命的波瀾。

後來印蒂回到父母身邊，又被安排著和杭州的姨媽一家相聚，見到了他多年未見的表妹瞿縈。想不到這位表妹就是他海上遇見的那位白衣女郎。起先他們相互矜持，彼此都流露著自傲。然後一番轉折，兩人便刻骨銘心地愛戀起來。在那寧靜出美的杭州，他們澈澈底底地沉入享樂的狂歡中，在漫長的日子中，他們已經完全從世俗中解放了，但正如瞿縈所說的，他們也已毫無反抗地迷失在感覺的世界中：

我現在才懂得，生命的唯一報酬，就是感覺。動物只要有感覺、能感覺，這就是生命的最高報酬了。有感覺，才有感覺的轉換，以及新感覺。我們所要求於生命的，僅僅是感覺，就夠了。這裡，一切都有了。啊！蒂，有時我眞恨你！恨你！因爲你教我享受一種最迷人的工具，也是最可怕的工具：感覺。多少年來，我尋找生命的最高音符、最後音符終於找到了，它就是最高敏銳的感覺。……

在這樣熱戀的浪漫中，生命固然得到了歡樂，然而卻也產生了危機。那就是生命的停止，如果感覺的世界已成爲「生命的最高音符、最後音符」，則隨之而來的可能只是麻木和厭惡，要不然由感覺轉向新感覺，製造新感覺，由此而陷入肉慾和物質中而無以自拔。這是生命的危機。這種愛情的生活是令人沉醉的，但是它如果只停留在感覺的世界裡，其結果不是日趨於平庸，便很可能由優美的人生態度而頹廢得無以自持。

而這種危機還有另外一層。在無名氏的作品中，他的人物常具有雙重性格，一種是現實面的，一面是理想面的，在現實面中，人們的生命中一直潛伏著情慾的欲求，在理想面中，他有靈性的追求。印蒂如此，瞿縈也是如此。在《海艷》的一開始，當瞿縈以白衣女郎出現時，她是那樣具有情慾的誘惑力，開放、叛逆、追求新奇而又放蕩不羈，在這一點上，她和《金色的蛇夜》的中莎卡羅頗爲相似。但是她不僅僅如此，除了這些她還有屬靈的一面，到底她是無名氏心中的愛情理想人物，她是現實的，又是夢幻的，她既是蠱惑的，也是永恒的。而印蒂也不是一個甘於平庸的人物。所以，對於這種危機，他們都有預感。瞿縈說：「蒂，我常有一種恐懼，最歡樂時的恐懼：怕過度歡樂不但不會拉近你，反會驅走你。」因此，他們必須再從這浪漫的個人的小天地走出去，再把生命中存留的私慾和渣滓再作一次清理，等生命中根深蒂固的虛無澈底揮發散盡，他們才能眞正抓到生命的眞實。於是趁著九一八事件的發生，印蒂便向瞿縈作了一次難以割捨的離別。而迎接他的便是更大的誘惑，更大的折磨，更大的沉淪和掙扎。

5

接著《海艷》的，是《金色的蛇夜》。

在這一部作品中，印蒂在參加東北義勇軍戰鬥失敗以後，回到了上海。現實的挫敗，世局的無望，生命的無著，使得他和他的朋友過著兩種極不相襯的生活。一種是透過經商走私，獲得物質上的享樂，一種是經由藝術來顯示他們存在的意義。一面出入於十里洋場，沉緬於酒色之中，過著肆意縱慾的日子，一面仍然想藉著藝術尋求永恒的事物，二者雖然互不相干，在實質上卻都充份呈現了世紀末的絕望。

作品一開始，便從朋友的畫作的討論中申述了那一時代的景象：

「你這幅畫叫什麼題目？」

「『末日』！畫家其實不叫『末日』，也不叫『彭具的毀滅！』」。

「……我主要在畫我們今天的時代：這個面臨『彭貝的最後』的中國，這個正在重複彭貝命運的世界。……」

印蒂陰暗而低沉的問道：

「你敢肯定，這個世界正站在毀滅邊沿上麼？」

「颱風正從海上捲來！印度地震了！四川煤礦崩塌了！德國國會大火了！西班牙革命了！巴黎大罷工了！北滿紅軍大砲演習了！意大利軍火運到匈牙利了！倫敦海德公園飢餓行列遊行示威了！在世界大畫布上，唯一塗抹的顏色，我只能用『死亡』做油料，來烘染我的畫布。普遍的飢餓！槍聲！失業！洪水！死亡已慾替了生命，佔領這個世界。在每一條大街上，每一小巷中，每一房子內，你都會發現空氣似地，發現死亡。都市在無恥，鄉村也在無恥。……每個人家裡只剩下最後的財產：絕望。……」

「你這麼悲觀嗎？」

「能夠悲觀，倒是幸福的。今天眞相是：連觀對人們全是過分享受的奢侈品了。……這個時代沒有悲觀，只有毀滅。毀滅不需有任何觀念和情緒，只許兩件事：腐爛和死！」

在這樣的現實下，畫家們也是找不到出路的。作爲現代畫大師的藺素子就說：「現代畫是毀滅，絕不是得救。」而他朋友則希望「現代畫是毀滅，也是得救」。希望「當現代畫家有一天從從毀滅中得救時，這個世界也就得救了！」這話怎樣說呢？他們認爲：當這個世界只剩下腐爛和死亡時，這腐爛與死亡也許正可以引導人走向新生。這不是弔詭的言語，而是眞實的人生考察。關於這一點，可以拿近代人對法國大革命的反思來做參考。在法國大革命中，有兩股浪漫的發展方向，一種是血的洗禮，一種是革命後由於權力的滿足或幻滅隨之而來的不同形式的沙德主義。這沙德正是由革命而一變而爲敗德，縱慾之人。看起來這可以說是腐爛和死亡。然而一個人眞誠地去進入這些腐爛和死亡之中，眞正因爲抓不到眞實而感到一片空無無時，這也正是由絕望走向希望契機。在《金色的蛇夜》中，印蒂所面臨的情況也是如此。在經過《野獸・野獸・野獸》那一階段的挫敗，我們感覺到他的浪漫正在尋找出口，而他和瞿縈在《海艷》中的沉醉於感覺世界，以及當時外在世界的絕望感，都使他難以擺脫去陷入頹廢的肉慾生活的危機。當人的靈魂找不到上昇的出路時，魔性便會在他身上顯現。他和莎卡羅的糾纏，和二人共同在縱慾的生活中掙扎，其所顯示的正是現代社會的屬於魔性的一面。

莎卡羅正是這個時代、這個世界墮落的代表。她作爲模特兒，被印蒂的另一位畫家朋友畫了出來。印蒂第一次接觸那幅畫，即被她原始的、蠱惑式的魅力吸引住。他一看就感受到她那可以把整個城市都騷動起來的力量。這樣的力量，一下子就摧毀了印蒂已往所固守的形而上世界所賦予的價值觀念。他說：

> 在最先，那是一種「抽象」的追求。這個「抽象」，有一個好看的名字：「理想」。……現在，我才明白，我過去的全部追求歷程，只是一些架在雲裡霧裡的幻象。最主要的，該是那全靈魂全血肉的滲透，不是那種蒼白而架空的禁慾，和那飄浮的金幻想。一個人必須是血是肉的活，不是表皮性的活，我不該再勉強在高空搭一些建築架子騙自己，我的頭不需要向上仰。只這一刻、這一分、一杯酒、一個女人、一塊醺魚，才是眞理。滿足我而又不損害他人的眞理。……現實既是魔性的，我們便該乾乾脆脆，承認這個惡魔。

於是，年輕的、充滿無限活力的印蒂，便像歌德《浮士德》那樣，賣身於這時代的梅士菲德，成了莎卡羅的俘虜。而就其虛無的憤慨面來說，印蒂與莎卡羅在某一方面也是二而一的；莎卡羅的虛無是印蒂的影子，印蒂的虛無又是莎卡羅的影子。其虛無的共同點，便是對現實世界的厭倦和絕望。於是生命中的內在危機，也就隨之隊滋長出來了：

我對這個死屍式的世界，早已厭倦了。我對這個發臭的人間，也早已厭倦了。我所經歷與理解的一切，早已使我對人類絕望了。我所看見的，都是帶血的笑，虛僞假上帝，喝血的耶穌，山蠍子的心腸，比北極還冷的仁慈。一個軍官告訴我：「打一次仗，像喝一杯酒而已，我們饞了好幾年了，看到人血，有一種瘋狂的奇渴。」一個教士告訴我：「一切異端，我們得用火柱燒死他，以他的焦血，血祭上帝。」一個政治家告訴我：「政治是對人民的長期姦淫，一個好的政治家，就是一好嫖客。」一個商人告訴我：「爲了商品利潤，即使把我親父母的頭臉打個稀爛，在所不惜。」一個樂者告訴我：「最偉大的文化，就是屠殺性的文化。最偉大的思想，是鼓勵流血、喝血的思想。」人類歷史，已在血海裡泡了五千年，到現在，血的大波濤大潮水一點沒有退下去。今後，還得繼續泡下去，甚至變本加厲。有一天，連買一包化生米、一張大便紙，可能也得以血爲代價。革命販子、戰爭販子和江湖膏藥騙子，構成三位一體，天天向人民要血、要淚，卻同時要人民承認：這就是他們的先知加救世主的作風。人類從沒有比今天更殘忍過、無恥過。

這種憤恨愈強烈，它所帶來的仇恨與沉淪也就隨之加深。用這樣的態度去探索，必然所見到只是黑暗的本體。於是他們便要高頻律的追求，結果便是對一切事物的澈底否定，並把自己的一切去附合這種否定的行爲，他要打倒的和要擁護的，都成了空的靶子。這樣以來，自己的內在生命便不自覺地產生了造作與虛僞。正由於如此，莎卡羅在極端的享樂、放縱、沉淪之後，其最後的希望，便是走向一片死寂的塔克拉馬干大沙漠那樣空無的地方，去觀看「在最大黑暗最大絕望中，生命如何還在隱隱進行。」而結果，這樣的一切作爲更成爲不斷地對於生命的消耗。生命的消耗，無論其中含有多少享樂的、物質的滿足，在其中便很難抓到生命的意義。因此在幾經掙扎，印蒂對此有了覺醒，他對莎卡羅說：

我已是一個絕望得懶絕望的人了。換句話說，我已絕望得懶於爲絕望花費任何力氣了。爲絕望，我不能跟你走。爲希望，更不能。你無望的活著，只爲了今後到更大的無望中去。我無望，我陷入目前黑暗生活中，並不是自我甘願如此的直接結果，而是我蓄意找尋的間接結果。我希望得救，才墮入今天這種永不被得救的生活。

這樣的對於莎卡羅的告別，其實也是對自己那一段虛無的告別。這是生命經由沉淪而產生的復活；正爲了有著這樣的復活，由此他才體証了一件事：不管遭遇怎樣的苦難，生命中還有靈魂的偉大尊嚴！

6

經歷過《金色的蛇夜》的歷程，印蒂又邁上了另一層次的探索。而民族的大苦難更加強了他更進一步探尋的腳步。這就是《死的巖層》所顯現的追求，那就是自己的精神危機中所作的對於宗教的皈依。而他的以往身處於政治生活和戰爭的經驗，以及他的友人們的生命歷程，正是他思想演變的基礎。

> 戰爭本身，我早就看清它的嘴臉，早在一九二五—二七時，我就看清了。我不喜歡它，而且，我本能地不喜歡任何暴力。……戰爭本是殘忍的，但人類卻永遠重複錯誤和殘忍。許多哲學與信仰，許多年的詭辯和鑼鼓，就是爲了用華麗的綢緞，打扮這種殘忍和錯誤。人類是生在一個殘忍的時代，一個錯誤的時代，站在高峰頂上望望下面，覺得一切很滑稽。人們一面決心在獻出自己的鮮血，一面卻又想到：這些血將來是給哪些人添資本？這樣，人類不免生活在矛盾中。

現實政治的權謀、險詐、虛僞，一次又一次地撕毀了他們的理想主義的夢想。就連他的朋友鄭天遐也由紅色的激進的政治追求中退出，而歸隱到侍候牲畜和耕種田園的生活之中。鄭的這段歷程正是那一代人的共同經驗。他說：

> 一九三九年那一紙 Berlin-Moscow 協定，也使人陷入最大迷惑。昨天，華沙還是全世界革命力量的援助核心，今天卻成爲進步人類敵意的箭靶，人們幾乎連改變標語、口號的時間都沒有。一個張大純粹眞理眼睛去看政治糾紛，那是眞正痛苦的，因爲，

你能獲得的不再是一個整體，卻是無數個碎片。在千碎萬片中，除了集團和派系的最現實的利益外，再沒有眞正人類的利益、正義的利益。幸福或眞理的路線，不是從人類到人類，也不是從犧牲到犧牲，而是從集團到集團，從自私到自利。……

於是，在經過一連串的紊亂、矛盾、糾葛、迷茫以後，這些人的生命便有著更高的需求。印蒂更是如此。在紊亂的人世中，他需要單純；在虛僞的現實中，他需要虔誠。他說：

當生活的沉重岩石，促人每一粒細胞化成單線時，當暴風雨的過度鞭撻，逼每一條複雜血流變成單一時，就有理由追求宇宙間那最單純的、眞正的單一。人必須軟化他在現實低地所遭遇的單純危境，靈魂單純後的黑暗，使它們不再深化的硬化，像嶙石那樣刺割他，於是他便找那單一的教主——宗教。這也是生命中唯一美麗的單純。

…………

除了這種偉大的單純，有時候，生命也渴望一種偉大的虔誠。沒有這份虔誠，正像沒有靈魂空氣，人就不能算活著。近十年的過度生活幻變，叫他越來越虛僞、越驕傲了，漸漸的，他幾乎喪失眞正的人味。只有一種巨大虔誠，才能復活他的深沉人性。既然他對一切已失去信心，失去一整個地球上的虔誠對象，只有在主的面前，他才謙虛的跪下來，重新燃燒起虔誠的火光。

這樣的生命內裡的最深沉的索求，便成了他最眞實的宗教情操。這不是世俗的迷信和軟弱，而是生命在最沉痛、最絕望、最幻滅的時候的吶喊。正是有了這種的索求，它才顯示了至高力量的存在。印蒂仰望著、索求著；當他在忍受牢獄的煎熬、在沉迷於愛慾的享受患得患失、在聲色微逐中虛無得一片蒼白、在東撞西撞鬥爭中四顧茫然之時，我們聽到他的生命經常時伏時現的出現這種聲音。這是一股與生命俱來的力量，支持他繼續堅持下去。而幾經轉折，祂終於成長、爆發出來了。在這裡，面對種種煩惱、痛苦和綑綁，這股力量便成爲一種最大的充實和解脫。它不是逃避，不是鴉片，而是面對軟弱和苦難的最大耐力，它是生命的最終極的關懷、靈魂至高的仰望。這一點，說來容易，事實上，如果一個人的心靈不經過一次又一次的沉淪和掙扎，是很難得到這樣刻骨銘心的體認的。個人如此，整個民族也是如此，於是，由懷疑主義走上虛無主義，又幾經翻滾的印蒂，終是走上了皈依道路。正是經歷了這樣的心靈的煎熬與解脫，他才由此而獲得了內心的寧靜與喜悅。

印蒂的皈依的第一次宗教經驗是做一位天主教的修士。誰想到沒有多久，在宗教的經驗中他又遭遇到一次嚴重的打擊。他沒有了解到宗教的世俗面，也陪伴著種種虛枉。有一天晚上，他發現他極尊敬與信任的意大利神父正要對一位瑪麗小姐施暴，而且那樣滿帶著威脅利誘。這件事讓他的精神嚴重的失去平衡。如果連宗教都是僞善的，這個世界還有什麼是眞實的？於是他退出教會，想要放棄一切。

但是，要眞正放棄，又是談何容易？於是陷入最大空無中的印蒂，又陷入心靈的痛苦掙扎之中。這樣，又使得他再一次深一層次的想到生命的有無意義。而在這思考之中，經由親情、藝術，他愈是懷疑、不安，他就愈加見到生命的光明的、莊嚴的一面。也由於此，他便能一步步的努力去篩除掉其中所含有的渣滓，見出生命的晶瑩剔透，由此而認識到生命的眞實。而追尋到頂點，便是至高無上的上帝的存在。到了地步，對於宗教，他便能夠把它從世俗的紛擾中提昇上來。否則上帝也成爲虛妄。他說：

從功利觀點出發而信仰上帝，最爲淺薄。希望上帝賜予勇氣或單純的良心，也不算高貴。這些，人本可以從其他方面得到，不必單純取之於上帝。在道德上求之於上帝，實不了解上帝的特點。上帝既是一種特殊存在，它只能是人類最高的特殊感覺的源泉。因此，只有把上帝作爲最高的美的對象，以這種信仰格調爲主要格調，才最高貴、最健康、最純潔。

上帝是什麼？那是無窮的美，無盡的象徵主義，是永聽不完的樂曲，看不完也展顯不完的畫幅，它是最偉大的風景，也是人性的最高表現。你要什麼，它有什麼。它是個永遠的謎，卻又永遠答覆你的一切。

有了這樣的認識，印蒂便由宗教的幻滅進入宗教的拯救。就在此時，他接到父親命危的訊息，在與父親臨終一番對談中，更加強他在這方面的探尋。他想知道上帝的所在？而他告訴父親自己首先想到的便是如何去除自己內心的僞善：

在一切痛苦中，我最不能忍受的苦痛，就是撒謊。近兩個月來，我常常想起五年前，我的朋友歐陽乎的話。他說，都市是無數蜘蛛網編結成的，每個市民都是蜘蛛，每一條網線就是一個謊，折斷一個網、任一條絲，別的網和絲也就受影響。所以，人們必須維持每一團謊、每一個謊。兩年多來，我在教會裡的經驗，使我感到，在神聖教堂裡，並不能擺脫這些蜘蛛網、絲。而這又是我最不能忍受的。促使我離開教會的，僅僅是由於最突出的一條蜘蛛絲，另外一些蜘蛛絲網，我還沒有算在內。

而父親則暗示他還要繼續追尋、探索。他問父親：「難道眞沒有一種存在，具有無上智慧、無比抒情、又深深植根在今天大地泥土裡，能永恒抓住我？」父親說：「在傳統裡，也許還有，你有試驗勇氣嗎？」後來父親平靜的離開了人世。父親面對死亡所顯示的安祥、寧靜，又讓印蒂對於生命中有某種他看不到、抓不著的力量存在。正是有了這些，他的父親有了更深刻的體認。他的父親是一位平實的智者，他尊重一切生命，也尊重一切經驗，而且經由他平日的生活而顯示出和諧和舒適。他臨死之前，留下的唯一紀念物是一塊金字塔下的石頭。他說自己一生「沒有傷害過任何人，在良心這個試題下，總算沒有交過白卷。」他又說：「我相信石頭，四十年來，在這個宅子裡，各各他西番蓮和金字塔下的石頭，總相處得很好。我們彼此找尋那最相同的，永遠只記住共同素，從不記憶相異素。在人類中，相同素永遠多於相異素。」他認爲這個道理可以解決地球上的最大難題。告訴兒子：絕不強迫任何人違背他的自由意志。

這簡單的哲學的意義是什麼呢？這使人想起了《紅樓夢》，《紅樓夢》原名《石頭記》，石頭者，寶玉也。生命如石，通靈則爲玉，不通靈則爲石。這通靈，實際就是生命眞實的呈現。但這眞實又是什麼呢？這需要探索，需要磨練，更重要的是誠懇的生活與工作。印蒂父親的老友，一個考古學者，在印老先生過世後就說：

想想從前，眞是荒唐，我們把做人看得那麼容易，把事情看得那麼方便。你要怎樣，就怎樣，彷彿世界上什麼也不存在，只存在你的青春、幻夢、浪漫主義。我從前的考古工作，其實只是一首抒情詩，一種浪漫主義，我只是爲了到處旅行，滿足我對古代與異國的好奇心。我不像你父親，我一生從來沒有嚴肅的工作過。這幾年，一愰就過去了，我所得到的東西很少、很少。

這種類似曹雪芹式的自悔（碌碌一生，一事無成），其實也是印蒂在見到「眞實」後的自悔。而有了這種自悔，他才能告別唐璜或皮爾金特式的浪漫主義，走回樸實的人生道路。而他的訪問畫家藺素子，更得到了進一步的啓發。

藺素子原是處身富裕生活的畫家，但是在民族的大災難中，他卻欣然接受窮苦的生活，他租居在一間破舊農舍中，別人以爲他不是白痴就是修道。但他說：自己只是學習著「做一個人，一個普普通通的『人』！」，他感慨說：

其實，今天中國好幾萬萬人，都住在我這種破舊農舍裡，他們既不是白痴，也沒有得道。他們和我一樣，也只是普普通通的「人」！

今天一些高級知識份子眞可怕。必須修行成道才能住得下今天幾萬萬人在住的房子。這種房屋，他們老祖宗已經住了幾百幾千年了。

這樣安定而又舒坦、誠摯的人生態度，讓畫家的作品呈現從來沒有的生命力，每一線條都帶給人莫大的感動。在這裡再也沒有以往《彭貝的毀滅》那樣的絕望。這不僅由於他的坦然，更由於他能經由苦難磨鍊自己，畫家說：

對於藝術家來說，噩運可能是一種添補劑，足以強化靈魂。當我執畫筆前，常常的，一部畫史就站在我面前。我沒有忘記，達文西被冷落了大平生，最後死在淒涼晚景中。米開朗基羅被奴役了一輩子，也痛苦了一輩子。我更沒有忘記，梵高是窮得發瘋而死，高更幾乎是餓死的，妻子孩子，全都拋棄他。塞尚鬥爭了五十年，完成百分之九十九的不朽傑作，世界仍對他閉緊眼睛，直到他臨死前一年，巴黎才展他幾張畫。人類歷史上，特別是十九世紀，幾乎大部份歐洲美天才，活著時被侮辱、蔑視、蹂躪、誤解，經歷著各式各樣的窮困、寂寞、折磨，但他們到底戰勝一切苦痛，完成了千古輝煌的傑作，在人類各式各樣的冷眼中，畫出終被人類無比痛受的瑰寶。……眞正完成不朽傑作的大師們尚且如此艱苦，我們這些還未完成什麼的人，更不用說了。

畫家有了這樣的體認，他才在苦難之前顯現得那麼自在，那麼勇敢。到了這一境地，苦難不但不是痛苦，而且成爲力量。他對印蒂說：

我們民族恐怕還要經歷更多更複雜的煉獄鍛鍊，最後才能昇入天掌。……必須整個人類得救，我們這個民族才能較長久的得救。……一切先知，繪畫史上的先知，和其他領域的先知，都爲了爭取人類更高的尊嚴，更強的道德觀念、更超越的道德境界，這才決心犧牲他們今生幸福的。

於是，在藺素子啓發下，印蒂的內在生命就更加堅實了，他不但進入基督的世界，也同時進入釋道的世界。在這樣的融合下，他的世界觀也就有了新的方向。而他的朋友左獅在臨時以前的談話，更加深了他的改變。左獅原是一個激進的左派革命者，一向堅持「組織至上」，但是在抗戰中的印緬戰爭的大撤退中，面對連續不斷的死亡與絕望，他有了一番覺悟。他認爲在戰爭中，不管敵人還是自己，只要它的意念成爲「一種理想，一種原則，不管它是怎樣譎艷、豪麗，甚至比所有敦煌壁畫上菩薩還要嫺美，但爲了實現它，可能要付出全人類毀滅作代價時，無論怎樣，還是一種不能容忍的罪行。」就這樣，他便告別了以往的道路，而有了新的看法：

當任一個悲劇演變成印緬大撤退的慘劇時，凡是一個人，只要他還有一點一滴人血、一滴一粒良心、一丁一芽善良願望，他就不能不考慮；政治鬥爭和戰爭本身，將會把人類帶到怎樣一個可怕的絕望境地。

> 經過這次戰爭，特別是印緬大叢林撤退，我的人生觀已經發生根本變化。過去二十年來我的信仰，在我生活裡已沒有什麼重要性了。這個世界還有比它更重要的東西，那就是人的共同性。過去，我一直強調人類的分歧性，現在，才知道偏了，不符合人類的眞正現實，也不吻合歷史的眞正現實。人類歷史和文化所以能綿綿不絕，主要靠共同性。靠生命的合作，互相依賴，不是靠分歧性，靠生命的鬥爭，相互仇視。仇恨只能毀滅歷史與人類，只有愛才能拯救這兩者。
>
> 歸根結柢，人不能沒有信仰，一個信仰死了，另一個又慢慢形成。

這是左獅的遺言，是他以一生的血淚換來的。這帶給印萊很大的沈思，而其他一些朋友的一些作爲，也給他帶來很多警惕，在無望的現實中，他們有的進入瘋人院，有的躺在妓院大談老莊哲學，有的墮入生活的無意義的瑣瑣碎碎中，無所作爲。面對這種種情況，他一面感到孤寂，一面卻有一種神聖的使命在催促他去上天下的找尋人生的答案：

> 他預感，凡能摸觸到人類靈魂最後邊緣的，也必能摸觸到這一時代的最高信仰的重要邊緣。只有在精神的極峰頂，人性眞理才獲得永恆和諧。

於是，從生命的死的巖層裡掙扎、奮鬥出來的印蒂，又開始了另一個新的旅程。

7

在《死的巖層》中，印蒂已經預感到：人必須進入精神最高峰，才能獲致生命的大和諧。而在《開花在星雲以外》裡，我們便見到他對這一境界的體認和追求，一開始，是這樣開始的：

印蒂現在四十一歲了。他四十年的生命奔流，一刹間，變成空白。他畢生的人生眞理追求，一霎眼間，化爲微塵。一團又一團大火燃燒後，除了一片泥土、一堆灰燼外，什麼也沒有。灰燼中，連最後一粒紅，最末一顆火星，也死亡盡淨。只等任一陣天風，把它吹得無影無蹤，再幻成一片宇宙寂寞。

古人說，四十而不惑。印蒂也知道：「四十歲是一大關隘。假如你還未登上關頂，你將永遠幽閉於關內，萬世出不了關。」但是，擺在他眼前的卻是一個充滿艱辛、悲苦的時代：

這是一個獅子的時代。這是一個蠱惑的時代。這是一個毒蛇的時代。這是一個魅力的時代。這是一個蜘蛛的時代。這是一個鰻魚的時代。這是一個黃蜂發怒的時代。這是一個群鴉亂飛的時代。這是一個慘毒的時代。痛苦在亞洲大陸上脹裂，屍體在英倫海峽邊堆積，飢餓在多腦河濱嗥吼，死亡在非洲跳舞，褐色旗幟在諾曼第海灘捲起褐色海潮，卍字織成的魔鬼花朵在斯堪的那的那維亞半島狂瀾中開放。太陽在歪、在飄、在暈、在蝕、人心在日蝕，表現得比地獄更黑，狂風般的獸性到處捲馳，絕望的僵屍白天在大街上奔馳，每一秒都有動脈被切開，每一分鐘都有心臟因過度痛苦而提前停子跳動，就這樣一個瘋著狂著燒著的世界，他卻遠離這場空前絕後大火災，把自己蜷縮在這樣漠寂的一角，追求那永恆的心靈和平。

就在這樣的處境中，他登上了華山。

說到華山，這在無名氏的作品中，有著特殊的意義。《北極風景畫》和《塔裡的女人》都是從華山引發出來的，而在《無名書》中，印蒂也經常出入於華山。這華山不僅具有地理的意義。更有心靈中的意義。有時，它是心靈苦悶、倦怠後的休憩之所，有時它是遠離煩囂的靜養、沉思的隱居之所。但在《開花在星雲以外》中，它卻又有著至高的象徵的意義。華山，是心靈的最高境界，是超越宇宙的最高處。孔子登泰山而小天下，這泰山不僅有現實的意義，更有象徵的意義。無名氏的華山與孔子的泰山，在心靈的意義上也是一樣的。說得更深刻一點，無名氏的華山，與希臘人心中的奧林匹克山、歐洲人的阿爾匹斯山、以及希伯萊人的西奈山，在精神的意義上也是相近的。這是人類精神生命追尋的最高的屬於「靈」的境界，也是塵世中的最高嚮往。

在《開花在雲以外》中，印蒂已到了不惑之年的邊際。在經歷了人世間的大風大浪，眾多折磨、出入於鬼門關多少次以後，而今他需要定下來，因爲只有「定而後能靜，靜而後能安，安而後能慮，慮而後能得。」現在他需要靜下來反省、思考，「他沒有逃避，他只是暫時摔開大地上的一切，尋找宇宙間最深最後的。他是這樣的一個人，這個人必須撞破人類靈魂的最迷障霧雰，衝破歷史的最大謎底，衝入心靈宇宙深處的最後一重門，他的精神才能平靜。」在華山，而且在華山之巔，他可以超越而冷靜的觀察這個世界，思考這個世界，在這裡他想到蘇東坡的詩句：「不識廬山眞面目，只緣身在此山中」，想到那種無法提昇，仍一直困在現實的苦惱，所以他要切身沉思的去悟道。杜甫有一首泰山的詩《望嶽》，曾經企望有朝一日能夠「會當凌絕頂，一覽衆山」。這種企望的心情，一方面是自己境界的提高，一方面也是面臨擾擾人世，能有清晰的認識。因爲只有這樣，一個人才能君臨災難，不爲所困，而且可以由此而建立自己的智慧。

也就因爲這個原因，《開花在星雲以外》已經不只是一部眞實的小說，而是一種寓言，一種象徵。在這裡，他不僅超越了現實而觀察現實，而且擺脫宗教的分歧而看宗教。於是，在這樣的心態下，世間的一切事物已能夠有了融合，人才能走出個人的小天地有了恢宏的心胸：

> 我現在已不是僅僅關心一個國家命運的人了，我關心的，是人類命運，是整個地球，以及它所存在的宇宙，我們單單希望一個民族只解決自己的問題，是不夠的。要整個地球問題解決，我們才有眞正的永久和平。我們今天所碰到的許多麻煩，表面看

來，只是由於一些現實沖突。實際上它的幕景，都是全宇宙性的，整個地球的。正因爲人們—特別是那些決定歷史命運的人，缺少眞正的宇宙智慧，它這才跌入臭水溝中。當我們拒絕美麗星光指導我們生活時，我們怎麼能希望生活得美麗呢？當我們對我們的眞正父母的意義，——那些星球對人生的意義，還沒有弄明白時，我們怎麼能明白自己呢？連自己都不明白，又怎麼能明白鄰人呢？當人們相互不了解時，又怎麼能有眞正的愛與和平呢？

……一種新的地球哲學——星球哲學，必須產生。……一個新的星球信仰，必須出現。許多年前，我就大膽預言過：那些舊先知——從最古老的釋迦牟尼到最現代的激進派，早已不可能再成爲我們未來的、恒久的光與熱了。……我們必須找尋新的恒久光熱，新的太陽。

而到了這一地步，儒釋道包括西方的宗教，才能在宇宙的大包容下，融成了一個和諧體。世間的衆多事物也與人的心靈融爲一體。因此，天與人不再是兩個隔離的世界，人與物不再是冰冷的對立。在這樣的大和諧中，世間的每一個事物都顯示它獨特的生命力，在人的身上呈現了宇宙的精神，在一草一木上也都呈現出人的靈性。關於這一點，不僅印蒂有著這樣的喜悅，他的一些朋友也在歷經苦難的磨鍊的山洞後，也像尋找桃花源的武陵人那樣，有了同樣的「豁然開朗」。而到了這一步，一個人即使生活在苦難之中也會有所期待。畫家藺素子便是最好的代表，他認爲：

一件偉大藝術品，正是一種偉大的期待的產物——那幾乎是夢中的期待。不過，這只是一方面。另外還有一方面，就是，有時候，還得用艱難和痛苦把偉大期待化爲偉大的眞實。歡樂與痛苦是藝術創造的兩種海潮。……偉大的達文西完全超越這兩種海潮，達到眞正的寧靜與平衡，……他處在壓抑的苦痛中，把它們化爲偉大的摩娜利莎的永遠微笑。

而在這種期待中，一個人所要學習最重要的事，便是懂得寂寞、守得住寂寞。而在這樣的悟道中，「小天下」的「小」便不再是傲慢、狂妄，而是發自內心的謙卑。就這樣，印蒂「便『從五千仞上』南天門走下來，一步一步的，莊嚴而和諧，像一個古代高僧」。然後回到了人間。這時，正好中國的抗戰獲得了勝利。

而在《創世紀大菩提》中，我們看到的，則是印蒂的另一種探尋：生命的重新付諸實踐。以往他是那樣反叛，那樣虛無，那樣浪漫，那樣狂野，而今，經過四十多年的大追逐、大折磨，他的生命所呈現的，卻是那麼寧靜，那麼舒坦，那麼自謙的、懷著感恩的心情，走回這個他曾經活過、怨過、恨過的世界。

從華山回來以後，他第一個要找的便是他當年捨棄卻一直在懷念的瞿縈。當瞿縈一說出「你——終於——回來了——」和「經過十四年大追逐大尋找後，你還是回來了？」這不僅是一對久別情人重合的聲音，也是兩顆陷於苦難、蠱惑中掙扎、奮鬥、受苦的靈魂得到勝利的歡暢和喜悅。此後，他們結婚了，並生下他們的孩子海地。而接著下來的便是他們按照新的「地球農場」理想——萬物互相尊重、彼此合作——所建立的新的生活。

如果說，《開花在星雲以外》是無名氏修道、悟道的寓言，則《創世紀大菩提》便是他對世界夢想的藍圖。如果說，《開花在星雲以外》是他「新的地球哲學」的形象化，則《創世紀大菩提》便是他透過「地球農場」對未來人類的企望。這二者，都不是烏托邦的幻夢，而是基於現實歷史所作的文化反思。在這種反思中，他對人類的未來在科技高度發達下，懷有無比的信心，但也有著無比的擔憂：

未來人類可能萬能化的結果，人類生活是無比幸福了，可也充滿更多的威脅。因爲，那時，一個人要危害另一個人，是更方便了。陰謀將是輕易兌現的支票。仇恨將是一種大眾化的傳說中的死光。爲了保證幸福本身的安全，人類的倫理原則與境界更重要了。

由於感覺不斷猛烈運動、變化，人類精神將不易取得穩定。如此，我們將更需要一種哲學的平衡、和諧。人必須藉助於眞正透明智慧，來保衛自己的幸福，與生命的綿延。

目前世界精神大潮流中，有兩種主流。一種太偏於「我要」，一種太偏於「我不要」。前者是絕對的浪漫主義，後者是中世紀的僧侶思想。

肉慾與極度本能的泛濫，是當前新大陸與舊大陸的一大弱點。假如不稍加節制，它將縱任世世紀末的頹廢哲學又一度廣泛流行，縱慾並不是時髦藝術，它寧是最古老的本能戲劇。古代巴比倫和羅馬，早就有過這方面的豪華記錄。阿拉伯的帳蓬中，也放射過類似的火焰。沒有人否認肉體的歡樂，但必須與古典明淨的長堤相結合，才能抑制那隨時會沖毀一切的洪水。

於是，他提出了平衡：

平衡的追求，是由於權威的消解。當單一的帶獨斷性的靈魂權威瓦解了，生命便找尋平衡，那種大複雜中的和諧。

因此，所謂人類精神偉大的平衡，是指全人格的整個靈魂活動過程。不過，作爲這一過程的重點突破以及重要結論，卻是參悟道體。由悟道後所產生的精神嶄新狀態，滲透整個人格，因而完成最高的深度平衡——宇宙的平衡。

我們必須把千迴萬轉的純思溶入和諧與平衡，像中古藝術大師，把複雜的建築藝術表現形成歌德式的多樣的統一。

而用以平衡的主軸是什麼呢？那就是不含任何功利的單純的愛。

而印蒂所親身體驗的也正是如此。縱觀一部《無言書》，每當印蒂遭到挫敗，找不到出路時，總有幾種愛的力量在支持他，他的父親印靜修和母親瞿蘊如的愛，友人藺素子的關愛和引導，這些都一次又一次的出現在印蒂的苦難中。而瞿縈的愛，也像但丁《神曲》中的貝德莉釆那樣，或隱或現地支持他從軟弱中堅強起來。《無言書》中，在一開始是紊亂的人生、罪惡的人生，而在結尾則是純靜的、和諧的大團圓。這結局看來是甜美的、世俗的，實際上那是幾千幾萬年來所追求、所夢想的願望。仔細去體會，那不是甜美，而是無限的悲酸。面對這樣的悲酸，《無名書》所展現的內容似乎也可借用曹雪芹的話來作說明：

滿紙荒唐言，
一把酸辛淚；
都云作者痴，
難解此中味？

這不是荒唐言，是中國苦難的記錄：

字字看來皆是血，
十年辛苦不尋常！

又何況這是一位忍受種種迫害的知識分子，在悲慘生活中耗盡將近一世紀生命的著作呢！

眼睛凝視眼睛

——重看無名氏的《無名書》

佛羅裏達大學教授 羅 鵬

我在考慮如何紀念無名氏先生時，就想起他在九十年代初寫的一些關於剛去世的老朋友林風眠（一九〇〇—一九九一）的文章。在第一篇「豹龍大師」中，無名氏簡要地提出了文革時期林風眠如何把自己的幾百幅畫都燒掉了。當時讀者對這件事情特別有興趣，他於是又寫了另外一篇「焚畫」，以便更詳細地描寫當時的情景，并且在文章的結果把朋友林風眠和自己的背景比較了一下：「他藝術上的喜劇原動力，卻是他生活悲劇的裝作者。在這方面我和他截然不同。所以在文革時間保存了無名書一百八十萬字原稿，使我畢生心血之作毫髮未傷害。」我認爲無名氏的這種比較非常有意思。衆所周知，無名氏文革時期如何辛辛苦苦保留了《無名書》的原稿，一直到七〇年代底終於有機會將它出版。對我來說，更有趣的是甚至四十年後的二〇〇一年，無名氏仍然關心其《無名書》的出版情況，并且努力要做出一套完美無缺的版本。

我第一次認識無名氏先生是在他二〇〇〇年秋天去紐約的時候。當他得知我對他的作品非常感興趣，并且已經閱讀了全套《無名書》，他就特別想知道我讀過的是哪一個版本。當他發現原來是他自己八〇年代親自送給夏志清教授的一套（夏先生後來把它轉贈給哥倫比亞大學圖書館），他就強調那個版本有好几百個錯誤，說要送給我一個修訂本。而我最後一次跟他通話，就是在今年九月份，他打電話給我討論本研討會的時候，他那個時候還在強調這個修訂好的版本。

無名氏本來是一九六〇年左右把他的《無名書》的最後一卷寫完了。現在已經過去了四十多年，可是他一直到最後都非常重視出版這個修訂本。我認爲這是一個非常有意思的問題，而且讓我想起另外一位中文作家：香港的武俠小說大師金庸。我這樣比較無名氏和金庸也許會看上去有些奇怪。金庸無疑是現代世界被閱讀的最多的一位中文作家，而無名氏則剛好相反，是被一般讀者（甚至包括許多文學評論家）最可能忽略的作家之一。不過我認爲無名氏和金庸其實有兩個值得主意的相似之處。首先，他們都花了十五年左右的時間寫他們最重要的文學作品（《無名書》）是在一九四六到一九六〇年之間寫的，而金庸的所有的小說都是一九五五到一九七〇年之間寫的），而且後來也花了好幾年把原來的作品修改完成。其次，兩位作家最近都開始非常關心他們在中國文學史上的位置。我第一次認識金庸，是在一個由他自己組織的研討會：題目是「金庸與現代中國文學」，很明顯是希望別人將自己的作品看成是「經典文學」。類似的，我們今天這個會議也是一個很好的機會來重新考慮無名氏在現代中國文學史上的位置。

我個人認爲「經典文學」這種概念比較模糊，不過我個人對將無名氏作品「經典化」也做了一些貢獻。我的博士論文中有一章關於無名氏，而且最近也給馬上要出版的英文《現代中文小說家：一九〇〇—一九四九》的文學辭典寫了一篇二十多頁的文章介紹他和他的作品（據我所知，這是英語世界中第一篇對無名氏較爲全面的介紹）。因此，我非常贊成這個研討會所倡導的對無名氏的新的關注，唯一遺憾的是他不能來參加。所以，我今天的目的一方面是想紀念無名氏先生本人，另一邊是重新思考他的作品在現代文學史的位置。

我今天紀念無名氏還是以他十年以前紀念朋友林風眠作爲出發點。其實無名氏早在一九四七年就寫了一篇關於林風眠的繪畫的文章，而且兩個藝術家都嘗試過把傳統中國文化和現代西方文化聯係起來。無名氏甚至採用林氏作爲一九四九年首次出版的《無名書》第三卷《金色的蛇夜》中的主要人物現代畫家藺素子的原形，而無名氏的傳記作者汪應果與趙江濱建議藺素子可以看成是印蒂（即無名氏自己）「在藝術領域的化身」。因此，我們可以從對小說中的藺素子（即林風眠）的關注來進一步地了解主人公印蒂，甚至無名氏自己。

《金色的蛇夜》的開頭就強調名爲「末日」的兩幅畫，其中有一幅是藺素子所畫過的一幅极其荒淫的畫。印蒂看了以後，問畫家該畫代表的是甚麼。藺氏回答畫的題目叫「末日」，然後補充道畫也叫「彭貝的毀滅」。印蒂聽了這個回答後立即說：

「這不是彭貝的毀滅，這是觀畫者的毀滅。你簡直在毀滅看畫的人」。略略喘息著，又重複一遍：「嗯，你簡直在毀滅看畫的人！這幅畫太可怕了！你爲什麼畫地這樣的可怕呢？」①

站在一邊的是蘭素子的學生，馬爾提。他很贊同印蒂的看法，補充說，「這幅畫其實不叫『末日』，也不叫『彭貝的毀滅』，應該叫『我們的時代』！」後來蘭素子自己也接受了他學生的這個看法，說道：「是的，這是『我們的時代』！『我們的時代』！（……）起先，我想畫彭貝毀滅的前一秒（……）可是這一切是神秘的，瑣碎的。我主要在畫我們今天的時代：這個面臨『彭貝的毀滅』的中國，這個正在重複彭貝命運的世界。」②

小說接下來的一章告訴我們馬爾提自己也曾經畫過一幅名爲「末日」的畫。不過，跟蘭素子不同的是馬氏的的畫所代表的不是一個墮落的社會，而是個墮落的女人。他那幅畫不僅對印蒂有很大的吸引力，而且畫所表述的對象：神秘的高級妓女沙卡羅，也變成整個小說中印蒂所追逐的目標。這兩幅畫不僅站在《金色的蛇夜》的中間，而且也代表整個《無名書》對視覺以及視覺上的表述（visual representation）的關注。作品中的繪畫、照片等，不僅代表一個不在眼前的目標，而且在某種程度上也代表了固有的視覺感知以及視覺表現上的雙重局限。比如說，馬爾提的「末日」畫代表的是沙卡羅，而沙卡羅自己經常被描寫成一種帶面具并且反抗視覺的黑暗人物。比如說，當印蒂第一次見到她的時候，他發現：

她隱在那樣幽邃的角落，像歐洲史前人遺留在洞壁上的女人雕像，又模糊，又堅硬。一條描金圓錐柱影淹沒她全部，他看不清她的頭、臉、眼睛，只辨出她渾身一片象牙黑，顯得巨大，有甚麼要溢出來……從第一個捕捉刹那，就使他聯想起全世界第一幅著名女像，那尊象徵永恒死亡的埃及公主娜伐拉畫雕，屹立於大金子塔陵墓碑前的。她神秘的黑眼圈，正像那幀畫雕上出名的黑眼圈，一般深沉的黑情緒，無可抵抗的浸透觀者脈搏。③

後來印蒂有一次就用一種照明的比喻來討論沙卡羅的极端否定視覺性的觀察：

在我黑暗最深礦床底，也偶然還有點奇異閃光。這也正是沙卡羅不易徹底了解我處，因爲，她身上根本沒有一點閃光，她是一種絕對黑暗的黑暗體，與一種偶然閃有陣光的黑暗體，究竟是有差別的。④

沙卡羅的這種既黑暗又充滿反射性的身份本來在印蒂第一次跟沙卡羅面對面時也能看出來。在那一段中，敘述者忽然說：

啊，又是黑夜，又是黑夜。又是大堆大堆塗抹不完的黑。漸漸漸漸的，黑裡面出現兩片濃濃黑眼圈，一尊埃及畫雕，一個嘎啞的女生。對了！這正是時代雕像！所有屬於時代陰面的，全集中於它身上了。這是一個簡單女人，卻又是一面复雜的迴光鏡。⑤

印蒂這裡用的是「迴光鏡」這種比較冗餘的詞來描寫沙卡羅的极端消极性的身份。不過，也可以說沙卡羅代表的不是光之反映，而是光之徹底消滅：從「一大堆大堆塗抹不完的黑」漸漸出現「兩片濃濃黑眼圈」。而且，馬爾提的「末日」畫中把沙卡羅之形象與時代之轉變兩個題目聯合起來，在這裏有一種剛好相反的類似的存在：「所有屬於時代陰面的，全集中於它身上了。」

《無名書》不僅把繪畫看成是一種固定的文化上的表述法，而且同時也具有一些更抽象的對視覺的反思。比如說，《無名書》到數第二卷，《開花在星雲以外》中，畫家喬君野描寫世界怎麼像是由神圣的的畫家創造的：「現在，我才明白：人不是一架自動牛奶消毒溫度調節器，他只是一堆油料，一些石膏，由另一隻黑色大手不斷描畫，雕塑。我是一個畫家，但另一個生命卻在不斷畫我，不是按我自己的意思畫，是按照他的觀念畫。」而且，在最後一卷，《創世紀大菩提》也有類似的一種跟繪畫有關的比喻：那是在印蒂跟瞿縈結婚不久，對新婚的妻子說，「你相信麼？我眞想做一個畫家，畫你胴體的各式各樣形相、姿影」⑥。後來，同一卷也講印蒂怎麼「像欣賞一幅牆上油畫，站在她（瞿縈）面前，定定注視著」⑦。一方面，引自《開花》與《創世紀》的這兩句話都反映了繪畫藝術的話語在《無名書》中的重要性，以及小說中的人物如何用這些藝術比喻來解釋他們個體與整體的自我認識。在另一方面，喬君野與印蒂兩人對繪畫與生命的這兩個比喻都表現了作品的兩個對視覺的不同關注。第一個關注是認識論的問題：視覺上的表象與外界的「眞實」有甚麼具體關系？第二個關注則是個價值論的問題：視覺對他人和自我的互相了解會提供甚麼作用？

《開花》中還有一段描寫印蒂「悟」了以後，重新進入了另一個關於器官感覺任意性的哲學沉思：

沒有我們人類的視覺、嗅覺、手指觸覺，換上狗的，或者豉蟲的，或者蟈蟈的，或者螺獅的，或者另一個星球上的動物的，它的色、香、味、形、可能將是一個不同的反應。玫瑰還是玫瑰，反映的鏡子，卻不同了，正像現代玻璃鏡與古代銅鏡所反映的人臉不全相同，雖然形式上仍有一致處。⑧

像小說中的許多其他描述一樣，印蒂這裏開始提到觸覺、嗅覺、等等許多不同的感官感覺，可是最後似乎還是視覺最能反映他在知識與哲學方面所做的思考。具體說來，這段話特別強調「機械」的表現法（銅鏡與玻璃鏡）和視覺器官結構（人類的與其他動物的）之間的關系。

上面引自《開花》的關於鏡子與動物視覺的例子不是一個例外，而是反映了該小說的主要象徵性結構。其實，那段原本屬於一個更全面的關於視覺性知識論的討論。本文這裏將要回到該小說的同一章去考查另一個很相似的關於視覺與現實之間關系的一段描寫：

實際上，沒有藍、沒有綠、沒有紅、沒有色，這些只是光，它有許多許多顏色，它只是偶然與我們的水晶體、虹彩網膜、脈絡膜內的色素、角膜、水樣液、玻璃體、視神

> 經、大腦中樞，這一大堆東西的臨時君子協定，我們能抓住一張紅紙、藍紙、綠紙，我們卻抓不住我們視覺里的紅色、藍色、綠色，更抓不住大腦興奮時印象裏的紅色、綠色、藍色。〔……〕⑨

無名氏在最近的一篇文章中把《開花》對視覺的生理學上的基礎和《創世紀》對視覺與人和人的道德觀的基礎聯係在一起。在收到《抒情煙雲》的論文「胴體凝思」中，無名氏指出視覺上的赤裸裸的刺激與高級思想兩方面之間的區別：

> 人的肉體或許只是一符號。這符號在顯影定影後的棵達軟片上，是一片黑影，在曬映後的布紋紙上，是一簇光與暗，線與方圓的渲染；在東方水墨畫上，主要是表現眞草隸篆幾種書法線條的意趣，加上橫、著色與烘染的技巧等等；在米開朗基羅是一尊石像在主體派畫家，有時則是一堆積木，一隻提琴，或其他種種器具的形象；在達達派眼裏，則是一些沙粒、黑點或其他種種圖案。⑩

這一段懷疑的是人體的「眞實」與具體形象符號能否完全分開。可是，後來的描寫卻在懷疑形象本身在生理學和知識論中的地位：

> 生命凝視生命。臉凝視臉。眼睛凝視眼睛。此眼怎麼會流入彼眼？眼怎麼會走入眼？眼怎麼會爬入頭發、皮膚、頸椎、汗毛、纖維？它怎麼會辨出：這是此眼，那是彼眼？它們相互死死糾纏時，眼睛怎麼知道，那是眼睛？水晶體怎麼知道，那是水晶體？光

如何知光？色如何知色？這個瞳孔裏，怎麼形成一副臉的圓，一張嘴的菱形，一條眉毛的直線？一副鼻子的凸突形？是生命最秘密或最神秘的內在空間、先有一個圓，一方菱形，一條直線？⑪

法國心理學家拉崗（Jacques Lacan）在他的著名論文」鏡像階段」（mirror stage）中強調的是兒童時代的」自我」是怎樣通過辨認自己的影像才可以從分散的精神狀態集中於一個較凝聚性的（想象上的）「自我」。而在這裏剛好相反，無名氏是從鏡像階段的自我認識，然後通過把該自我形象分離成各各生理上成分，結果把自然性的視覺完全陌生化：「水晶體怎麼知道，那是水晶體？……」。同時，這一段也把形象本身分成各各幾何學的元件：「先有一個圓，一方菱形，一條直線……」。

我這裏將以無名氏這種「眼睛凝視眼睛」作爲一種紀念他以及重新思考他在文學史上的意義的出發點。就是說，如果要作他的「知音」，就必須首先把自己的作品剖析成自己認不出的一個分析客體——比如，一片黑影或簇光與暗的抽象符號——才有可能眞正認識到他在現代文學史所佔有的重要性。

註　釋

①《金色的蛇夜》（上），一五頁。

②《金色的蛇夜》（上），一六頁。

③《金色的蛇夜》上册，二三六—八頁。

④《金色的蛇夜》下册，八二頁。

⑤《金色的蛇夜》上册，二七二頁。

⑥《創世紀大菩提》（上），七五頁。

⑦《創世紀大菩提》（上），一三二頁。

⑧《開花在星雲以外》，四一七—八頁。

⑨《開花在星雲以外》，四一五—六頁。

⑩「胴體凝思」，《抒情煙雲》（下）（臺北：文史哲出版社，一九九九），三八九頁。

⑪「胴體凝思」，三九一頁。

論無名氏後期短篇小說的藝術得失

政大中文系教授 唐翼明

一、

古今文人有幸運逢時的，也有倒霉背時的。作為一個小說家，卜寧先生——或說無名氏先生，可說既走運又背時。從一方面看，是走運的；從另一方面看，則是背時的。此時走運彼時背時，時而走運，時而背時。二十六、七歲，即以兩部小說《北極風景畫》和《塔裏的女人》風靡文壇，一版再版，『據稱迄今已五百餘版①』，而這兩部小說按照作者自己的說法，還不過只是他的少年習作，對於一個小說家而言，還有比這更走運的嗎？無名氏眞正具有自己哲學思考和藝術探索的六卷二百六十萬字的巨著《無名書》則於一九六〇年作者四十三歲正當盛年時全部寫完，這也是一件極不簡單極其幸運的事。然而《無名書》只出了兩卷半，卻遭逢山河巨變，作者所有作品在大陸遭到查禁，寫作也只好轉到「地下」，而作者以艱苦卓絕的努力、耗時十年寫下的《無名書》後三卷半原稿竟然在文革中被抄家抄去，作者也鋃鐺入獄，對於一個作家，還有比這更倒霉，更背時的嗎？然而這三卷半原稿在厲行「焚坑事業」（傳為毛澤東寫給郭沫若的詩中有句云：「勸君少罵秦始皇，焚坑事業費商量。」）的文革時代居然若有神護，而未被焚，且於一九七八年重回作者手中，作者以二千餘封信件歷時兩年分批寄到香港，終於得以在台灣出版②。作者隨後也離開大陸，定居台灣，有充裕的時間修訂原作且親耳聆聽來自讀者與批評家的反響。這對於一個作家來說，又何其有幸。但是，時代不同了，環境也不一樣，這二百六十萬字的「江河小說」（無名氏自己的話③）所展現的時代內容及主人公印蒂的情感生命在台灣這塊土地上有幾個人會引起共鳴，有幾個人會眞有興趣—尤其在年輕一輩讀者中，是非常值深懷疑的。而作者在這部巨著中所展開的哲理思考與藝術探索，在一九四〇年至一九六〇年代，或許還不失新穎與前衛，但在舊世紀末新世紀初的今天，也不免成了明日黃花。這對於一個傾畢生精力、嘔心瀝血，除寫作而外不暇他顧的作家又是何等殘酷；古人云：「時不時，命也。」我們在無名氏及其創作的遭遇中，再一次見識了無情命運的恣意演出。不過無論如何，在《無名書》六卷修正完本終於出齊的今天，由文史哲出版社主辦來舉行這個無名氏創作學術研討會，卜老以八十五歲的高齡還能親身與會，與大家一起討論自己的作品，親自欣賞自己擲出的石片在人間泛起的連漪，到底是一件值得慶幸的功得圓滿的事，是值得卜老與我們大家都浮一大白的。

二、

關於《無名書》，這個會上已有論文，我就不再重複。我來談談無名氏的短篇小說。

無名氏早期的短篇小說，據司馬長風《中國新文學史》的說法，共有兩個集子，十二篇小說，它們是：

㈠〈古城篇〉（一九三九年十二月）
㈡〈海邊的故事〉（一九四〇年二月）
㈢〈日爾曼憂鬱〉（一九四〇年三月）
㈣〈鞭屍〉（一九四〇年八月）
㈤〈露西亞之戀〉（一九四二年一月）
㈥〈騎士的哀怨〉（一九四二年十二月）
以上六篇合集出版，題爲《露西亞之戀》。
㈦〈伽倻〉（一九四二年七月）
㈧〈狩〉（一九四二年八月）
㈨〈奔流〉（一九四二年十一月）
㈩〈抒情〉（一九四三年一月）

（十一）〈龍魔〉（一九四三年九月）

（十二）〈龍窟〉（一九四三年十月）

以上六篇合集出版，題爲《龍窟》。

以上十二個短篇，寫於一九三九年至一九四三年，作者二十二歲到二十六歲間，跟《北極風情畫》（一九四三年十一月）和《塔裏的女人》（一九四四春）一樣，按作者自己的說法，基本上都是一種「習作」，是作者爲後來寫《無名書》所作的準備或片斷的試作。例如在〈露西亞之戀〉篇末有作者附記云：「這是一個未完成的一個長篇斷片。④」在〈伽倻〉、〈狩〉、〈奔流〉、〈抒情〉四篇之後，作者有附記云：「爲一個未出版的長篇的四個片斷。」⑤在〈紅魔〉、〈龍窟〉二篇後，作者又有附記云：「是一個未完成的長篇的第一章與第二章。」⑥

作者自己的話是可信的。這些短篇小說寫作的目的顯然大抵上是一種敘事技巧與文字駕馭能力的自我訓練，而非生命實感的噴發。以〈露西亞之戀〉爲例，這篇小說寫一個韓國的抗日志士在柏林一家俄國人開設的咖啡館裏同一群寓居異國的白俄軍官們的邂逅，寫他們對祖國母親的深刻思念，這當然同作者的生命經驗沒有多大關係，大概是作者以聽來的一些片斷故事⑦及讀外國作品得到的印象爲材料鋪寫而成的，說它大體上是一種寫作練習應不過分。只不過作者的豐富想像、充沛情感及文學才華使他的早期習作到今天也還有可讀之處罷了。

在無名氏後來的作品中常見的那種充沛到有點浪費的情感，對於色彩、聲、光特別敏銳之感受，對於域外奇詭風情的癖愛，大段大段充滿排比、對映、跳躍句式的誇張描摹，對人物心理細緻到有點過度的刻畫，在此時的短篇小說中都已初見端倪。

三、

本文想著重來談談無名氏後期的短篇小說，其中大部分是定居台灣之後寫的。無名氏後期的短篇小說，我看到的主要是兩個集子：《花與化石》（無名氏全集第九卷上册，台北，中天出版社，一九九九）及《一根鉛絲火鈎》（無名氏全集第九卷下册，台北，中天出版社，一九九九）。前書收〈上橋〉、〈窗紗〉、〈花的恐怖〉、〈一杯水〉、〈化石〉五個短篇；後書收〈一根鉛絲火鈎〉、〈鴨舌帽〉、〈甲魚〉、〈契闊〉、〈拈花〉、〈一型〉、〈妁〉、〈幽靈碎片〉八個短篇。總共十三篇。

這十三篇小說是作者對大陸社會所作的十三幅素描。與無名氏從前的作品相較，風格有很大變化，既不像早期作品「如〈露西亞之戀〉、《北極風情畫》、《塔裏的女人》等」那樣充滿浪漫感傷的氣氛，以風流倜儻的愛情故事，變幻奇詭的悲歡離合來贏得讀者，尤其是青年讀者的喜愛；也不像江河小說《無名書》那樣閃爍著現代主義的色彩，以雖不免重複冗長，但卻氣勢淋漓的筆觸刻畫主人公印蒂在動蕩的時代中載浮載沉的蒼茫迷亂的靈魂。這十三個短篇卻以一種寫實的——甚至相當傳統的寫實的手法從若干側面給中共治下的大陸社會留下了一些剪影。這些剪影是零亂的，不系統的，主要是從作者個人的視角與觸角所接觸到的範圍，側重個人的心理感受與近距離的人際關係，雖缺乏對那個社會的本質以及生活在那個社會中的人的命運的深層探索，但讀者還是可以通過這些表層的素描去感受，去揣擬那個社會的氣氛，並由此體會、思考那個社會的本質。

這十三篇小說以故事內容而言，可以分爲兩個大類。一大類是只可能發生在中共治下的大陸的故事，如〈上橋〉、〈窗紗〉、〈花的恐怖〉、〈鴨舌帽〉、〈一杯水〉、〈化石〉、〈契闊〉、〈一型〉。這一類又可細分爲兩個小類，前四篇是一小類，重點在寫大陸社會個人的沒有自由，都是由「我」來講述的，這個敘事者「我」從各方面的跡象可以判斷大抵上就是作者卜寧，所以這四篇其實非常接近散文，或者說根本就是散文；後四篇可算另一小類，重點在寫大陸社會中人際關係的猜疑、疏離和扭曲，小說味道較濃，尤其是〈契闊〉，可說是無名氏後期短篇小說中最好的一篇。另一大類的故事則是尋常的人生戲劇，雖然發生在大陸，因而不免帶有大陸社會的種種細節特色，但其主幹部分其實也可以發生在其他地方，其他社會。這一類包括〈一根鉛絲火鈎〉、〈甲魚〉、〈拈花〉、〈妁〉、〈幽靈碎片〉。其中〈幽靈碎片〉小說味道最濃，幽默而反諷，是無名氏後期小說中藝術上僅次於〈契闊〉的一篇。〈甲魚〉是個幽默小品，〈一根鉛絲火鈎〉可作寓言讀，兩篇對中共社會都有所諷刺。〈拈花〉與〈妁〉則是一些人物素描，基本上只是小說素材，獨立來看，則意義不大。

下面我想以〈契闊〉爲中心，來分析無名氏後期短篇小說的藝術成就及其存在的問題。

四、

〈契闊〉的內容非常簡單：兩個好朋友—殷與唐，十年不見了，殷住杭州，唐住南昌，這次唐路過杭州，信告來訪，殷高興得不得了，特地起個大早，到街上買了筍子，準備叫太太小陳炒個唐最嘉歡吃的油爆筍來款待唐。沒想到二人見面後卻幾乎演了一場啞劇。先是唐發現殷室內的陳設的「氣味」不對，於是戒備起來，接著是殷發現唐的戒備也戒備起來，於是各自揣想，互相猜疑，使一場老友重逢、互敘契闊的戲完全變了調，走了樣。鄰居的指桑罵槐，戶籍警的突然到訪進一步加深了唐的疑懼，終於使他下定決心，立刻告辭，小陳已備好的午飯他都沒吃。

〈契闊〉的好處在於摘取生活中一個極平常的鏡頭，以極平常的語言，不感傷，不煽情，不叫罵，不批判，卻一步步營造出一種極怪異、極恐怖的氣氛，讓人一讀即難忘懷，對大陸文革中人性之扭曲，人際關係的緊張、猜疑竟會到達如此荒謬的程度始則驚訝，繼則悲憫，終則不得不掩卷沉思：孰令致之？

一個十年不見的外地老友來訪，敘敘契闊，這不是一件小事，這個時候。⑧

這眞是一個漂亮的開頭，不僅像古文家說的那樣，「首句破題」，重要的是它極爲直接，卻又非常含蓄。老友重逢敘契闊，這本是平常小事，但作者反接的「這不是小事」，「小說性」立刻就出來了，再補上一句「這個時候」，就更令人覺得其中大有文章，這正是修辭家所謂的「懸念」，文字也極富張力。

我們還可以注意到，這個開頭的句子基調是議論，但議論中捎帶了敘事：「一個十年不見的外地老友來訪」。這種由議論捎帶敘事或從議論轉入敘事的開頭似乎是卜氏所擅長的，他後期較好的三篇小說全先這樣開頭的，例如〈幽靈碎片〉：

華盛頓若非淘氣、砍了那棵櫻桃樹，迅速「坦白交代」，後來不會搖身一變爲小學教科書上的模範兒童。司馬光要不是和鄰兒淘氣，以致有孩子跌入大水缸，而他獨敢砸缸救人，後來也不會晉身爲兒童教科書上的顯赫人物。

我們的頑童黑子，沒有這份幸運，亦乏偉人的細胞。他這個小淘氣，本領或許可媲美華、司兩位的幼苗時代，但日後所結果實，卻滿不是那回事。⑨

這個開頭就是由對華盛頓與司馬光的議論帶出對主人公黑子的敘述，「日後所結的果實，卻滿不是那回事。」也充滿出懸念與張力。

〈一根鉛絲火鈎〉的開頭有一大段對「各式各樣的仇恨」的議論，然後轉入：「例如有這麼一個人，竟對一根鉛絲火鈎發生深仇大恨，幾乎與它誓不兩立，很少人不會驚奇的說：『這個人不是神經病，就是瘋子！』」⑩也顯然是同樣的手法。

〈契闊〉開頭後即從「外地」二字生發，簡單敘述了兩位好朋友的若干背景，緊接著是一大段(三小段)關於「友誼」的議論：

「友誼」這兩個字，有許多許多含意。在那些被廢棄了的時代，幾乎是一部袖珍百科全書，包羅萬象。從一綹少女的黑色髮絲，到老年人的一聲咳嗽；從黃河鯉魚到小窗秋風秋雨，都儲蓄在裏面。童年時代的風箏、陀螺、蟋蟀，青年時代的四步舞、威士忌、小夜曲、三山五嶽風景照片，以及街頭示威遊行，這裏面應有盡有。

在這個時候，它還代表另一些前所未有的嶄新內容。那不是代表一杯新酒——新的香雪酒或綠豆燒，也不僅是一個新的月夜，新的樹葉子的靜，與星星的沈默，它代表一種新的巨大抽象，猶如巴黎新派畫的抽象作品，雖然抽象極了，卻有所涵，有所示，有所敘，一個眞正的偉大具體正隱藏其中。這以前，人們彷佛具體慣了，一舉手，要摸觸到什麼，一張凳子，或一隻桌子，一抬眼，要看到什麼，一隻碟子或一棵綠樹，一投足，要踏著什麼，一塊地板，或一條瀝青路。現在，他們忽然抽象起來了，手幾乎不想摸觸什麼，視覺不想映入什麼，那一雙非踏在什麼上面不可的腳，最好，也能暫時騰雲駕霧，或者，化成莊子所描畫的那個神話大鵬的微型腳，它們的功能幾乎能完全代替翅膀。

目前，至少對般來說，友誼正是這一切抽象之大成，一個神秘象徵。它至少能容納人們那些渴望架空和游離的感覺，通過這種感覺，藉那種被當代人認爲是抽象圖案式的不可理解的線條與色彩，寄託一種最古老而又最新的生命奧妙體。它又彷佛是一部神話上的無字天書，會認的，全識，不會認的，是一本白紙。⑪

這一段議論的意思可以簡化爲兩句話：「『友誼』在正常社會中是一本百科全書，包羅萬象，但不神秘；而在目前這個社會卻是一幅抽象畫，一個神秘象徵，令人莫測高深，其義全看你如何解讀。」很明顯，這段議論正是承接開頭那句話加以發揮的。有了這段議論，開頭「這不是一件小事，這個時候」就有了更明確更豐富的內涵，同時也爲下面發生的具體故事打好了基礎，讓讀者有了心理準備。如果沒有敘事者這段議論，從開頭就直接進入故事，就會顯得過於匆忙，文章的文氣也不夠充沛。

我之所以將這大段議論一字不漏地加以轉引，還有一個目的，就是想藉此探討一下無名氏小說語言的藝術風格——這裏有成功也有缺失。

首先，我們在這一段議論裏看到無名氏語言的一個明顯特色，就是淋漓恣肆，氣勢磅礡。作者知識廣博，思路開闊，古今中外，神話典故，隨隨便便就驅策到自己的筆下，想說什麼就說什麼，絕無顧忌。另一個特色是譬喻疊出，意象繁複，作者寫文章特別喜愛用比喻，很少直說，很少白描，作者似乎寧願把意思寄托在比喻與意象之中，讓讀者從更形象的東西去感受他內心感受到的情緒，而不願或不喜（有時或不能）把自己的意思明白表示出來。第三個特色是作者往往喜歡在議論中，在比喻與意象中寄託某種哲思，表達自己對世界、對人生的看法。以上這些特色我們不難在無名氏其他作品中找到佐證，如前面提到的〈一根鉛絲火鈎〉開頭一段對「各式各樣的仇恨」的議論就是一個例子。短篇小說限於篇幅，這種特色往往還不能充分發揮，一到長篇小說，這種特色就發揮到淋漓盡致了，我們讀《無名書》，這樣的感覺就格外強烈。無名氏小說在語言上的創造與魅力就主要表現在這些特色上。

但是長處往往就是短處的發源地，瑕疵常常就隱在瑜中。語言恣肆淋漓，往往就會冗長、拖沓、話說得太多，會欠缺含蓄之美；比喻多，有時意義反不顯豁，意象繁複，也免不了自相紊亂；寄托哲思，或不免於迷亂蒼茫。這些毛病，在無名氏的語言中幾乎都可以看到。即以〈契闊〉這段引文爲例，當敘事者說「它（友誼）代表一種新的巨大抽象，猶如巴黎新派畫的抽象作品」時，讀者其實很難明白這意思到底是什麼，爲什麼在目前這個社會「友誼」就抽象起來了？下面一系列對於「抽象」的描述，包括莊子大鵬的腳等處，讀來是很酣暢的，但到底怎樣跟現在的「友誼」意涵相連，卻頗令人費解。後面又說「它（友誼）至少能容納人們那些渴望架空和游離的感覺，通過這種感覺，藉那種被當代人認爲是抽象圖案式的不可理解的線條與色彩，寄托一種最古老而又最新的生命奧妙體。」這些話也說得相當「奧妙」，讀者若有所感，卻又很難確知其所云。

此外，無名氏在打比方時，每好驅策西洋典故，用得好時常常平添許多異國風情，也增加語言的活潑與韻致，尤其在浪漫言情的故事中。但作者往往克制不了自己年輕時養成的癖好，在後期這些寫實的小說中，也反複地不適當地使用這類典故來作比，就顯得有些不倫不類了。在上引〈契闊〉那段文章中，用了「四步舞」、「威士忌」、「小夜曲」、「巴黎新派畫」等洋典，雖不一定必要，還不覺過於突兀。至於下文出現的「福爾摩斯味的眸子」⑫（形容唐的眼光）、「柏拉圖」⑬（形容唐的沉思不語）、「哥倫布式的對新大陸的發現」⑭（形容殷對唐的感覺）就多少有些不必要了。最令人不解的是〈一根鉛絲火鈎〉中形容一個普通老太太以及她與兒子、鄰居間的互動，卻一連用了「維蘇威火山」⑮、「英國女王歡迎法國總統」⑯、「左拉為德孚盧斯辯誣」⑰、「乃木大將率兵橫渡旅順一條河流」⑱、「居里博士向巴黎大學學生講解核子物理學」⑲等「高級」洋典，這不是很奇怪嗎？無名氏語言恣肆淋漓，但常有過分鋪陳而缺乏節制的毛病，在比喻用典上也每好奇炫博而不知檢控，尤其是濫用洋典，實在很容易給讀者留下「賣弄」、「掉書袋」的感覺。

五、

讓我們繼續細讀〈契闊〉。

緊接上引那一大段關於友誼的論之後，文本如此延續：

> 殷正思索著，一個瘦小人形慢慢晃過來。
>
> 誰？
>
> 殷正有點猶豫，忽然，幾乎叫起來。
>
> 「啊！老唐！是你！」[20]

在閱讀上面那一大段議論之時，我們不免擔心敘事者如何轉入故事正文，沒想到他如此輕易地就轉過來了，實在不能不佩服作者敘事技巧之圓熟。「思索」二字下得極好，這就把人物的內心活動同上面敘事者的議論——尤其是最後一小段——無形中鉤連起來，暗示我們前面的議論不僅出自敘事者，也是人物（殷）的某種內心獨白。這種曖昧不明的敘述正是巴赫汀（M.M.Bakhtin, 1895-1975）所謂的「雙聲話語」（a dual-voiced discourse），或西方另一些敘事學者所說的「自由敘述體」（free indirect style）。無名氏在小說中常有意無意地使用這種敘事技巧，下面這一段更典型，唐在「端詳」殷的室內佈置時，文本寫道：

> 殷有點猜出唐的驚訝。從前，他們在上海市G印刷廠同事時，大約經常與書籍接觸吧，加上他本有根底，殷竟染上點書癖，喜歡中外文學書。他不只愛，也愛玩點字畫，家裏掛過幾件民國小名家的條幅、立軸。怎麼現在竟來了一百八十度大轉變？[21]

這一段不僅是明顯的「雙聲話語」，而且簡直是「三聲話語」。這裏有三個聲音：(1)敘事者的敘述，⑵殷的猜測，⑶唐的驚訝，三個聲音邏輯上是一個套一個，形式上卻沒有明顯的區分，即：唐的驚訝由殷的猜測顯現，殷的猜測又由敘事者代爲敘述。圖示之則爲：

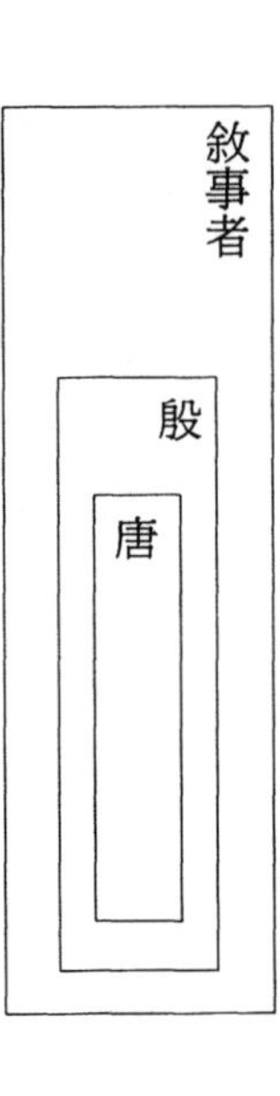

尤其是最後一句話把這一「三重性」特色表現得很明顯：「怎麼現在竟來了一百八十度大轉變？」這自然是唐的內心獨白，但這獨白卻是由殷代爲設想，而最終都是由敘事者代爲敘述出來的。作者沒有用「他想」之類的引導語，因而使得這三者的界限完全不明確，但這有意的曖昧正是作者要達到的效果，讀者由此得到想像的空間與靈動的樂趣。

文本接下去寫殷、唐二人的互動以及心裡的種種變化，這是全文最主要的也最有戲劇張力的部分，我們再一次看到了無名氏敏銳細緻的感覺力、生動而富表現力的語言，以及靈活多變的敘事技巧。

兩人握手。「殷笑了，唐沒有笑。」殷笑著大聲向太太介紹，又說特地買了唐最喜歡吃的筍」，「今天午飯來一盤油爆筍，讓你嘗嘗新。」殷「嚷著，笑著」，唐都沒有回應，「他在端詳」。接下去文本從唐的眼裏描述室內的陳設，又從殷的角度猜測，唐的想法，再以敘述者的口氣加以評論：「癥結其實不在這些，在一種氣味。……一個空間，就是主人內心形象的具體表現。」（這段評論再次展現「雙聲話語」的特色，我們同樣可以把它看作唐的內心獨白。）然後寫唐開始打量殷的穿著，懷疑殷當了「幹部」（官），中間插入鄰居女人的指桑罵槐，唐的反應是「裝著無意一抬手，竟把房間碰開了，——來個大開四敞，一覽無餘。」唐的戒愼恐懼寫在臉上，還表現在這些微細的動作上，終於引起殷的「納悶」，也開始觀察唐，也發現氣味不對，也懷疑他當了「幹部」，而且是那種「立了什麼功」——換句話說是告密，出賣別人——因而升上去的幹部。於是殷「毛骨悚然了」，這時敘述者有一段畫龍點睛的評論：

「戒備」是一種類似測量天氣變化的溼度表，霧淞或雨滴或雪霰一出現，怎麼也不能把不斷上昇的水銀紅柱壓下去。殷此刻心情，用本地一句土話形容，幾乎有點「汗毛淋淋」了。又一次他聽見紫金山牌鬧鐘滴答聲。「這個時候，」他居然還自設陷阱，眞是件不可思議的事。憑什麼呢？那份歷史瓜葛？不管這根藤牽得多遠、多深，可是他們中間到底屹立了一座山：十年！而牆門外不太遠的街上，正響著大鑼大鼓。「啊，這兩年！」他想用一句話，一個字，推倒這座山峰，或者藉一根內在弦索做繩梯，翻山越嶺，未免太天眞點。或者，憑十幾年前的情感火炬，把街頭鑼鼓聲所鼓蕩起來的一種新「人性」一把火燒光，那也未免太愚蠢，不識時務。㉒

在某種程度上，這也是殷的內心獨白，所以這一段也如我前面說過的一樣，是另一段「雙聲話語」。殷的疑惑加重了，終於「忽然感到無話可說」。隔壁女人的吼聲又響起來，唐越發「神色不安」，他懷疑殷是「造反派」，殷吞吞吐吐的回答使他的懷疑得到證實，而唐「斬釘截鐵」地說自己不是，於是殷再一次「感到無話可說」。這時又偏偏出現一個「白衣白帽的戶籍警」，且與鄰居女人似有瓜葛，「若要人不知，除非己莫爲，做的什麼好事」，這個女人的吼聲終於促進唐下定決心，連飯也不吃，就向殷告辭。直到這個時候，唐才多講了幾句話，態度顯得輕鬆起來。㉓

以上是文本中殷唐二人互動的大概過程，我們不能不佩服作者把這個過程寫得如此之詭譎，又如此之合理；但又如此之不合常情，因而如此之恐怖。作者的敘事技巧極爲靈巧熟練，時而講述（telling），時而展示（showing），時而評論；有時單聲，有時雙聲，有時多聲；角度亦常常變換。敘事者隨時關注故事的各個層次，各個細節：主角（殷唐）、配角（隔壁女人、戶籍警）；室內陳設，人物服飾㉔；動作、表情、對話、心理；等等，靈活穿插，滴水不漏。

六、

最後，還特別值得一提的是〈契闊〉的結尾：

十二點二十分，唐的瘦小形姿並不出現於往上海去的任何車廂內，卻倚靠著湖濱一家大飯館的窗櫺，嚴肅眺望綠色湖水，等待要的酒菜。他在沈思。他大約已花了些時間考慮過（包括路上的時間），上午那個角色，他究竟該不該演？此刻，他凝視湖上美麗綠樹叢時，心海上已閃爍著一句答覆的「旗語」，——那是航海家們慣用的，它只有一個字……

「該！」

他嘆了口氣，不管怎樣，他總算已逃出一場噩夢——即使僅僅是一場可能的噩夢，或假設的噩夢，或似是而非的噩夢。㉕

這是一個很簡潔、很含蓄、又很有力的結尾。它不僅交代了主人公唐的去向，使故事讀起來顯得完整，更重要的是寫出了唐逃離「現場」之後的驚魂甫定，餘悸與慶幸交織的複雜心情，有了這一筆，唐先前的疑懼才顯得更其沉重與眞實，而不只是神經病。但是，唐所謂的「噩夢」究竟是什麼，敘事者沒有說，而在破折號後補上「即使僅僅是一場可能的噩夢，或假設的噩夢，或似是而非的噩夢」。「可能」、「假設」、「似是而非」三個形容詞可圈可點，它暗示唐大概是經歷了多次劫難的驚弓之鳥，同時也彰顯了整個社會的風聲鶴唳。

可惜無名氏後期的短篇小說結尾如此漂亮的不多，倒是有好些篇的結尾存在嚴重的瑕疵。例如〈幽靈碎片〉寫一個頑皮的小孩黑子把麻雀放在祖母的骨灰盒裏，害得他爸媽以爲是老娘顯靈，連忙磕頭懺悔不迭。這是一個很好的諷刺小說，快結尾的時候敘事者說：

「刷」的一聲，一隻麻雀銜出來，翩然直飛黑子房裏，拖著一團細麻繩。這房間的一扇門正開著，通向院子，雀兒迅捷飛入院落，剎那間，無影無蹤了。㉖

本來整篇小說收在這裏就很好，含蓄有味，令人失笑。不料作者在後面加上一小段張師傅大吼一聲，衝往鄰室，只聽見「嗶嗶卜卜」數聲，像大年夜一串爆竹聲，震響在暈黃色燈光中。㉔

這就顯得多餘了。更不料作者竟還控制不住自己的筆，又加上一個「尾聲」。

尾聲

那雀兒經黑子餵飽飲足，先還安然伏在骨灰盒內。待裏面一點氧氣快要吸光時，它就「造反」了。㉘

這就眞是畫蛇添足了。

又如〈甲魚〉，寫一對乘客在擁擠的公共汽車上相遇，甲舉起手中的甲魚，卻不幸咬住了乙的耳朵不放，只好同到醫院，由醫生給甲魚打了一針麻醉劑才放開。甲回到家後，將甲魚燉湯給妻兒吃，結果妻兒也被麻倒，又送去醫院急救。整個過程笑話百出，語言也生動活潑，是個不錯的幽默小品。可惜作者寫完這個故事又在後面加了一段〈尾聲〉，大意是說甲的母親後來病死（與甲魚無關），骨灰盒放在家裏，兒子不知情，以是炒米粉，竟然把奶奶的骨灰給吃了。這個「尾聲」同前面的故事可說毫無連繫，令人猜不透作者命意何在，實在也只能說是蛇足。

再如〈一根鉛絲火鈎〉，寫袁老太太不會生新式火爐，仍沿用舊時習慣，不斷用鉛絲火鈎去鈎爐灰，其結果是爐火愈鈎愈不旺。老太太固執己見，兒子多方譬解無用，所以袁家的火爐永遠生不好。語言生動活潑，鋪寫酣暢淋漓，雖不免小題大作，但細心的讀者讀完之後自不難悟出作者的弦外之音，是要諷刺毛澤東治國亦如袁老太生爐子，不停地搞階級鬥爭，一個運動接一個運動，把國家弄得元氣大傷。「鉛絲火鈎」即階段鬥爭、即運動之形象化。這是一個不錯的寓言小說，但這言外之意要靠讀者自己去領會才有意思，作者頂多只能略加暗示。但是我們在小說結尾時讀到這樣的一段話：

中南海那位天字第一號魔術師及其助手，選用類似這根鉛絲火鈎的無上權杖，像袁老太對付「藍美人」一樣，對付這個殘缺了的秋海棠葉形的國家，究竟要對付多久，才能眞叫生命火焰上軌道。㉙

這就未免太直露也太無趣了。

作者好像擔心讀者不能領會小說的主旨與作意，除了這種在結尾時點明之外，也每每在「附記」或「注釋」中解說。例如〈甲魚〉除了上文提到的那個不相干的「尾聲」外，尚有一段「作者附記」，明確指出，「通篇主旨」是「企圖反映大陸的城市交通實況及農村飢饉」

㉚。又如〈花的恐怖〉之後有「一九八一年附記」與「一九八七年補記」，前者說：「一九五八—六〇年，由於我愛花、買花，一度成爲人們歧視我、敵視我的原因之一。想不到僅僅因爲供養了一盆瓜葉菊，就等於暴露了我從未正式暴露的靈魂秘密。六四年寫此文時，〈花的恐怖〉暫時消歇了，但我仍心有餘悸，不敢信手直書，只能彎彎折折，半吞半吐，以曲筆涵蓄的略略記下我的感覺。初讀之下，這種感覺，怕不會被許多人理解，但思想敏銳的讀者，很快的，會舉一反三，洞透我當時的心情的。」㉛後者說：「由於文化大革命期間，紅衛兵瘋狂批鬥杭州西山公園的花草樹林，更由於此一短篇小說頗獲好評，我決定略加補充它的一些眞相，以及若干眞實背景，以便進一步凸顯內涵。但我要申明，文革期之猛烈鬥爭花草樹木，以一小說只簡略提了一點，並未詳述，那需要另寫一篇小說。」㉜應當指出，這些附記、補記之類的東西，作者在當時或許有不得不寫的苦衷，因爲是發表在台灣報刊，而台灣讀者那時對大陸社會的瞭解還相當有限。如果眞是如此，那麼，至少在結集出版時應當刪去，否則「思想敏銳的讀者」讀了是會倒胃口的。因爲作品一旦誕生，就是一個客觀存在，詮釋的權利是屬於讀者的，無需作者越廚代庖。而且，作品是一個開放性結構，或如接受美學家伊瑟爾（Walfgang Iser, 1926—）所說的「召喚結構」，它召喚讀者的合作，來塡補它的「空白」（blanks），確定它的「未定性」（indeterminacy），不僅詮釋，而且再創造它的意義。所以，在這裏，仁者見仁，智者見智，深者見深，淺者見淺，乃是作品的必然宿命，也是讀

者應有的權利。魯迅論《紅樓夢》，說：「誰是作者和續者姑且勿論，單是命意，就因讀者的眼光而有種種：經學家看見《易》，道學家看見淫，才子看見纏綿，革命家看見排滿，流言家看見宮闈秘事……。」㉝這是無可如何的事。更重要的是，這並不是一件壞事，一部越好的作品，它的銓釋就越可能紛紜多方，這裏有一條重要的美學原則，就是：「形象大於思想。」任何一個單一的詮釋都不能也不應窮盡一件藝術品的內蘊。一篇小說，寫出來，作者的任務就完成了，如何詮釋是讀者（尤其是專業的批評家）的事，即使與作者的本意相去甚多也無妨，所謂「作者之用心未必然，而讀者之用心何必不然。」（譚獻《復堂祠錄序》）作者自己在篇末明確說明主旨或作意不僅使作品直露無餘味，也低估了讀者的鑑賞能力，限制了讀者的解讀空間，縮減了作品可能的蘊含，實在是犯了美學上的大忌。

七、

綜觀無名氏後期的短篇小說，〈契闊〉無疑是最好的一篇。它對人性及其在特定時期特定社會的扭曲有敏銳的觀察和準確而藝術的呈現，結構緊湊完整，情節推衍細膩自然，敘事技巧圓熟多變，語言活潑而沉著。〈契闊〉代表了無名氏在短篇小說創作上獲致的最高成就。

其次是〈幽靈碎片〉與〈一根鉛絲火鉤〉，也都是可讀性頗高的小說，只是各有一些瑕疵，前面已經提到。〈幽靈碎片〉中張師傅和他老婆在老娘骨灰盒前的兩段「交代」是最有戲劇性也最具諷刺力的部分，熟悉大陸社會流行的「自我批評」與「坦白交代」的讀者應最能體味其中的妙趣。可惜作者沒有把這個部分寫得足夠地好，應當可以寫得更有戲劇性，更妙趣橫生，兩人的「交代」也應當盡量不重疊、不類似才好。〈一根鉛絲火鈎〉語言鋪張流利，描寫細緻入微，但若不作寓言看，則未免小題大作，顯得囉嗦，而作寓言又不易讓讀者靈犀相通，結果作者只好自己出面挑明，又變得直露無趣，上文已經說過了。〈甲魚〉作幽默小品是好讀的，只是意義不大。

至於發表時頗獲好評的〈花的恐怖〉、〈一杯水〉、〈化石〉等篇，評者的掌聲大概多半來自對它們社會批判意義的肯定，我以爲在藝術上這幾篇也都各有其不足之處。〈花的恐怖〉讀起來總覺得有點做作，篇末題一九六四年作，文中又講到「八年後的文化大革命」，顯然是後來加進去的，顯得粗疏，自亂章法。語言值得再推敲的地方也不少，「偶聞我的思想秘辛」㉞。」，「這僅是『票面』式的沉思」㉟、「本想一進門，就細細品鑑這盆花的美麗，結果適得其反」㊱、「自製了點人肥」㊲，都是很粗糙或不準確的措辭。〈一杯水〉則有點誇張過分，語言也缺乏節制，而且把老太太的垂死求救描寫成伺機向鄰居進攻的樣子，連求救聲都比成「手榴彈」，也是很奇怪的。〈化石〉是一曲人倫悲劇，本應動人心弦，但雅玲前面的絕情和後面的傾訴反差過大，讀起來總覺得未免矯情。〈化石〉在語言方面的毛病尤其大，作者用言情通俗小說的語言來寫這樣一個沉痛的故事，令人覺得不是味道。有些句子，如「我的臉輕偎她的龐兒」、「她輕搖纖纖食指」、「我輕擁她入懷，唇瓣膠貼她的紅菱」、「酣遊茵草櫻叢，喁語碧柳烟沉，似醉的湖山如酒，我們怎忍不舉杯」㊳，不僅稚嫩，還十分酸腐。後部雅玲的長篇哭訴（六大段），用語也過於濫情，用來寫時髦的愛情砍劇或許還可以，用在小說裏，讀者一聯想到現實，就不免有滑稽之感了。

在無名氏後期小說中有一篇似乎不大爲人提起，其實很有點意思的短篇：〈一型〉。這篇小說寫一個出身不好（非勞動人民家庭出身）的青年，參加革命，入了黨，在空軍某部當了一個後勤站站長。爲了表示自己立場堅定，與家庭劃清界線，多年不回家探親，連家信也很少寫。好不容易回家一趟，卻幾乎像個啞巴，不跟家人與鄰居講話。但這個青年最終還是未能保住自己的革命地位，在一次運動中受到鬥爭，從軍隊調到地方，成爲一個普通職員了。沒有在大陸社會生活過的人恐怕難想像這種事，但這卻是非常眞實、非常典型的。〈一型〉可以與〈契闊〉同讀，二文題旨近似，可惜〈一型〉的故事性太弱，語言也嫌直露，故遠不如〈契闊〉耐讀。

無名氏後期其餘五篇小說，〈上橋〉、〈窗紗〉、〈鴨舌帽〉其實是雜文，〈灼〉、〈拈花〉只能算素材，要成爲有意義、有趣味的小說還得經過一番醞釀、再製，這裏就不具論了。

附記

昨晚十時才寫畢此文，今晨即從天驄兄處得知無名氏去世噩耗，時間是今凌晨零時。此文一開頭即云古今文人有幸有不幸，而無名氏兼之，并慶幸他以八五高齡能親自與會，可謂功德圓滿，宜浮一大白。哪料得到此話竟說得太早，命運之弄人如此，實堪浩嘆！現將全文重讀一過，決定一字不改，以存眞面，並以此敬奠於卜老靈前。

二〇〇二年十月十一日

註　釋

①參看《創世紀大菩提》（台北，文史哲，民國八八年）及《死的巖層》，台北，文史哲，民國九十年，封面摺頁《作者簡介》。

②此事原委請參看《創世紀大菩提》（台北，文史哲，民國八八年）上册卷首的〈告讀者〉，頁三—六。

③同②，頁六。

④見無名氏《契闊》，石家莊，花山文藝出版社，一九九四，頁二〇。

⑤參看司馬長風《中國新文學史》，台北古楓出版社，一九八六，下卷，頁一〇二。

⑥同⑤。

⑦無名氏一九四〇年曾隨韓國光復軍李範奭去西安，參看司馬長《中國新文學史》下卷，頁一〇一。

⑧《一根鉛絲火鉤》，頁九二。

⑨同⑧，頁一八二。

⑩同⑧，頁七。
⑪同⑧，頁九三—九四。
⑫同⑧，頁九七。
⑬同⑧，頁一〇〇。
⑭同⑧，頁一〇一。
⑮同⑧，頁十六。
⑯同⑧，頁十八。
⑰同⑧，頁十九。
⑱同⑧，頁二五。
⑲同⑧，頁二七。
⑳同⑧，頁九四—九五。
㉑同⑧，頁九七—九八。
㉒同⑧，頁一〇三。
㉓以上零星引文皆見〈契闊〉本文，載《一根鉛絲火鈎》，頁九二—一一一。
㉔這裏要順便提到作者的一個失誤。文中反復強調般唐穿的都是藍灰色列寧裝、戴列寧帽，其實大陸文革中流行的是草綠色的解放軍服、軍帽，初期還特別流行土黃色的老八路服、紅軍帽，尤其是紅衛兵，最喜歡穿這樣的

服裝，至於一般幹部，則多穿藍色或灰色的毛裝——一種改良的中山裝。列寧裝是大陸五十年代流行的服務。

㉕同㉔，頁一一一。

㉖同㉔，頁二〇二。

㉗同㉔。

㉘同㉔。

㉙同㉔，頁五〇。

㉚同㉔，頁八九。

㉛《花與化石》，頁六三。

㉜同㉛，頁六四。

㉝見《集外集拾遺補編・〈絳洞花主〉小引》，《魯迅全集》第八卷，北京，人民文學出版社，一九八七，頁一四五。

㉞《花與化石》，頁三九。

㉟同㉞，頁四三。

㊱同㉞，頁五三。

㊲同㉞，頁五六。

㊳同㉞，頁一六九—一七〇。

創傷的聲音：評析無名氏的「大牆文學」著作

The Voice of the Wound: An Analysis of Wumingshi's "Prison Literature"

加州大學河濱分校中文教授　**吳燕娜**

無名氏（卜乃夫先生的筆名，亦即卜寧）是現代中國一個很奇特的作家。生於一九一七年，無名氏見證了中國大陸二十世紀大半歷史，也親身體驗了許多複雜的，甚至痛苦的人生經驗。才華洋溢的他早在一九四〇年代初期就以《北極風情畫》和《塔裏的女人》等浪漫動人、膾炙人口的小說而出名。但無名氏並不以既有的名聲而滿足，相反地，他繼續用功地閱讀許多文學、哲學、政治、宗教各方面的書籍，鑽研美學、音樂、藝術，而且勤寫不輟。

在毛澤東統治的恐怖時代，無名氏遭受政治迫害，被迫與妻子劉菁離婚，忍受窮困，也曾入獄。這段時期他默默無聞，但和許多其他遭迫害的作家不同的是，即使在恐怖壓制的時代，他也勇敢地、偷偷地繼續寫作，並盡力保護自己的書稿。

一九八二年冬無名氏離開大陸，次年到台北定居、結婚，又展開新的一段人生旅程。他後來在台灣發表的六卷二百六十萬字的《無名書》就是多年以驚人的意志力和毅力堅持寫成的。無名氏浩瀚的著作無論在質或量上，在富獨特創意性與想像力上，在思想深度或美學意義上，以及在描寫人生細緻複雜的感情上，都有很大的成就。一九八〇年代至今，無名氏不僅在台灣、海外再次揚名，大陸也開始出版他的著作、傳記。文學評論家也開始研究他的作品。不過，多數讀者注目的往往是無名氏較早期的浪漫作品，以及探討人生和社會問題的深奧的《無名書》，而不是他可稱爲「大牆文學」的一些著作。①筆者冀望將無名氏的一些有關監獄和勞改（即「勞動改造」）的作品放入「大牆文學」這個類型中來討論，②並指出無名氏對「大牆文學」的貢獻。

「大牆文學」指的是以監獄和勞改隊或勞改農場爲故事背景，並以囚犯和勞改犯爲主要人物的文學。③這個詞是由大陸作家從維熙一九七八年寫成的中篇小說《大牆下的紅玉蘭》而得名的。「大牆文學」和也是一九七八年開始的「傷痕文學」有類似之處，有些「大牆文學」的作品也表現出中國人民在毛澤東極左政權迫害下受到的創傷。瘂弦在爲無名氏的《海的懲罰》寫的序中正確地指出傷痕文學常有的毛病：「近十年出現的大陸傷痕文學，多爲斷層文學，表現的每每只是一個經驗的斷片；缺乏文學家哲學的省思，與時代心脈的交響。」④無獨有偶，在《海的懲罰》出版三年後，大陸的李倩在《特定時期的大牆文學》一書中也指出傷痕文學缺乏反思。李倩認爲傷痕文學描寫的是文化大革命造成的悲劇，而大牆文學視野較廣闊，「不局限於對十年動亂的描述，」而「探尋到一九五七年的反右擴大化，」所以有「深沉的歷史感」。李倩也認爲因大牆文學「離開了社會上的三教九流，而把聚光投射在特殊的囚徒身上……擺脫了個人悲劇、家庭悲劇的小圈子，代之以對國家民族命運和前途的思考，對歷史的思考」，所以大牆文學「不但寫傷痕，而且更著重反思」。⑤整體看來，李倩說的雖然有道理，然而我們也需注意個別作品的不同。大牆文學的確以囚徒爲主要人物塑造焦點，但並未完全脫離「社會上的三教九流」或者個人和家庭悲劇。不少（但非全部）大牆文學作品的確「不但寫傷痕」而且也著重反思，但傷痕文學的作品中也有既寫傷痕又著重反思的。雖然大牆文學與傷痕文學有部分重疊之處，這並不使它的特點因此而顯得不夠突出。它的一個重要特點就是它對中共所諱言或封鎖的監獄、勞改內情的「證言」（testimony）性質。當然，這個性質的強弱程度也得視個別作品而定。

李倩在書中僅討論了從維熙和張賢亮兩位作者的小說。但如果把「大牆文學」視爲監獄、勞改文學，我以爲它的範圍應不只包括曾入過獄的作者所寫的純文學（而且在純文學類型中，除了小說以外，也應包括詩歌等），而應該可以推廣至包括下述幾類著作：

㈠曾入過獄的作者的回憶錄、日記、自傳等，譬如段克文的《戰犯自述》，⑥彭銀漢的《大陸集中營》，和無名氏的《海的懲罰：下沙鄉集中營實錄》。⑦從維熙的《走向混沌》

和《走向混沌三部曲》以及張賢亮的《我的菩提樹》亦屬此類。⑧㈡曾入過獄或不一定曾入過獄的作者所寫，主要關於囚犯的報告文學、訪問、傳記等。無名氏的《紅鯊》、王安憶和宗福先的〈楓樹嶺六日——白茅嶺女勞教隊採訪紀實〉可算是此類。⑨

㈢未曾入過獄的作者所寫，以監獄或勞改爲背景的文學，如侶海岩的小說《便衣警察》、王梓夫的《女牢滋味》等。⑩

此外，因爲入獄整個過程包含許多程序，由逮捕、囚禁於拘留所，一直到勞改或「留場就業」（罪犯刑滿釋放，有部分自由）等等，⑪每個作品含括的過程也有所不同，所以筆者認爲在內容方面，大牆文學也應可推廣其範圍。譬如，它應包括描述「勞改後遺症」的文學，如北島（趙振開的筆名）的短篇小說〈歸來的陌生人〉。⑫無名氏的《走向各各他：一九六八年受難紀實》雖然有約四分之三描寫的不是在監獄的情況，而是敘述者在被逮捕之前經歷的驚慌與懼怕的經驗，⑬但筆者以爲此書亦應可列入大牆文學的範疇。

當然，囚犯在獄中偷偷寫的日記、散文、詩歌等，更應算是大牆文學了。但目前我們能看到的這類寫作還是很少的。根據張賢亮聲稱，他在一九六〇年七月十一日開始記日記；他一九九五年出版的《我的菩提樹》主要就是基於這本斷斷續續記到一九六〇年十二月二十日的日記寫成的。全書大部分是爲作者當時怕被檢查、處罰而寫得極簡短的日記做的豐富的注釋。書前還有一頁作者寫那本日記的手跡。⑭一九八九年「六四」天安門事件後被中共非法拘留半年的高新在北京的K字樓（監獄）寫了一些詩詞，出獄之前，怕被檢查到而被沒收，所以把詩詞抄在背心上，然後把背心有字的那邊朝裏穿上。⑮與這一類較眞實的記載相反的則是中共鼓勵一些模範囚犯寫的許多歌功頌德或感謝獄警、政府，或懺悔或警惕別人勿犯罪等等登在監獄自己的刊物上的文字。對於這類號稱「大牆文學」，而其實多半是爲中共政府宣傳服務的文字，讀者顯然需要小心判斷，不能全盤相信它們對監獄和囚犯的描述。筆者與魏綸教授（Philip F. Williams）於二〇〇一年七月合寫完畢的書稿，"The Great Wall of Confinement: The Chinese Prison Camp Through Contemporary Fiction and Reportage"（二〇〇三年將由加州大學出版社出版），就是很廣泛地由各種大牆文學的著作（包括小說、報導文學、傳記、訪問等）中有選擇性地搜尋資料，來研究「勞改」這個課題的。

大牆文學到底是由誰創始的呢？因大陸有名作家王蒙某次開會時戲稱從維熙爲「大牆文學之父」，又稱張賢亮爲「大牆文學之叔」⑯，所以文藝界也常如此稱呼這兩位作家。從維熙和張賢亮都曾因勞教、勞改而在不同形式的監獄中（包括留場就業）待過二十年上下，也都寫了不少以監獄、勞改爲背景的小說，的確是大牆文學中重量級的作家。但如果我們把這兩位作家放入較大的大牆文學範疇中來審視，我們會發現其實我們也許應尊無名氏爲大牆文學的開山祖。

從維熙到一九七〇年代後期才開始寫有關監獄的文學。根據從維熙所說，他一九七五年左右還在山西伍姓湖勞改農場改造時（當時管制較鬆，且那兒的指導員特別眷顧他）就開始寫作他的中篇小說《遠去的白帆》。⑰一九八〇年代可說是從維熙和張賢亮大牆文學的盛產期。

可是，無名氏早在一九五八年，在「下沙鄉集中營」被關一個多月，返家兩週後，就寫下數千言的〈一個大陸囚徒的意識流——海的懲罰續篇，下沙鄉集中營心靈經驗〉。⑱這部散文作品早在大牆文學這個詞濫觴之前就已是道道地地的大牆文學了。他由「集中營」回家數月後，又寫下〈電光小集——五十年代大陸人所思所感〉。⑲〈電光小集〉並非專注於坐牢經驗，也許不能算是大牆文學，但它的哲思與那時整個大陸變成恐怖的「集中營」之事實是息息相關的，而且它反映出一個剛受過囚禁經驗的人物的反思，所以也值得研究大牆文學的學者注意。無名氏到了台灣以後寫作出版的《海的懲罰：下沙鄉集中營實錄》、《走向各他：一九六八年受難紀實》，以及一九八九年出版的《紅鯊》等，也都應可放在大牆文學的範疇中來討論。尤其《紅鯊》一書，是他花很長時間與主角面談、對證、確定主角的確誠實且記憶正確，加上他自己文學想像和功力而寫成。雖然此書可算是紀實文學，但其文筆之優秀、文體之特殊，都使它顯得異常獨特。翻譯家黃文範認爲此書可以與索忍尼辛的《古拉格群島》比較。⑳無名氏是以唯美或探討人生信仰、哲學之類深奧的作品而揚名的，但他在大牆文學中既是開拓者，也在質和量上都有可觀的建樹。我們不應忽視他在這方面的貢獻。

由於篇幅所限，筆者只能對這幾部作品稍作討論，希望以後有機會更深入研究。㉑

被中共以文明說法稱為「拘留學習班」的「下沙鄉集中營」是許多囚犯在介於公安局的拘留所和勞改農場之間被集體囚禁的場所。它雖是拘留或收容所的一種，但囚犯（在此美稱為「同學」）除了失去自由、權利以外，生活條件極惡劣，還被迫在大太陽下做苦工（所謂「勞動」），且晚上得開鬥爭會（所謂「開會、學習」）。這種「學習」與勞改實在有不少雷同之處。無名氏在「下沙鄉集中營」被關了三十七天，因他的「歷史問題並不嚴重」，所以沒被送去勞改農場，而得以在「畢業」以後，被放回家。㉒根據黃文範的說法，「無名氏頻遭迫害，先後曾在浙江杭州灣海邊集中營及潘板橋農場勞改一年多，又囚禁杭州小車橋監獄一年三月，出獄後又受監管三年」。㉓汪應果和趙江濱在《無名氏傳奇》中的說法卻很不同。他們說，一九六〇年無名氏是自己報名去潘板橋農場勞動的，他勞動了一年零四個月，「外面常把它說成是『勞改』，這是不確的。因為三年自然災害期間，由於天災人禍，大陸已是餓殍遍野，各機關、單位都要下鄉『支農』……而居民單位把一些『有問題』的人送下去自然也是情理中事。」㉔雖然在說法上，在潘板橋農場的時候不算是眞正的勞改，但在實質上，很可能與勞改也有一些類似之處。到底，只有「有問題」的人才被「送下去」。汪應果和趙江濱文中所謂「三年自然災害」其實大半是人為的，是中共諸如「大躍進」、人民公社等愚笨政策造成的。㉕此外，無名氏的《走向各各他：一九六八年受難紀實》就是要寫他一九六八年被逮捕，囚禁於杭州小車橋監獄四百三十二天的書中的一章。汪應果和趙江濱也提到，無名氏在一九四九年後一直「夾著尾巴做人」。但一九六八年朋友方爲良從「牛棚」裏偷跑出來，去找無名氏幫忙，雖然無名氏明知危險，但因講義氣而幫助方，後來連妻子都被隔離審查，自己也被綁架，押到監獄去。㉖《走向各各他》記述的就是這一段直到入獄的經過。雖然汪應果和趙江濱輕描淡寫地說，無名氏在獄中一年多，「除了寫交待就是寫交待，其他什麼事也沒有」，㉗但連他們都提到，無名氏在坐牢一年多釋放後，「他的體重只剩下四十三公斤」。㉘肯定無名氏受到了不少身體和心靈的創傷。這只有等他發表這段坐牢經過，我們才能知道。即使尚無細節，我們也可從無名氏的作品中尋找到一些蛛絲馬跡。在〈毛澤東死的那天〉，無名氏就寫到自己一九六九年九月九日出獄那天去理髮店；那是他入獄一年零三個月後第一次照鏡子。他看到鏡裏的臉孔嚇了一大跳，「這眞是一張魔鬼臉孔，尖瘦得脫了人形，而且有各式各樣的奇形怪狀」。㉙在《紅鯊》的〈自序(一)〉，他也提到「我在杭州獄中餓得想啃木頭、呑棉花的故事」，以及在大陸和到台灣以後都還有夜半做惡夢，狂吼「救命」的習慣。他說在大陸恐怖時代所受的「白晝極端壓制，只能在午夜藉絕惡午夜夢魘來滿足幻覺的發洩」。㉚午夜夢魘之持續不斷正是「受創傷壓力後精神失調」（PTSD，即Post-Traumatic Stress Disorder）或「創傷後遺症」癥狀的表現。很可能無名氏在寫作《紅鯊》時，也把自己的一些親身體驗、感受寫了進去。即使無名氏沒有黃文範所說的那種眞正「勞改」的經驗，但他親身在「下沙鄉集中營」、潘板橋農場、和杭州小車橋監獄的種種體驗，以及在大陸耳聞目睹的經歷，已足以使他寫作眞實性很高的大牆文學。此外，正如黃文範所說，無名氏和索忍尼辛都有「雄渾文筆」，且「敢於揭露眞相」，故受到同胞信託，把親身受勞改的經歷告訴他，讓他寫出來。㉛

雖然無名氏寫作大牆文學，但大體來說，他與從維熙和張賢亮這兩位作家是頗不同的。無名氏早期在國民黨統治時期的中國大陸成長，曾長期浸潤於西方人本主義、較自由民主的文化思想中，也因此很反對共產黨集權專制的恐怖統治。比起無名氏來，從維熙（一九三三年生）和張賢亮（一九三六年生）屬於較年輕的一代，在共產黨壯大時成長、受教育，對社會主義充滿理想，且與共產黨認同。這兩位作者在五十年代後期反右運動中被抓去勞教、勞改。他們不是因爲反對共產黨而坐牢，而是和許多熱愛共產黨的知識分子一樣，只因他們出身「資產階級」或身爲知識分子就受到迫害。然而，坐了許多年牢，終於被釋放、平反以後，他們馬上就原諒了共產黨對他們的傷害，認爲這只是共產黨某個時期的錯誤。就像從維熙在一篇小說中藉著把中國當祖國的中美混血男主角東方漢陽和未婚妻魏娜的如下對話所表現的看法：魏娜對東方漢陽說，「這個國家對你有過什麼好處，劃右勞改……」，但東方漢陽回答，「那好比母親誤解了她的孩子，錯打了我幾巴掌！」。㉜

從維熙和張賢亮都在小說中把中共比喻成母親：毛澤東時代中共對知識分子的迫害就像

母親錯打了孩子，被釋放以後的知識分子還是要像孩子一樣原諒並繼續愛自己的母親。也因此，許多知識分子在平反後非常感激鄧小平，把鄧當成知識分子的救星。從維熙和張賢亮在平反後也儘快加入共產黨，爲政府工作。依照張賢亮的論調，他認爲留在祖國，加入共產黨，才能「改造」共產黨，在體制內促使中國進步。[33]張賢亮大力支持鄧小平的經濟政策，[34]而他自己也在一九九三年「下海」，組建了華夏西部影視城有限公司，以「出賣荒涼」而賺了不少錢。[35]顯然，從維熙和張賢亮被釋放後，並沒有變成像吳弘達那樣的異議分子，反而在國內過得很不錯。

美國普林斯頓大學（Princeton University）著名的中國專家林培瑞教授（Perry Link）曾一針見血地指出，像張賢亮、王蒙、劉賓雁這一輩的作家，年輕時受共產黨的政治運動所吸引，雖然後來被打成右派，對共產黨幻覺已破滅，但在一九八〇年代仍無法與共產黨完全決裂。所以他們一方面批評中國的政治和社會情況，另一方面又對他們心目中的共產黨表示忠誠。他們之所以要申明自己無罪，並要原諒黨的過失，也是爲了避免讓自己的一生成爲浪費。「如果我們不依附『已糾正錯誤』的黨，那我們還有什麼？」此外，像張賢亮這樣有參與政府工作之野心的人更不會跟共產黨一刀兩斷了。[36]無名氏與這些作家很不同的一點就是他的獨立精神。他相信藝術的獨立性以及自己的才氣和價值，他不需對共產黨表示忠誠或靠依附共產黨來肯定自己的價值。也因他沒有參與共產黨、成爲掌權幹部之一的野心，所以更能堅持自己的獨立和個人尊嚴。

無名氏是非常愛國的。雖然他沒像從維熙和張賢亮那樣長期坐牢，但在紅色中國受壓迫三十多年後，他對共產黨已不存幻想，對毛澤東死後大陸的新掌權人也沒有信心。這也是他在一九七八年平反以後，拒絕邀請，不肯當國家幹部，而且要離開中國的原因之一。很具嘲諷性的是，在台灣一般認爲是反共的無名氏，在一些大陸評論家眼中卻是親共的。比方說，汪應果和趙江濱在《無名氏傳奇》中認爲中共政府對於無名氏落實政策的工作是做得比較「認眞細緻的」。他們對無名氏受到的壓制、迫害也盡量避重就輕，並把無名氏寫成像個傾向共產黨並支持共產黨統戰政策的作家。㊲

其實無名氏的愛國方式與張賢亮那樣的作家完全不同。他不加入共產黨，不當幹部得權，也堅持自己的道德、骨氣，不當中共的御用文人，不對大陸專政者歌功頌德。早在一九八五年寫〈《海的懲罰》跋〉時，無名氏就以深切的洞察力指出，「今人每認爲鄧小平是目前大陸的革新者，他們忘記了：五十年代大陸各種災難，毛澤東是創造者，作爲毛的左右劉少奇、周恩來、鄧小平是幫凶。類似下沙鄉集中營的大陸萬千集中營，鄧小平是主要設計人之一」。㊳無名氏很正確地看穿鄧小平所謂開放改革等表面好像走向民主的姿態只不過是本質殘酷專制的暴君裝出來的和善外表。的確，一九八九年天安門的屠殺暴露出暴君的眞正本性。許多原來謳歌鄧小平和他的「改革」的知識分子至此才大夢初醒，察覺到鄧小平殘暴的一面。

由於「集中營」這個詞通常用來指納粹的集中營，且有強烈負面意義，所以中共從來不把自己的監獄叫做集中營，而以監所或勞改隊、勞改農場等較好聽的字眼來稱呼監獄。但對於國民黨的監獄，他們就毫不留情地以譴責的口氣稱之爲「集中營」，如「上饒集中營」等等。㊴大陸作家王若望在他有名的《飢餓三部曲》中就提到把中共的監獄叫做「集中營」是很危險的事。㊵中共編輯的教材也喜歡誇張國民黨「集中營」有多麼不人道——如，囚犯常飢餓或餓死，囚衣供給差劣以致囚犯凍死，居住條件極惡劣，缺乏基本醫療設備，禁止犯人帶書入獄或讀報，實行愚民政策，逼迫囚犯做苦工，對囚犯施以毒刑的折磨等——以和「人道」的共產黨監獄來做強烈對比。㊶其實連忠於共產黨的王若望都以自己親身坐過國民黨和共產黨的牢的經驗來間接給予讀者證據，證明這種對比的錯誤與虛僞性。㊷而王若望坐過的共產黨的牢還是待遇比較好的。張賢亮在《我的菩提樹》中也寫出中共犯人衣、食、居住各方面條件之惡劣，以及犯人餓死和做苦工累死的情狀。不過，張賢亮常用幽默語氣，或者責難知識分子，而不太抨擊中共政權。

無名氏則更早就看破眞相，以嘲諷但明顯批判的語氣直接稱呼他被押去「學習」的下沙鄉「拘留學習班」爲「集中營」了：「我沒有進過納粹集中營，也沒有住過淪陷區日本集中營；這是我的光榮，能被囚禁於『中國人』自己創造的集中營」。㊸中共的監獄之不人道其實遠遠超過國民黨的監獄。無名氏不僅看出中共「創造」出來的「學習班」其實是「集中營」，他也想像得出在他被逮捕的當夜，有無數中國人也被逮捕，並且對他們感到同情：「有數以萬人計的和我類似的人，像我一樣躺在地上，享受集中營的『初夜權』」。㊹事實上，無名氏跟寫《大陸集中營》的彭銀漢都選用「集中營」這個貶義詞是正確的。毛澤東時代許多被囚禁的都是無罪的政治犯，大多數囚犯沒經過合法、公開的審判程序就被放入監獄和勞改農場。他們被集中管制，於生活和工作條件都極差的情況下被迫做苦工，或受刑。許多因飢寒、過度勞累、生病而沒醫療照顧、工作受傷、被打傷等等而死亡，或受不了迫害而自殺。無名氏在一九五八年被抓去「學習」，雖然不是囚犯，但在拘留所和下沙鄉都受到無人道的虐待。比方說，室內地上連地板都沒有，只有爛泥；他躺在地上，「像一條狗」。「現代西方人養豬（甚至包括中共農場養豬），豬舍卻不是爛泥地。我們現在的住所，還不如西方雞鴨豬羊，更遠遠不及他們的貓狗哩！」㊺無名氏很具洞察力地指出，中共「逼大陸人民退化到五十萬年前……過一種獸類吃人的生活」。㊻而這種退化在食、衣、住、行、工作等方面都很明顯。喝的水是又苦又鹹的，滲透海水的爛泥水。在大太陽下蹲著吃發酸的髒飯。在爛泥中的辛苦工作完全是「時間與精力的絕對浪費」，只是一種懲罰；大陸勞改犯把這種「奴隸勞動」叫做「修地球」。但無名氏很清楚，比起中國別處的許多勞改場，下沙鄉還算條件不錯的。㊼

美國學者金介甫教授（Jeffrey C. Kinkley）在比較中國勞改隊、勞改「農場」和納粹集中營以後，發現兩者雖有不同，但也有許多相似之處。他正確地指出並非只有德國人才創造得出「集中營」來。㊽中共的「集中營」與蘇聯的古拉格有更多相似之處，但比古拉格更剝奪囚犯的思想自由。俄國有名的索忍尼辛（Aleksandr I. Solzhenitsyn）提到他在勞改營中可以思考，因沒有政治性的會議、宣傳，也不需被迫寫檢討。㊾相反地，中共的監獄逼迫囚犯改造思想，除了讓囚犯忍飢受餓，常常只想吃的（張賢亮在他的回憶錄以及小說中都寫到這種情形），或者做苦工累到無法思考以外，還逼他們聽政治宣傳——所謂「報告」，寫檢討，晚上開「生活檢討會」，個人作「思想匯報」，還開鬥爭大會等。張賢亮嘲諷地說，「領導們狂熱地探究著每一個人的思想，恨不能用手伸進每個人的腦袋裏挖出腦漿來在顯微鏡下檢驗一番」。㊿無名氏在《海的懲罰》中已寫到公安人員王庸中如何用各種方法要那些「同學」坦白交待自己的思想。其實被抓的那些人差不多都是無辜的，但卻被認爲是國民黨特務或其他有「歷史問題」等的人。所謂「小組學習會」就是「發言時，每個人都在自打耳光，說一些自欺欺人的話。」所謂「開學典禮」其實是「野獸表演會」。那些「同學」在大太陽下被烤，還得乖乖地聽冷酷、僞善的主任對他們訓話：「我們有義務看他表演，聽他罵，聽他騙，受他恫嚇、嘲弄」。白天在大太陽下做苦工，晚上開鬥爭會——其實是「打虎運動」。無名氏瞭解毛澤東及其走狗已把中國人變爲野獸，把大陸「改造」成獸籠，「在『偉大』獸籠中，人們早已被訓練成互相猜疑、仇視，動輒相互張牙舞爪」，而在小囚房中，關係更緊張，「囚友」已被迫變成「囚敵」。無名氏也指出這些囚犯的「變態的心理氣氛」。⑤他很仔細地描寫中共高明的鬥爭、分化的策略以及他們如何操縱中國人的心理。他也翔實地描述了鬥爭大會的戲劇性，積極分子的表演（如打虎英雄擅長打罵的表演），以及一些「打虎將」後來因「狡兔死，走狗烹」也變成「虎」而被鬥、被打等等。⑤他運用動物比喻來形容人們的墮落，但我們同時也感到那些人已退化到比獸類還糟的情況。獸類至少還有他們的自由，也不會彼此殘殺那麼厲害，而這些人卻像傀儡般被中共操縱，而且已變得冷酷無情。

除了比一些中共的御用文人有尊嚴和骨氣，有勇氣暴露並譴責中共迫害無辜人民的眞相以外，無名氏對中國的政治的未來想像（vision）跟從維熙和張賢亮的有根本的不同。比方說，大陸目前仍是列寧式的一黨專政，沒有眞正的、勢力相均的在野黨來制衡。從維熙和張賢亮的政治理想是以馬克思主義爲基礎，以共產黨爲中心的。他們的未來想像只不過是希望共產黨不再犯以前極左的「錯誤」，而能照目前的「開放政策」繼續下去，讓人民都得溫飽，可追求富裕，讓國家發展、富強。而無名氏則與一些異議人士類似，反對專制的共產黨繼續一黨專政，並且認爲中國應有眞正的民主和自由。正如胡平（一九四七年生）所說，「改造好了」也就是人被馴化了。⑤在某種程度上，從維熙和張賢亮已經被馴化了。然而他們與原來懷疑共產黨但後來長期改造後變得跟共產黨認同的那些人又有不同：從維熙和張賢亮在勞改前就已信任共產黨，在改造以後更和共產黨認同，甚至對黨感恩。無名氏則沒被「改造好」，也沒被馴化。

由於對中國政治的未來想像有本質上的差別，所以無名氏的大牆文學作品跟從維熙和張賢亮的相當不同。從維熙的作品常有個公式化的情節：一個愛國、忠於共產黨的知識分子被打成右派，送去勞改，釋放後返回社會繼續爲國家、爲黨工作；在勞改中，這個右派可能遇到好的或壞的勞改隊領導（共產黨員），但後來代表正義旳一方總會得勝；如果有女人愛上這個右派，但她不夠愛國，那麼不論她條件多好、多麼愛他，這個右派一定會放棄她；而且即使有機會到國外去享受富貴，甚至即使自己的父親或母親住在國外，這個右派也還是堅持留在國內，爲中國工作。從維熙的成名作，《大牆下的紅玉蘭》，就是以教條化「社會主義文學」的舊框框套入監獄背景寫成的相當虛假的作品。在故事中，老公安局長葛翎被「四人幫」的走狗放入監獄。在監獄中，這個正直勇敢的共產黨繼續與壞分子（包括幾個共產黨員）「戰鬥」。最後，葛翎爲了悼念周恩來，爬上監獄大牆，摘玉蘭花以做花圈，但被壞蛋章龍喜槍殺，死在大牆下，而他的鮮血染紅了白玉蘭。從維熙別的沒像這個故事這麼陳腐、矯情的作品也常免不了沉浸於過分簡單化的愛國主義。可見從維熙的作品即使偶爾批評個別的共產黨員，主要也是批評他們不是「眞正的」共產黨員，因在從維熙的信念中，「眞正的」共產黨員應該是廉潔公正、爲民服務的。從維熙既不譴責共產黨的高級領導者（如毛澤東），更不批判共產黨本身以及它的思想基礎的根本毛病（例如它強烈的排他性，不准法律有獨立性……等等）。吳弘達曾與從維熙在同一個勞改隊待過，他也曾問過從維熙爲何寫那麼不眞實的作品。據說，從維熙表示，如果他不是那麼寫，他的作品就無法發表了。⑭

張賢亮雖然沒有從維熙那麼露骨地宣傳愛國主義，但他也常把男主角理想化，並把男主角的勞改生涯浪漫化。張賢亮中篇小說《靈與肉》中的男主角也寧可和妻女留在中國偏遠窮困的西北，而不出國跟富裕的父親享受物質生活。⑮張賢亮筆下的男主角常有點自傳性的味道。他的小說《綠化樹》和《男人的一半是女人》主角都叫章永璘，也跟張賢亮有些類似的勞改背景。⑯這兩部小說中的章永璘和張賢亮另一本小說《土牢情話》的男主角都和出身貧下中農的漂亮女主角有羅曼蒂克的關係。在《土牢情話》中甚至是當女班長的女主角主動追求男囚犯，並勸他逃獄。⑰張賢亮自己承認他的小說中愛上男主角的漂亮勞動婦女其實都是他在「做各種各樣羅曼蒂克的夢」，那些女人都是他「夢中的洛神」；事實上，他勞改、就業期間，因社會身份和經濟條件限制，一直是孤家寡人。⑱他也直言他到了三十九歲都還是處男。⑲比起從維熙來，張賢亮自覺和自省性較高，也較有幽默、反諷感，並能自嘲。他的作品也比較複雜，有深度。他有時以嘲諷方式很間接地批評勞改的一些毛病。但他承認自己有私心，也有「膽怯和妥協軟弱的一面」。⑳他之所以寫作跟勞改有關的小說並非爲了抗議或反叛。然而，儘管他也許不是有意地抗議共產黨對像他這樣無辜的知識分子的傷害，他的作品中卻偶爾透露出勞改對男主角（有時也包括女主角，如《男人的一半是女人》中的黃香久）造成的生理、心理、和道德感方面的傷害。[61]

從維熙和張賢亮等作者一般把勞改隊描寫成生活得還不錯的地方，甚至把它浪漫化。他們也許是擔心自己安危和未來出路，也許像「爲尊者諱」一樣爲共產黨包庇，也許爲了自己的小說能暢銷。無論動機如何，總歸私心占的成分大，而且結果是他們的作品虛構、幻想的成分遠遠多於反映歷史眞實的成分。黃文範讀了大陸的一些以勞改隊作爲背景的小說，覺得那些作者把勞改隊的生活寫得太舒服了，跟索忍尼辛筆下的勞改營「大異其趣」；迷惘之下，黃文範猜測，「也許小說家爲了要『過關』，不得不作這種違背良心的敘述吧！」[62]如我們已分析，作者動機可能不止一種。相形之下，無名氏作品中的反叛性不但很高，而且他對自己作品獨特的政治、歷史意義和藝術價值有非常強烈的自覺性。他在也許是一九八四年爲〈一個大陸囚徒的意識流——海的懲罰續篇，下沙鄉集中營心靈經驗〉寫的〈引子〉就明白地說出這部作品「算是那個時代的歷史見證」，是「反叛文字」，也是大陸三十年來「絕無僅有」的「意識流文字」。[63]的確，除了勇敢誠實地做出「歷史見證」，而不以虛假文字來掩蓋中共殘酷眞相以外，無名氏對大牆文學的一個很大的貢獻就是對受難者內心的挖掘。他不只寫外在的部分，如生活條件極差，做苦工、開鬥爭會很苦……等等，他也搜尋自己以及他人當囚徒的「心靈經驗」——而這是最隱秘、難得、寶貴的信息。

無名氏在一九五八年寫的兩部作品，〈一個大陸囚徒的意識流——海的懲罰續篇，下沙鄉集中營心靈經驗〉和〈電光小集——五十年代大陸人所思所感〉，是充滿哲理反思，抒情和象徵性極高，像散文詩一般富音樂感的作品。也許作者需以「烏雲遮月」法來保護自己的安全，64所以這兩部作品，尤其是〈電光小集〉，寫得有點像謎語一般，好些部分讓讀者莫測高深，不知作者指的是哪一件事。將來如有可能，作者也許能出一本像張賢亮《我的菩提樹》那種「注釋」以前日記的書，把一九五八年〈電光小集〉中特意以曖昧不明的文字遮蓋的詳細眞相寫出來，解釋給讀者。這應不會是畫蛇添足之舉。

〈一個大陸囚徒的意識流〉寫出敘述者無名氏在突然間極度驚嚇下得到的認知。第一夜他躺在骯髒拘留所的地上，他平生第一次感到夜是如此「沉重」：「四十年，第一次，對於我，這是一個眞正的夜……」。過去那麼多個夜「似乎是一片虛僞」，因從沒帶給他「致命的痛苦」。而在首次被拘留時，他感受到身邊陌生可厭的一切都是眞實的，他對自己生存中的時間與空間產生高度敏感。第二夜在下沙鄉集中營，他甚至暫時變成一個「客觀欣賞者，而不是一個囚徒」（頁一二二）。這個心理和貝托海姆（Bruno Bettelheim）所分析的納粹營中囚犯有時產生的心理很類似。貝托海姆注意到有時一個囚犯在精神上會「分裂」成兩個自我，一個受苦，另一個是不在乎的「超然的觀看者」，也因此這個囚犯不會太害怕或受苦。65但無名氏並不只寫出這種精神上防衛機構的運作，他還寫到自己認知上巨大的改變。他意識到以前與大自然的「美學關係」現在變成「最粗糙、最折磨人的關係」，而且「一落到『現實』森林裏、人群海裏」，他覺得「『矮』得要溶化了」：「『我』簡直要沒有了。」下沙鄉教育他的第一件大事是：「你必須自動槍斃『自己』……你必須變成許多符號中的一名符號」（頁一二三）。對於一個自我感強烈的作家，被剝奪了人權、身份、和自我是極痛苦的事。在描寫瘋狂鬥爭、「野獸喊聲」時，無名氏也寫到自己的恐怖感：「那最後的時辰，不知何時會降臨？」他只冀望，在狂流中「最好自己暫不沒頂」（頁一三〇—一三一）。無名氏因此寫出中共強迫改造對他身體、思想、精神造成的創傷。在反思中，他感到「環境的邪惡勢力」和無法控制自己弱點的「人性」都共同造成了當時的惡。「現在，一切罪惡，只要一掛上『集體』招牌，或塗上『集體』脂粉，全變成道德的代言人。我們這個時代最大的悲劇，在於人人全患色盲，視覺裏永遠是一片灰色的恐怖。在灰色的霧氛下，第一件頭等要務，就是先把「良心」緊緊捆紮打包，收藏到箱子裏，鎖得緊緊的」（頁一三一—一三二）。無名氏既難過中共虛僞地以「道德」之名來實行其殘酷、恐怖的暴政，也痛心於人們的怯懦。他理解到，由於人們把良心鎖起來，不但不反抗暴政，反而讓中共擺布，自相殘殺，因而導致暴政橫行無阻。

〈一個大陸囚徒的意識流〉也流露出敘述者離開下沙鄉「集中營」回到家的複雜感覺。他對以前不那麼珍惜的「正常」社會——包括它的擁擠和嘈雜聲——開始感到非常珍惜了，只因爲他很無辜地經歷過被剝奪自由、權利的恐怖經驗。雖然他比以前更珍惜家裏的溫暖、舒適，但他夢魇般的經歷使他無法百分之百地享受：「啊，幸福，過去所感到的那個徹底幸福，已變成過去的幽靈，目前暫不存在了」（頁一四〇）。他顯然不斷地擔心不知何時他又會再度失去這個溫暖的自由空間。而他的惡夢對他好像有「魔力」一般，「深深蠱惑著」他，使他不得不一次又一次地陷入那惡夢。然而，身爲文人的無名氏也試著從痛苦中提煉「詩之甘釀」，「藉以自我沉醉」。同時，他清醒地意識到這是多麼「虛僞的自我拯救」（頁一四〇）。無名氏如此一層一層地把心理複雜面剝開。讀者看到他「受創傷壓力後精神失調癥狀的顯露，他心靈的迷惑與不知所措，也同情他試圖自救卻感無益的無能感。

〈電光小集〉中有好幾則都是可以放在大牆文學中瞭解、詮釋的佳作。「痛苦的雨滴」正確地寫出，「那些最震撼人心的時辰，只屬於你自己，以及和你一同穿越這些時辰的人。你的另外同類，即使是你自己最血緣的妻子或兒女，他們也無法感受，思維」（頁一四一）。無名氏把時間具體化，很形象地描述當人們穿越「這些時間雨滴」，走進乾燥的房子，就「很難再記得外面的潮濕滋味」（頁一四二）。的確，像被監禁、受刑這種震撼人心的痛苦只有當事者自己能完全體會，其他再怎麼親的親人也無法體驗。但雖然「迴避痛苦」是一般人「本能的習慣」，無名氏仍嘗試以各種方式「凝視這一切，傾聽這一切，並設法記錄它們」（頁一四二）。在另一則有如寓言般的「魚線」中，無名氏寫道，「那最明確的語言，是沉默。有披頭散髮的沉默……有鮮血化妝的沉默。有白骨製造的沉默……一夜又一夜的沉默……一年又一年的沉默……」（頁一四四）。我們可瞭解，不管是在監獄內外，嚇壞了的人們已不敢發聲埋怨、抵抗或互相聲援；他們把良心收起來，自顧自己的生存，對別人都不吐眞言。「浪費的循環」那一則可以拿來解釋囚犯被迫做的苦工，勞改制度本身，或紅朝中許多無謂的「最高指令」或政策造成的人力、物力、時間的浪費（包括年年講、天天講的階級鬥爭）。「肉體遍生青苔的日子」那則很可以描述一個原有自由時間的人有一天突然被關，「發現口袋裏所有時間都不夠用了」（頁一五〇），而開始「苦笑」自己以前怎麼那樣虛擲光陰，那種驚慌的認知和反省。「死亡遊戲」那一則諷刺中共對人民的屠殺，但也暗示人們對屠殺的新聞已變冷淡。「墮落的旋轉」準確地寫出在可怕紅朝苟且偷生，不知痛苦何時會停止的感覺：「必須用那最黑最黑的心靈……過那最黑最黑的日子」。而像如下的句子頗可解釋許多人被抓去勞改的原因：「爲了幾個無辜的字或一兩句話語，一下子，就遭遇西息斐斯永恆推巨石上山的命運」（頁一六一—一六二）。而許多囚犯的勞改經驗就如西息斐斯一般，既徒勞無益，又不知徒期何時終止。中共像無名氏筆下的「塞畫者」（頁一六五），不斷地塞給人民一大堆主義、政策、指令，不讓人民有選擇的自由。共產黨不讓「每一條生命都變成簷溜雨滴……瀟洒自在的滴著」，無名氏警告道，「請聽，那可怕的廣播歌聲又在殺死雨滴！」（頁一六五）。在這個小集中，作者很成功地用象徵性的文字，間接、不露聲色地把許多對紅朝的憎恨、反抗的感覺暗示出來。如果讀者不仔細從字裡行間尋找痕跡，是不會找到這些感覺的。而且運用象徵、詩歌、寓言、或謎樣話語的好處就是同一個字句可以有幾個不同的解釋。筆者在此篇文章中取來作政治性詮釋的字句很可以用別的方式來詮釋。因此這樣隱秘的文字較不可能給作者造成麻煩。這是作者的聰明處。

從維熙和張賢亮很少寫到自己或小說主角被捕、受刑之類受驚嚇和痛苦的經驗。張賢亮在《土牢情話》提到一個人物受刑、傷重而死，但也沒多描寫受刑經過。無名氏在這方面則不避描述，而且寫得相當仔細。《海的懲罰》寫出他在一九五八年七月十五日看到一則國際新聞就產生預感：當天晚上中共可能會把他抓走。他也開始考慮對策。果然半夜八個人去抓他、搜他房間。他極力與他們周旋，仍無法開脫，後來只好跟老母告別，離開自己熟悉的房間，去坐中共的牢。這些敘述讓讀者看出大陸政治迫害個人的情況，更瞭解敘述者是什麼樣的人，也更同情敘述者。他是很聰明且對政治氛圍已變得很敏感的知識分子，也已經爲了能「享受一點最低的自由性靈，也爲了自由讀書、寫作，堅持反抗中共」而「自動在家裏『坐了九年的『牢』」（頁一八）。但中共追捕之網越來越密，即使他想盡辦法也躲不開。無名氏的敘述使讀者能與敘述者認同，佩服他的先見但也不得不產生命定、徒勞感；同情他連基本的人權、自由生存權都被剝奪；敬佩他有勇氣和雄辯能力，可以與抓他的人舌戰；跟著他經歷被關在拘留所中，在「集中營」受飢渴，做苦工等經驗；也隨著他的眼睛、耳朵、及其他感官去看周遭的人和事物，去聽聲音，去感覺、認知。無名氏在《紅鯊》第二章敘述主角洪憲衡（假名）一九五一年被捕的經過。當然，因爲洪憲衡是留在大陸的國民黨特務，不像無名氏是無辜的作家，所以洪被抓是比較「理所當然」的，讀者對他的同情程度大概沒有對無名氏的同情那麼高。然而，無名氏高明的寫作手法仍使得《紅鯊》讀者尊敬主角，沉浸於主角洪憲衡的世界，跟著他擔驚受怕，同情他被迫與親人分別，以及他那些亦被中共迫害的親人，更同情他坐牢、勞改等痛苦經歷。

無名氏的《海的懲罰》、《走向各各他：一九六八年受難紀實》，和《紅鯊》多半使用直接描述手法（以別於象徵、寓言、抒情等手法）來敘述情節，摹擬人生，並寫出心理的眞實反應。雖然這三部作品在不同程度上都屬於紀實文學，但由於作者在文學、哲學、藝術等方面涵養極深，所以它們的文學、美學價值都相當高。《海的懲罰》和《走向各各他》大半是作者的回憶錄。而可算是報導文學的《紅鯊》，誠如夏志清教授所言，並不只是作者報導主角洪憲衡的經歷；書中豐富的詞藻、精彩的描寫，和一些特別的修辭手法等都出於無名氏之手。洪憲衡也是個像無名氏的主角：在無名氏的回憶錄，他常強調自己雖弱但有機智，在《紅鯊》中，無名氏亦強調主角的機智，和靠生存下去來打贏跟他迫害者的戰爭。[66]當然，即使紀實或寫實文學都不可能百分之百，如鏡子般反映眞實人生，而只能盡量摹擬人生之眞實。但無名氏在寫作《紅鯊》時的確下了很大功夫盡量追求眞實，所以《紅鯊》既可爲歷史做見證，也反映了眞實人生的罕見的一部分。

《紅鯊》寫的是主角洪憲衡一九五〇——一九七九年受難的事，尤其是一九五一年被捕入獄，去青海勞改，直到一九七八年眞正釋放的部分。然而作者顯然是有選擇性地寫，而不是流水帳似的報告或依照年代先後寫主角的傳記。第一部分就不按時間次序地寫震撼性最強的情節。它描述的是主角一九六六年在青海德令哈勞改農場，不屈服於逼供、酷刑而被單獨關在有蓋子的井底兩年的事。在黑暗中，起初他並沒沮喪，反而忙著用手指和石塊挖洞，花了近一年的光陰，替自己挖出一座房子。然而建築新居的工程一停止，他也注意到自己的健康、身體已受長期飢餓和禁閉損害，尤其因爲一直在黑暗中過日子（除了每天三餐飯籃子吊下來時看得見一點天光以外），眼睛變瞎了。到後來快昏死才被抬上去。一年多以後才恢復一點點視力。無名氏對主角在井底的生活、心理反應，以及他身體皮肉、毛髮種種可怖的變化描寫得非常仔細生動。作者也借用主角之口來說明，有些非比尋常、極度的痛苦是外人所難以想像的：「有些同樣的字，同樣的事，在我們勞改犯人群，一說，就會徹底明瞭，而且直透它們底層，但在圈外人——特別是大陸以外的人，往往都像一些浮萍，只飄浮在這些字與事的水面，很難沉入水腹」（頁四〇）。藉著主角，無名氏也嘆息自由世界對中共恐怖內幕那麼無知：「令我痛心的是：目前自由世界，還有不少人，由於各式各樣私人理由，由於愚昧或不義，竟不斷跳井，投入海峽對岸那片神秘井底」（頁五一）。而無名氏給自己的工作之一就是把這些事——如中共的殘暴、囚犯的受難——重新生動地呈現在讀者眼前，教育讀者，使他們有這方面的認知和同情瞭解的能力。

接著「井底」是第一章「紅鯊」，描述的是主角在一九五二——九五四年在青海高原與許多別的勞改犯建築青藏公路的痛苦。在冰天雪地的地方，他們居無定所，在荒原高山以原始的工具與岩石峭壁搏鬥，三餐不斷，沒有保暖的衣物，住的是冰冷的所謂蒙古包，每天工作又繁重。同時，他們受幹部壓迫，批鬥。不少人餓死、凍死、累死，因意外、受傷或生病而死，當然也有好些被幹部弄死或自殺。無名氏很詳細地描寫築路的種種辛苦，也以他獨特的修辭方式製造出主角和其他勞改犯受壓迫的情況和氣氛。譬如，無名氏重複「雪」與「冰」這兩字來強調工作環境之艱苦和不人道，並且以主角顯然因惡夢不斷而回憶的角度來重現過去的夢魘：「這些日子，宇宙間，似乎永恆是雪！雪！雪！雪！我思想裏，記憶裏，也永恆是冰！冰！冰！冰！我永遠想著下面一幅雪景，連做夢有時也夢見它」（頁五六—五九）。而那作者描寫那些在雪地上劃定「具有牢獄性質的矩形空間」的小紅旗是如何陰森、妖獰。而那些虎視眈眈的警衛又像野狼般猙獰。除了食衣住行都吃苦，工作勞累，身體受傷以外，無名氏也記載勞改犯不同的死亡。尤其在冰流來襲的冬季，每天主角都目睹「活活凍餒而死」的同類：「全是無聲的死，沒有呻吟，更無慘叫」。而主角對同類死亡的反應亦越來越麻痺：「眼望，聽說這麼多人，不斷倒下去，起先是悲痛；見多了，視覺麻痺了，聽多了，聽覺麻木了，中樞神經也麻痺了」（頁六二）。作者用幾幕不同的鬥爭場景寫出中共勞改特有的批鬥戲劇。由主角的視角，作者寫道一個吳姓山東人被迫在頸下掛著「反改造」的大紙牌，被「積極分子」剝光衣服，直到在冰雪中凍死。主角既佩服這個囚犯「堅不吐露所謂『反動』根子」，又難過爲何那些「積極分子」甘做幹部的「鷹犬」，「橫心出賣難友」，對被鬥者那麼凶狠：「這些現象始終使我對人性悲觀。中國大陸爲什麼竟有那麼多殘忍者，更有那麼多殘忍的助手，以及助手的助手？」（頁六三—六四）。藉著主角的反應，作者其實是寫他自己的感觸。作者在〈一個大陸囚徒的意識流〉和《海的懲罰》中也都有對這類中國人人性之懦怯和凶惡的反思。的確，如果沒有那麼多人懦怯地當順民，甚至幫助暴君來壓迫自己的同胞，中國的紅禍就不會延長那麼多年了。

《紅鯊》第二章才回到主角洪憲衡一九五一年被捕入獄的開始。作者把公安局對洪的「疲勞轟炸」（即所謂審訊），主角在大刑房受毒刑、在上海巨大的提籃橋監獄當囚犯、一年多以後被發配去青海勞改的經歷都擇要以生動的形象呈現在讀者眼中。除了描寫出囚犯的痛苦，包括他們坐「鐵悶子車」、還有自揹行李，日行百里等折磨以外，作者也充分地寫出有些囚犯勇敢反抗的例子。主角在酷刑之下仍然拒絕「認罪」，也不受中共「坦白從寬，抗拒從嚴」口號之欺騙。甚至當幹部把他押去刑場，槍斃了他的同伴，而且好像接下來就要槍斃他時，他仍拼命對抗。另外，作者也報導了主角所見證並參與的提籃橋監獄裏的「監嚚」（即中共所謂「暴動」，頁一五二）。三個有正義感的犯人醫生，尤其是一個叫余虹的，幫助囚犯組織反共聯盟，在半夜集體怒吼口號，成功地發動了三次「監囂」。可惜囚犯醫組組長去告密，以求自己提前出獄，余虹以及其他三十幾個囚犯都被處死刑。

寫得非常浪漫的第三章「柴達木風情畫」也許初讀之下會覺得跟張賢亮等作家寫的浪漫的監獄很類似。但張賢亮等作家寫的囚犯的男女愛情關係大半是虛構的，而無名氏的——據作者及主角宣稱——則是實有其事：主角洪憲衡之所以能在經歷可怕遭遇後還能活下來，主要就是因為他的奇遇——一九五三年秋築路時有一段時期他調到零工組，只管燒開水（包括去結冰的水面取水），和一個漢藏混血女孩耶魯莎相遇、相愛，而耶魯莎供給他牛羊肉救濟他，所以他沒餓死、凍死。可惜一年後，洪憲衡被關入德令哈農場，兩個愛人就被拆散了。兩人等待多年，花了不少功夫試圖團圓，但洪堅持不出賣人格，耶魯莎也瞭解洪所受的折磨，而欲為之報仇。一九五九年耶魯莎帶領一支游擊部隊，與共軍作戰而犧牲。第四章「荒漠裏的人」描述主角與其他勞改犯在青海荒漠中艱苦拓荒、建築德令哈農場及別的分場、被迫在乾旱不毛之地從事農業勞動等事。也包括一九五九—一九六二，三年恐怖的大饑荒，以及一九六八年二月二十二日在西寧發生，但鮮為人知的西寧事件——成千上萬的民眾走上街頭示威要求自由、人權，可是被中共軍警打死、逮捕了許多人。

無名氏的《紅鯊》因而是歷史上重要的見證和文獻。他敘述的一九五〇年代青海勞改，以勞改犯來築路拓荒，以及西寧事件等都是因中共嚴密的新聞封鎖而不為外人知的。他描述的種種眞實事件和勞改隊運作、囚犯痛苦生活的細節爲研究中國政治歷史的學者提供了極寶貴的資訊。作者詳盡地描繪中共對人權的踐踏，對囚犯的不人道。而中共的殘酷手段之一就是迫使囚犯退化：譬如，懲罰主角，讓他長期在黑暗的地牢過日；使囚犯像野獸般地鬥爭，爲食物你爭我奪，爲自己的一點利益而出賣同類；也使囚犯變得像石頭一樣痲痺，對別人的痛苦或死亡不再同情。然而無名氏並未對人性完全悲觀。他同時也記錄了一些被迫害者在極無望的情況下，或是個人或是集體所做的消極或積極反抗。他大力描寫主角如何勇敢不屈，並以自己的機智在極其惡劣的環境下生存下去。無名氏也顯然佩服像耶魯莎這樣的女英雄，因而把她美化。無名氏對上海提籃橋監獄裏的「監囂」之披露與描述可能是目前大牆文學裏獨一無二的例子。像從維熙和張賢亮這樣的作家不太可能會從囚犯的角度，以同情的態度，來描寫囚犯集體反抗迫害的情況。綜觀他們的大牆文學作品，包括他們可信度較高的回憶錄，其中「證言」性質也遠遠沒有無名氏的這麼強烈。

老一輩有名的作家蕭乾和巴金曾請求中共政府至少蓋一座文化大革命的紀念館，以使後輩記取這段慘痛的歷史以及它給人們的教訓。但中共政府置若罔聞。這個情況與日本政府修改課本，希冀下一輩不會知道日本侵華、屠殺華人歷史很相似。中共政府爲了持續鞏固其集權統治，顯然希望所有人民都有健忘症（或失憶症 amnesia），能盡快忘掉毛澤東專制政權下億萬人民遭受的壓制和痛苦。中共也繼續使用愚民政策，讓年輕的一代對一九五〇年代到文化大革命的恐怖和屠殺或是無知、不清楚、甚至誤解，或是沒有興趣。除了想盡辦法讓人民「往前看」，把中共不光榮的一段歷史磨滅掉以外，中共政府也盡量宣傳其「光榮」的部分，並大力鼓勵人民的「民族主義」和排外、仇外意識。此外，鄧小平經濟改革的一部分動機也是要人民忙著賺錢，「向錢看」，這樣就不會想要花時間去關心政治或參與政治。的確，有許多人覺得現在的物質生活已比毛澤東專政時期改善許多，所以相當感謝鄧小平、江澤民等人；他們不但不會去反叛鄧、江「王朝」，反而會責備那些批評政府專制的異議分子。也就是，他們只要中國政治穩定，沒有「動亂」，使他們能平平穩穩地賺錢，只要他們自己和家人平安富足就夠了。一九八九年「六四」民運之所以失敗與許多人抱著這種自私自利的心態也有些關係。在這多數人民可能在不久的將來就忘卻中共暴行歷史的情況下，無名氏的大牆文學作品顯得更彌足珍貴。它們不僅能讓自由世界中對中共盲目的人們睜開眼睛並且產生危機感，[67]也能讓即將忘卻——或者根本不知——中共勞改黑幕的大陸人民瞭解、牢記這段教訓，並設法改善大陸的人權狀況。

本文所討論的幾部無名氏的大牆文學作品並不只有歷史見證的價值，也不只爲研究中國政治、社會的學者提供了豐富的寶貴資料。筆者以爲在認知和感情方面，無名氏也頗有貢獻。在許多無辜囚犯或因新聞封鎖或因其他非法迫害而無聲地死亡後，這些作品很重要的是發出了創傷的聲音。[68]〈一個大陸囚徒的意識流〉寫出無名氏自己受到震撼性極強的突然創傷後心中慌亂痛苦的感受。《海的懲罰》和《走向各各他：一九六八年受難紀實》是在作者兩次受超強打擊，且已多年受自己創傷的重複折磨以後，再次傾聽舊傷的喊聲，勇敢地重訪夢魘，把創傷前後描述出來。這兩部書也包括其他與無名氏有關的受害者的一些聲音。《紅鯊》主要記錄的則是主角以及跟他一起坐監牢、勞改的那些囚犯的痛苦創傷及其聲音。作爲屢次訪問主角的無名氏顯然扮演了一個很有同情心和理解力的聆聽者。由於無名氏親身受過類似的創傷，他能以敏感的心靈來傾聽，完全領會、摹擬體驗主角的痛苦經歷，進而以自己的文字重現那些經歷，以自己的話語爲受創傷的主角和其他囚犯代言、發聲。在傾吐這些聲音的同時，他也進行深刻的，對民族國家、人性、人生和命運的反思。無名氏發出創傷聲音的獨特方式使他的作品在文學、美學上都有可觀的建樹。他自創的意識流使他得以挖掘入內心，去聆聽創傷最深處的隱秘聲音。他作品中的象徵性、抒情性、寓言性等都使他的文學呈現顯得相當特別。而他具有個人印記，優雅且精彩動人的文筆則使他的作品超越一般較缺文采的紀實、報導文學。他的這些作品因此給大牆文學增加許多光輝和深度。

註釋

①譬如，汪應果和趙江濱合著的《無名氏傳奇》（上海：上海文藝出版社，一九九八）除了寫無名氏的傳記以外，也以許多篇幅介紹《無名書》，但並沒提到無名氏有關監獄和勞改的作品。當然，有可能因爲政治原因，他們

不提這些作品。筆者在此感謝無名氏先生寄贈此書。

②例如無名氏，《紅鯊》（台北：黎明文化，一九八九年初版，一九九四年四版）。

③中國大陸一九九四年十二月二十九日頒布《中國人民共和國監獄法》，以監獄制度取代勞動改造制度，不再使用「勞動改造」這類稱謂。例如，楊殿升、張金桑主編的《中國特色監獄制度研究》（北京：法律出版社，一九九八），頁三，即提及此改變。很顯然，中共希望表現出中國已現代化，跟西方一樣重視法律和人權。但一九九四年這個《監獄法》的頒布與稱謂的改變主要還是換湯不換藥。異議分子仍常被非法逮捕、拘留、監禁，而且勞改隊在變換名稱以後，實質仍然存在。

④瘂弦，〈序〉，在無名氏，《海的懲罰：下沙鄉集中營實錄》（台北：新聞天地社，一九八五），頁二。

⑤李倩，《特定時期的大牆文學》（瀋陽：遼寧大學出版社，一九八八），頁一九。

⑥段克文，《戰犯自述》（台北：世界日報社，一九七八），更早的回憶錄，還有愛新覺羅・溥儀《我的前半生》（一九六四）中對坐牢的回憶（但他是高級犯人，受特殊待遇，且大半爲共產黨宣傳而寫），Lai Ying, *The Thirty-Sixth Way*,Edward Behr & Sidney Liu, trans. (Garden City, NJ: Doubleday, 1969)，以及 Bao Ruo-wang 鮑若望（Jean Pasqualini）and Rudolph Chelminski, *Prisoner of Mao*（1973; rpt. Harmondsworth: Penguin, 1976）。

⑦彭銀漢，《大陸集中營》（台北：時報文化出版，一九八四）；無名氏，《海的懲罰：下沙鄉集中營實錄》（台北：新聞天地社，一九八五）。

⑧從維熙，《走向混沌》（第一部）（北京：作家出版社，一九八九）；《走向混沌三部曲》（北京：中國社會

科學出版社，一九九八）。張賢亮，《我的菩提樹》（北京：作家出版社，一九九五）。吳弘達的回憶錄亦屬此類：Harry Wu & Carolyn Wakeman, *Bitter Winds: A Memoir of My Years in China's Gulag* (New York: John Wiley & Sons, 1994)。

⑨王安憶和宗福先，〈楓樹嶺六日——白茅嶺女勞教隊採訪紀實〉，《大牆內外》第四期（一九八八年），頁三—九。

⑩侶海岩，《便衣警察》（北京：人民文學出版社，一九八五）；王梓夫，《女牢滋味》（北京：作家出版社，一九九六）。

⑪關於中國大陸的監獄和勞改，請參照吳弘達，《中國的古拉格——大陸勞改隊及奴工產品眞相》（台北：時報文化，一九九二）。也請參照魏綸教授討論勞改與思想改造的文章。Philip F. Williams, "'Remolding' and the Labor-Camp Novel," *Asia Major* Ⅳ. 2 (1991): 133-149.

⑫北島，〈歸來的陌生人〉，北島，《波動》（香港：中文大學出版社，一九八五）。

⑬無名氏，《走向各各他：一九六八年受難紀實》（台北：新聞天地社，一九八六）。

⑭不過，張賢亮曾在另一本著作中聲稱，他在二十二年勞改中，「不可能記日記，想寫日記，第二天就有人去報告」，也沒有記日記的習慣。見張賢亮，《寫小說的辯證法》（上海：上海文藝出版社，一九八七），頁九一。有可能他忘卻了一九六〇年曾寫過一段日子的日記。但我們不知眞相。

⑮高新，《卑微與輝煌：一個六四受難者的獄中札記》（台北：聯經出版事業公司，一九九一），頁二八五—二

八七。

⑯張賢亮，〈關於時代與文學的思考——致從維熙〉，《張賢亮選集》（天津：百花文藝出版社，一九八六），卷三，頁六八九。

⑰從維熙，〈關於遠去的白帆〉，在劉金鏞和房福賢編，《從維熙研究專集》（重慶：重慶出版社，一九八五），頁六四，提及他在一九七五年秋，幾個晚上就寫出了《遠去的白帆》。但在從維熙，《走向混沌三部曲》，頁四六八，他提到由於發生唐山大地震（一九七六年七月二十八日），所以他這篇小說的寫作就中斷了。根據這個說法，他在一九七六年七月尚未寫完這篇小說。

⑱無名氏，〈一個大陸囚徒的意識流——海的懲罰續篇，下沙鄉集中營心靈經驗〉，在無名氏，《海的懲罰：下沙鄉集中營實錄》，頁一一三—一四〇。這篇作品的題目顯然是作者發表《海的懲罰》時才加上的。也請見作者的〈引子〉，頁一一四。

⑲無名氏，〈電光小集——五十年代大陸人所思所感〉，在無名氏，《海的懲罰：下沙鄉集中營實錄》，頁一四一—一六八。

⑳黃文範，〈中國的索忍尼辛——「古拉格群島」與「紅鯊」比較初探〉，在無名氏，《紅鯊》，頁四四五—四六八。

㉑筆者有一篇尚未發表的文章（英文）討論無名氏的《紅鯊》如何描寫、表現痛苦。見Yenna Wu, "Expressing the 'Inexpressible': Pain and Suffering in Wumingshi's *Hongsha*, " 在筆者與魏綸教授（Philip F. Williams）合編的書稿

（論文集）中：*Discipline and Publish: Literary and Social-Scientific Perspectives on the Chinese Laogai Prison Camps*（暫題）。

㉒請參照無名氏，《海的懲罰：下沙鄉集中營實錄》，尤其是頁二四，九六。

㉓黃文範，〈中國的索忍尼辛——「古拉格群島」與「紅鯊」比較初探〉，在無名氏，《紅鯊》，頁四六七。

㉔見汪應果和趙江濱合著的《無名氏傳奇》，頁三一二—三一三。

㉕也見無名氏在《紅鯊》，頁四〇六—四〇七，對這人爲災害的解釋。

㉖汪應果和趙江濱，《無名氏傳奇》，頁三二四—三二五。

㉗汪應果和趙江濱，《無名氏傳奇》，頁三二六。

㉘汪應果和趙江濱，《無名氏傳奇》，頁三二六—三二七。

㉙無名氏，〈毛澤東死的那天〉，在無名氏，《紅鯊》，頁四二〇。

㉚無名氏，〈自序㈠〉，在無名氏，《紅鯊》，頁四—五，七。

㉛黃文範，〈中國的索忍尼辛——「古拉格群島」與「紅鯊」比較初探〉，在無名氏，《紅鯊》，頁四六七。

㉜從維熙，《沒有嫁娘的婚禮》，在從維熙，《燃燒的記憶》（北京：群衆出版社，一九八三），頁五三五。

㉝張賢亮，《小說中國》（武漢：長江文藝出版社，一九九九），頁四八—五一。

㉞張賢亮，《小說中國》（武漢：長江文藝出版社，一九九九），頁一二八—一二九。

㉟張賢亮，《華夏西部影視城——我與鎮北堡》（銀川：寧夏人民出版社，二〇〇〇），頁二二三—二二五。

㊱ Perry Link," A Brief Introduction to Chang Hsien-liang, " *Asia Major*, 3rd ser., 4.2(1991):79-82.尤其是頁八一—八二。

㊲見汪應果和趙江濱合著的《無名氏傳奇》，頁三一二—三四〇，尤其是頁三三一。

㊳無名氏，〈《海的懲罰》跋〉，在無名氏，《海的懲罰：下沙鄉集中營實錄》，頁一七三。

㊴譬如，薛梅卿主編的《中國監獄史》（北京：群衆出版社，一九八六），頁二九六—三〇四，即大寫特寫所謂「國民黨特務機關的集中營」。

㊵王若望，《飢餓三部曲》，在王若望，《掩不住的光芒》（北京：人民文學出版社，一九八三），頁七八—二二二。見頁一九〇。

㊶請參見薛梅卿主編，《中國監獄史》，頁二八二—二八七，二九八—三〇三。

㊷王若望，《飢餓三部曲》，在王若望，《掩不住的光芒》（北京：人民文學出版社，一九八三），頁七八—二二二。

㊸〈一個大陸囚徒的意識流——海的懲罰續篇，下沙鄉集中營心靈經驗〉，無名氏，《海的懲罰：下沙鄉集中營實錄》，頁一二〇。

㊹〈一個大陸囚徒的意識流——海的懲罰續篇，下沙鄉集中營心靈經驗〉，頁一二〇。

㊺無名氏，《海的懲罰：下沙鄉集中營實錄》，頁一九、二一、二五。也請參照無名氏，〈一個大陸囚徒的意識流——海的懲罰續篇，下沙鄉集中營心靈經驗〉，頁一一六。

㊻無名氏，《海的懲罰：下沙鄉集中營實錄》，頁二七。

㊼無名氏，《海的懲罰：下沙鄉集中營實錄》，頁二六、三四—三五、四二、五〇。

㊽Jeffrey C. Kinkley, " A Bettelheimian Interpretation of Chang Hsien-liang's Concentration Camp Novels, " *Asia Major* IV. 2(1991):83-113，尤其是頁八七—八九。

㊾Aleksandr I. Solzhenitsyn, The Gulag Archipelago, 1918-1956: An Experiment in Literary Investigation, vol. 2. Trans. Thomas P. Whitney (New York: Harper & Row, 1975)，頁 607。

㊿張賢亮，《我的菩提樹》，頁一一九。

(51)無名氏，《海的懲罰：下沙鄉集中營實錄》，頁三二—三三。

(52)無名氏，《海的懲罰：下沙鄉集中營實錄》，尤其是頁三七—三八、四〇—四五、六〇—六四、八八—九〇。

(53)胡平，《人的馴化、躲避與反叛》（香港：亞洲科學出版社，一九九九）。

(54)二〇〇〇年一月十五日筆者在美國加州大學河濱分校（University of California, Riverside）召開一個討論中國勞改制度的會議：The Chinese Labor Camp: Theory, Actuality, and Fictional Representation，吳弘達（會議發言者之一）在會議上提到他與從維熙的這段對話。另外，從維熙在《走向混沌三部曲》頁四七九也提到他剛寫完《大牆下的紅玉蘭》時，那部小說被某省公安廳勞改局稱爲「顚覆無產階級專政的反黨小說」。幸好這種說法被批倒，否則他又得入獄了。

(55)張賢亮，《靈與肉》，在張賢亮，《張賢亮選集》，卷一，頁一三八—一六五。

㊱張賢亮的小說《綠化樹》和《男人的一半是女人》分別在張賢亮，《張賢亮選集》，卷三，頁一六一—三三八、三九九—六一八。

㊲張賢亮，《土牢情話》，在張賢亮，《張賢亮選集》，卷二，頁三—八九。

㊳張賢亮，〈滿紙荒唐言〉，在張賢亮，《張賢亮選集》，卷一，頁一九〇。

㊴張賢亮，《青春期》（北京：經濟日報出版社，一九九九），頁一一三—一一四，描寫他三十九歲第一次與女人（是他生產組長的妻子）有性接觸，卻沒成功。這段經歷可能被轉化寫成章永璘在《男人的一半是女人》中發現自己「性無能」的初夜。

㊵張賢亮，〈答文學青年問〉，在張賢亮，《寫小說的辯證法》，頁三四。

㊶筆者有一篇尚未發表的文章（英文）即討論張賢亮三部小說中勞改對主角造成的創傷，以及張賢亮如何顯露這些創傷。見 Yenna Wu, "Traumatic 'Remolding' and Its Ethical Implications in Zhang Xianliang's Three Novels," 在筆者與魏綸教授（Philip F. Williams）合編的書稿（論文集）中：*Discipline and Publish: Literary and Social-Scientific Perspectives on the Chinese Laogai Prison Camps*（暫題）。

㊷黃文範，〈中國的索忍尼辛——「古拉格群島」與「紅鯊」比較初探〉，頁四四七—四四九。

㊸無名氏，〈一個大陸囚徒的意識流——海的懲罰續篇，下沙鄉集中營心靈經驗〉，在無名氏，《海的懲罰：下沙鄉集中營實錄》，頁一一五。

㊹無名氏，〈《海的懲罰》跋〉，在無名氏，《海的懲罰：下沙鄉集中營實錄》，頁一七一。

㊐ Bruno Bettelheim, *Surviving and Other Essays* (New York: Alfred A. Knopf, 1979)，頁六五。

㊑ 請參照夏志清教授爲《紅鯊》英譯本所寫的序。C. T. Hsia, "Foreword," in Pu Ning (Wumingshi), *Red in Tooth and Claw: Twenty-six Years in Communist Chinese Prisons*, Tung Chung-hsuan trans. (New York: Grove Press, 1994), xxi.

㊒ 關於危機感，見無名氏，〈自序(一)〉，在無名氏，《紅鯊》，頁八一九。

㊓ 凱視·卡如絲（Cathy Caruth）在她書中以佛洛伊德（Sigmund Freud）對創傷的理論爲基礎來討論創傷和聲音，並認爲哭喊的創傷是「另一個」（the other）的聲音，要求我們傾聽。Cathy Caruth, *Unclaimed Experience: Trauma, Narrative, and History* (Baltimore: Johns Hopkins University Press, 1996)，見頁八一九。

Yenna Wu, Professor of Chinese
Department of Comparative Literature and Foreign Languages
University of California at Riverside
Riverside, CA 92521, U.S.A.
Yenna.wu@ucr.edu

無名氏文學作品研討會紀實

無名氏作品研討會紀實

開幕致詞

朱自力主任致詞：

早安，今天我們在此地舉辦無名氏作品研討會，籌備期間，無名氏先生仍然健在，不幸在十月十一日離開我們，我們紀念無名氏先生，帶著哀悼的心情，請與會來賓起立爲無名氏先生默哀一分鐘。

無名氏先生原名卜乃夫，民國六年出生，北平俄文專科學校畢業，民國二十七年從事文藝創作，以《北極風情畫》、《塔裡的女人》顯名一時，一九八三年定居台灣，曾獲「中山文藝獎」及「國家文藝獎」，作品有詩、散文、小說、古詩一部，可說是多產作家，就在今年的十月十一日過世，關於無名氏的專題，待會，尉老師會爲我們做更深入的介紹。現在，先請康委員爲我們說幾句話。

文化局康卜雄委員致詞：

謝謝所長。今年六月，我們得知無名氏先生患病的消息，便著手籌備今天的研討會，地點則選在這最具代表性的藝文沙龍—徐州路的市長官邸。不幸在十月無名氏先生過世，但這場研討會仍然依計畫舉行。我們邀請各位文壇大師前來，對無名氏先生的文學地位予以肯定，希望今天的研討會能夠非常順利，以下就開始今天的研討會，謝謝。

朱自力主任：

謝謝康委員，龍局長因事沒法兒及時來到會場，待會兒還會蒞臨。接下來是專題演講，由尉教授主講，尉教授是政大的退休教授，但現在還在系上擔任兼任教授，他對卜乃夫先生個人及作品都有深刻的了解，我們現在就請尉老師爲我們做專題演講，題目爲「歷史的鐘聲」。

專題演講

尉天驄老師專題演講：〈歷史的鐘聲〉

我們今天來開這個研討會，相信大家的心情是非常複雜的。無名氏先生在世的時候，對今天的討論會非常在乎，他曾對我說，今天辦這個討論會，不是想因此而出風頭，而是我這一生的生命，就是一個艱苦的奮鬥，尤其一九四九年以後在大陸，那種極權統治之下，我一直維持一個知識分子的風骨，我要把我所看到的寫下來，現在，我年紀大了，我們的社會也改變了，感嘆地說，我的《北極風情畫》、《塔裡的女人》曾經風靡一時，但現在年輕人不看了，他們的愛情觀已經改變了。面對社會的另一個轉變，希望透過這個研討會對無名氏先生的作品提供一些意見，他相信自己還能夠活五年，五年之內，我要把我對世界、對人類的關懷，再寫出作品來。最後一次住進醫院的前一天(十月二日)中午，找我去一起吃飯，當天晚上(即十月三日清晨一時許)就吐血，倒下去沒再回來。所以我們對這研討會實在感慨萬千。其次，我們回顧一下，無名氏先生這一生奮鬥的事情，所寫的作品和我們的時代、生活，我想除了在座幾個年輕朋友以外，都是息息相關。

無名氏是揚州人，生在南京，從前叫做江寧，所以又叫做「卜寧」，他又有個名字叫「卜乃夫」但大部分的作品，都用筆名「無名氏」發表。卜先生是一九一七年，民國六年一月一日出生，今年十月十一日過世，在世八十六年時間，這可是整個中國、整個世界轉變非常大的時期，生長在這樣一個時代，特別到了讀中學以後，面對著中國一個最大的轉變，他的小說裡一直提到一個東西——一九二七年。一九二七年(民國十六年)，是國共分裂的時候，也是中共認為大革命開始的一年。這一年，我們知道從五四前後出生的人，也就是說我的父親這一輩的人，他們面對的是一個苦難的社會，一個苦難的民族，五四以後，受到西方浪漫主義思潮的衝擊，大多有一種狂熱的熱情。這個狂熱的熱情，正好碰到俄國革命的成功，使得當時很多人參加革命，革命的狂熱，有時候也是很盲目的，我們看電視，有人說李登輝參加共產當，有人說這個不必談，那個時代，似乎是一股擋不住的浪潮；尤其第三世界落後的國家。但你參加之後，對這個世界有什麼看法，有什麼感受，我們看到很多作品，如巴金、矛盾，……但我們也看到無名氏先生的作品，從最早的《北極風情畫》、《塔裡的女人》，那麼年輕開始寫這兩本書，曾經有人把這兩本書稱做是「鴛鴦蝴蝶派」，意思就是有些瞧不起，事實上我們看看，這兩本書，有它的價值：在那樣一個封閉的社會，他用他的作品喚醒了人內心愛情的春天、愛情的嚮往。我們都知道，愛情是人類的本能，也是人類的夢理想，它可以上升，成爲一種靈的生活，也可以下降，變成一種肉慾和墮落的生活，無名氏先生告訴我，別人說我是鴛鴦蝴蝶派的作家，但是你看一看，我作品裡面絕沒有引人去墮落，都是追求純潔的東西，他說，我認爲愛情的不純潔，就可以引導一個人的感情受汙染。我的《北極風情畫》、《塔裡的女人》是喚醒大家純潔的愛情的追尋，有純潔的愛情的追尋，我們浪漫的情操才能乾淨。這句話：「浪漫主義，如果不純潔，浪漫主義就變成了汙辱。」

所以我們看無名氏的作品，那個時代有那麼多人閱讀，很多人感動，很多人被他喚醒愛情的欲求，我想，我們每個人都需要，這是人生的開始。除此之外，無名氏先生還思考了革命、戰爭，整個工業文明及很多很多的問題，所以在他早期寫的《一百萬年以前》，開始思索這些現象之所以發生的原因，在他那時候構思我們這個民族、這人類爲什麼會有今天這樣的情況。所以構思一部大小說，叫做《無名書》，這部《無名書》更顯現了無名氏先生奮鬥的艱辛。《無名書》第一部就是《野獸、野獸、野獸》，一再提起一九二七年（民國十六年），那次大革命對中國的影響，我們可以看，在矛盾的追求裡面，對革命的幻滅，有時候是非常非理性的，尤其我們的革命，是受到紅色的蘇聯的影響，大家通常是盲目的，是一廂情願的，我的革命十個人也沒關係，十幾萬個人也沒關係，反正毛澤東說的革命也不是禮讓，所以有很多作家，他明明知道還是追求這條路子。但無名氏在《野獸、野獸、野獸》裡面，開始解構這種反人性、非理性的東西，我們知道，那時候是個紅色的年代，你敢這樣寫嗎，你能夠生存嗎？所以這部書寫出來，我覺得是非常有勇氣、有智慧，別人不敢寫的偉大行爲。

寫完《野獸．野獸．野獸》以後，無名氏感覺到幻滅，所以第二部就寫《海艷》，回到個人的小天地，寫愛情的春天，寫得很好，但是也感覺到人有七情六欲，也有很多迷失的地方，很多黑暗的一面，要怎樣掙扎，讓愛情上升而不至下降，他寫到愛情的思考以後，藉九一八事變背景，主角抗日失敗，回到這裡挫敗，下一部的小說《金色的蛇夜》就出來了，寫大家在上海那一帶的虛無、絕望，怎麼辦？吃喝玩樂。小說裡有一段寫得很好「我們看看我的世界是什麼樣子？只有兩句話可以形容，不是去浮爛，就是去死亡。」那麼絕望，同樣另一批人，他們又不願意去浮爛，又不願意去死亡，怎麼辦呢？透過藝術，他們要追求一個永恒的、有價值的東西，裡邊主要的人物，無名氏先生跟我說，這是以他的一位老朋友林風眠先生做模特兒。透過藝術，但那樣的藝術找不到方向，無名氏寫《金色的蛇夜》寫到上冊，出版，中共已經取得政權，不能出版在一本書告訴我，中共已經到上海了，他爲了怕出問題，把出版的年月日往前推了，所以出了上冊，下冊不能出了，以後就在杭州過著非常艱苦的生活，他坐過監牢，太太被槍托打昏，他看到了社會的非理性，覺得自己這部小說更顯得不同，於是就暗中書寫，把這寫作的時間延長了二十年，然後用複寫紙的襯紙，也用很多方法，艱苦地一部分一部分寄到海外出版，一共五份。

《金色的蛇夜》之後就是《死的巖層》，我們人面對死亡，不只是肉體的死亡，更是精神的死亡，我們墮落是死亡，我們盲目是死亡，透過這個死亡的鬼門關多少次我們才會領悟到，宇宙之間有一個至高無尙的東西——我們要追求的東西和我們不屈服的東西。所以在這個時候，他自然而然地就接觸到了宗教，宗教是屬靈的，世界上是世俗的，世俗的都會有慾望。會有錯誤，他也經過徬徨、經過挫折，這宗教的幻滅，讓他更接觸宗教，他廣泛接觸佛教禪宗，這樣使他的宗教不是世俗的，所以下面，無名式的作品，有一個東西出來了，他說過，在這樣一個時代，生活那麼苦，我還要活下去嗎？靠什麼力量活下去呢？他把自己的境界拉得很高，看待一個短暫的暴力、短暫的非理性，哎，早晚會過去的。人的境界高了，對眼前的迫害不以為然，所以他開始寫《開花在星雲以外》，到這個時候，在大陸的生活之下，人類要重建一個幸福的永恒的世界，人類要怎麼建設呢？於是他寫了最後一部《創世紀大菩提》。他理想的世界，人類互助沒有鬥爭，非常平衡，結果這個小說是個大團圓，而且他在《海艷》裡面，少年的反判、少年的鑽黑洞，少年的虛無，使他把愛情告別了，但是在《創世紀大菩提》又找到愛，兩個人又團聚了。我想這裡面，好像是大團圓，其實不是。不久之前，我們有一部電影，叫「地下社會」，寫的是南斯拉夫毀滅了，最後的結尾我們作夢，南斯拉夫又合起來了，你看了覺得很過癮，可想起來卻是淒涼。

他寫了這六部小說，然後偷渡，整個寫作的時間非常久，這代表什麼？一層層痛苦、一層層的壓迫，都是用生命換來的。恐怕要等到《開花在星雲以外》最好的版本才印出來，原版的錯得一塌糊塗。無名氏先生希望，他這痛苦的經驗，能夠帶給我們的社會一個新的思考，到了台灣，他也寫別得東西，有些是他實際生活的報導。但是就這六大卷《無名書》，我覺得已經是非常地了不起，他誠懇地說話，誠懇地面對現實，他得到的是智慧，他小說中的哲理、格言，都很深刻，不是在賣抽象的東西，而是生命圖象的演化，他說一句話：「痛苦災難，常常是我們最好的養分，經過痛苦你的智慧才會增高。可惜現在的年輕人，只懂得享樂、逃避痛苦。」

無名氏先生年輕的時候，參與了最早的中國文藝運動。林風眠先生、…都是他最早的朋友，所以他本身不但是位浪漫主義著，他的冷靜的思考，使他也是一位現代主義者，我們讀他的作品，既有浪漫主義的熱情，又有現代主義的冷靜思考，因此我覺得他是一位非常重要的作家，我們希望他能多活幾年，可惜他已經過逝了。就這點來說，我們應該懷著感恩的心情，一個作家，用他的生命，用他的辛勞，在社會壓迫下，寫了這麼多書，我們還不應該感恩嗎？但是我們現在的社會只能說，對不起他。

無名氏先生晚年非常苦，他住的房間，簡直就是乞丐住的地方，他却說不算什麼，這幾年，有幾位朋友照顧著他，譬如說，文史哲出版社的彭先生，還有瘦雲王牌先生，宋北超和薛兆庚先生他們照顧無名氏，沒有任何目的。今天的社會風氣之下，簡直是很難找到。無名氏的生活體驗，給了我們很多的警惕、思考和啓發，如果諸位不信，我們回過頭去看看，好多人的作品多麼地虛僞、多麼地奉命文學，他有堅持，所以我們今天開這個研討會，又感傷、又感激、又覺得有很多值得我們學習的地方，今天研讀了他的作品以後，有以上的小小報告，謝謝大家。

朱自力主任：

謝謝尉老師爲我們做的精闢的介紹，我們今天的研討會，…(介紹研討會流程)，那邊還有無名氏先生的書法作品展，歡迎大家參觀。下一場十點二十分開始。

第一場研討會

黃文範先生發表論文

略

唐冀明老師特約討論：

朱院長、黃先生、各位朋友，今天這個討論會，我想是個很特別的討論會，應該說不完全是個學術討論會，它也是個紀念會，我跟無名氏先生，認識也有好幾年，最近這幾年還有一些電話往來，今年暑假，我還剛剛把他的一封信帶到紐約，交給我的老師夏志清先生，後來受無名氏先生跟夏老師所託，寫一篇評論無名氏先生後期短篇小說的文章，今天下午要發表，所以也許藉這個評論的時間，表達我對無名氏先生的哀悼，我的文章剛剛寫完，當天晚上半夜，無名氏先生就過世了，特別令人感到造化弄人，剛才朱院長講無名氏先生爲文很帶感情，尉先生也一樣，我自己來參加這個會也一樣，所以請允許我不做一般性的學術性的評論，事實上，黃先生這篇文章，也用不著這樣的評論，那我來講些題外話：曾經有人說過，歷史是勝利者寫的，的確這樣子，我們看中國歷代的統治，如果哪一個朝代很短，那麼那個朝代一定是被寫得糟糕，如果那個朝代歷時幾百年，無論在一開始的時候多麼殘酷，大概我們在後來的歷史書上讀到的都還可以，說得過去幸虧有些歷史學家秉筆直書，才讓我們在貞觀之治的後面，看到玄武門之變，在明朝後來，知道有個朱元璋有過那樣殘酷的統治，我們知道胡惟庸一案，受到誅連的就達三萬多人。假如沒有歷史學家秉筆直書，我們哪裡會知道這些事情，恐怕早就忘記了。

中共在大陸的歷史，我們也應當如是觀，幾年前我曾寫過一篇文章，鄧小平這個人，從某個角度來說，的確是毛澤東的背判者，毛澤東是個走資派，這點沒有看錯，但從另一個角度來看，他其實是毛的大功臣，如果沒有鄧小平，乃至後來的江澤民，也許不久的胡錦濤，把毛的那些瘋狂的、殘酷的、革命的血跡慢慢地洗刷乾淨，那麼中共在中國的歷史上留下來的東西恐怕是不堪入目。幸虧有這批人把政權和平地逐漸地從馬上轉變到馬下，也許現在還可以維持一個很長的時間，也許我們在歷史上可以看到一個較好的數字。所以說鄧小平、江澤民是毛的大功臣，實不爲過。

可是我覺得，中共將來的發展如何，我們無法預測。我們看過中共現在好像正在鼓舞、正在由一個殘酷革命的政黨，慢慢轉向一個至少一個比較穩定的黨，有沒有可能以後轉向一個比較民主的黨，也是有可能，中共的政權會不會由一個極端威權的政權，轉向一個比較理性的政權，完全也是有可能的，甚至我們在座的人，都樂見這種轉變。因爲我們並不希望，我們這國家被搞得一塌糊塗，但是我必須說，即使中共將來走向比較理性，比較有法律、比較平和、比較不錯的局面，我們怎麼都不應該忘記中共早年那種殘酷。毛澤東在大陸所做的種種、有些可以說是慘絕人環的殘酷統治，我們是不應該忘記，我們是應該有些歷史學家，有些文學家秉筆直書，把這些記錄下來，讓後世人知道，讓後世人引以爲鑑。

我自己就是從大陸來的，這一點恐怕跟在座的很多朋友不一樣，我知道很人來自大陸，但是你們是很年輕的時候，不過是十幾年前才從大陸來，我自己親身經歷過中共的種種統治，我對大陸社會，有相當深刻的理解，到國外看到很多作品，對大陸的理解都不夠正確，不是太過，就是不及，有些東西，我們讀起來會覺得很奇怪，比方說，《古拉格群島》、《紅鯊》，……我們在局外的人，沒有經過中共統治的人，是否能夠真正理解那裡所發生的種種情景？我是很懷疑。我們常常會懷疑，真的會這樣嗎？真的這麼殘酷嗎？不要說大家，連我這個從中共社會走過來的人，有時候也會懷疑，我看過中共很殘酷的現象，但是你不會每天每時看到，那個社會還是人的社會，還是要過的，人和人之間也還是有溫情、有友誼、有愛情的，在不發瘋、不革命的時候，當然也還是個社會，但是我們看不到、我們沒看到的那些東西，終究也還是存在，我以前，……

戈正銘老師發表論文：〈巍巍隱天，俯觀雲霓〉

略

唐翼明老師特約討論：

各位教授、各位前輩，我現在不是名作家，可是我在文學的社團工作了二十六年，我個人接到的電話邀請，說關於無名氏宗教的問題，他希望有神父予以回應，既然是一個關於信仰宗教的問題，我就想到早上尉教授的演講，無名氏小說的發展，是從文學從愛情而到政治而到哲學宗教的過程，在《花開在星雲以外》、《創世紀大菩提》裡面提到了大量關於宗教的問題，可能在台灣的小說家、專家、評論家，不一定了解宗教和無名氏作品特定的關係，特別是天主教，所以我想從這個角度回應一下戈教授這篇非常了不得的文章，比較巧合的地方，戈教授早點離開上海，我是一九五七年出來，他大概大我三到四歲，很高興我們同鄉，你是唸科學、我是唸哲學，看到這篇文章，心裡充滿佩服，唸科學的人會寫這麼好的文字，是了不得的一件事，對無名氏深刻的感受與價值觀，有欽佩有感動，本沒有什麼資格去評論，就是贊賞。

下面我覺得要討論一下他的問題，無名氏究竟有沒有信仰，究竟傾向哪一種信仰？我們看到無名氏前半段講天主教，很半段講佛教，到《創世紀大菩提》，聖經的一本書叫《創世紀》，大菩提是佛教的名稱，所以在他後期的思想，都是宗教的觀念，是很強烈地進到他的文學境界。

我在聯合報副刊看《死的巖層》的時候，一直看到他對天主教的描寫是那麼地正確，非常精要，這是在中國文學裡從來沒有見過的，用那麼多的篇幅討論天主教的內涵，於是我開始有了興趣，最後他從天主教跳到佛教，後來到台灣以後我問他，他小說裡面是怎麼回事，他說對天主教滿難過的，我有些遺憾，但也沒什麼了不得，因為天主教也的確有這些事情，也不能說是冤枉的，趁這個機會跟大家說明一下也是滿好的，知道他內心深處，對天主教的基本信仰還是何持滿深。

無名氏他在西安的時候認識了很多神父，也考慮過要信天主教，但因為種種因素沒有信，在他病床上，我去看到，我在他聽邊講了一些話，我說，天主非常愛你，給你那麼好的文字功力，寫那麼多書，現在你在病中，就把自己完全交還給主，你的成果也交還給祂，祂是如此愛你，你像小孩一樣依賴著他，因為他想，時間不久，跟他講話，給他力量，不是教他放棄佛教、放棄儒教，這些都可以保存在天主的愛裡。他有臨死的智慧，並沒有把宗教看成假設或者分身，我相信在他內心深處，他對天主有本尊的信仰，但沒有進得很深，我相信他有信仰，只是沒有很成熟、差不多成熟。

第三位尉天驄老師發表論文：〈探求·反思·自由〉

略

李瑞騰老師特約討論：

(仿效尉教授站著講)其實心情是非常複雜的，我對於文史哲、對政大中文系、對文化局辦這個研討會，覺得非常地感動，當整個台灣、文學界對於文學的討論，在文學逐漸式微的場域，無名氏即將被遺忘，即將被推擠到邊緣地帶，我們有這樣的研討會，重新喚起記憶，我覺得研討會本身的價值、意義，不因時間、空間或台灣現在的處境、文學的氣候而有所改變，現在回過頭重新拿出那麼多無名氏的作品出來閱讀，我有這個機會，閱讀尉教授的論文，喚起不少記憶。其實沒感傷的，無名氏先生在一九八三年的三月二十二日來到台灣，我大概有差不多十年的時間和他非常親密，但逐漸疏遠，很少有學術上的討論。我早上出門的時候，我找到自立晚報在民國七十二年三月二十三日無名氏來到台灣整版的報導，這表示我一直沒有忘記，從他在大陸到香港、到台灣，我寫了幾篇論文，討論他的詩鈔，今天重新閱讀無名氏作品，想到和無名氏的關係，想到無名氏在台灣的處境，這二十年來，我們看到這些記實的作品、回憶的報導，還有很多散文，可無名氏的小說就在台灣結束掉，是不是很可惜的事？他南來北往到處演講，浪費他很多時間，他改寫一些精小的東西，和無名書對比，很讓人感嘆。

尉先生這篇文章，好像後面還沒寫完。我替他感到很高興，之前尉先生身體不好，精神很不夠，這次我讀他的文章，整個氣勢，從頭到尾，好像回到從前六十、七十年代的那種感覺，那種感動，一方面想到無名氏，一方面也想到尉先生在這個時候討論這些東西，那種生命的力量充分展現。這是我讀這篇文章的感覺，我想現在的年輕朋友，好像不習慣討論的文章，我們看到他引文，也不願意給我們注解一下，順手拈來都是資料，這方面是否請尉先生爲了年輕人，以及本身資料的還原，是否注解一下，這年輕人可以看下去，或知道這筆資料從那裡來，似乎更好。

此外尉先生從無名書的第一卷到第六卷下結論，到了第五卷、第六卷的地方，最好分成兩節處理，否則跳得太快，尤其無名氏先生向上提升的地方，非常重要，結論的部分整體的看法，再和前面呼應一下。

尉先生把無名氏和三十年代的作家和在一起討論，這種處理方式，讓論文好像成了知識分子人生全方位的討論，知識分子處在歷史的大洪流、時代的大變動裡面，他的處境如何，他怎樣自我選擇他的人生，我想這個問題，通過無名書的討論，也加上當代文學歷史的理解，我覺得是論文最珍貴的地方。

但黃…的這筆資料，尉先生提到黃……英年早逝，來不及看無名書有些問題。黃……先生到今年才過世，所以他一定看過，可能他文章寫得比較早，並不是因爲他英年早逝，他是香港中文大學非常重要的一個學者。最後將這個部分提出給尉教授參考。

龍應台局長：

今天在座有特別多文學界的長輩及朋友們，今天，我只是想把今天研討會幕後的一些故事跟大家報告。我跟無名氏，如果要談文談歷史，應該說是有「過節」的。一九八三年八月，我從美國回到台灣來，對於過去多少年，台灣發生的事情，一無所知，回來之後，就不知天高地厚地開始寫文學批評在《新書月刊》發表，第一篇批評白先勇的《孽子》，寫得非常不客氣，我也沒想到就像炸彈一樣，一拋出來就引起強烈的反擊。後來接下來的一篇，很早就批評到無名氏的《北極風情畫》、《塔裡的女人》，也是非常尖銳的批評，我批評的文章出來之後，反應很大，朋友告訴我說，你怎麼可以這樣寫無名氏，他才剛剛回來，而且是像英雄一樣盛大地被歡迎回來，我說我不知道，他是什麼時候回來的，什麼狀況回來的，社會是用什麼樣的方式迎接他的，我一無所知，但我批評已經寫了，回應他說，這我不管，反正文學歸文學、政治歸政治。

從無名氏那邊，出來一篇二萬字的大批評，其中我印象最深刻的是，他反擊我龍應臺不懂得欣賞《北極風情畫》、《塔裡的女人》，一定是這個女人性冷感，我印象非常深刻，被掛上性冷感三個字，我想無名氏先生真是有非常特殊的見解。所以若說文壇上有什麼過節，就是那時候結下的樑子，但是沒有結，因爲我沒做任何回應。

一晃十幾年，物換星移，有一天，寫《野火集》寫文學批評的人，竟然滲透到政府裡去做文化官，在今年的五六月之間，我接到政治大學的來信，說無名氏老境蒼涼，雖然知道龍局長和無名氏有文壇過節，不知到能不能請我過去關心一下，我接到信後，立即處理兩件事，第一請同仁馬上去了解無名氏先生實際的經濟狀況，第二請同仁馬上去了解社會資源方面有沒有可以實際支援的部分，第三件事情，我馬上親自去看他，所以在六月間，我親自去看無名氏先生，看了之後，我心理非常緊張，因爲他現在年紀很大，身體不好，我緊張的是，我們這個健忘的社會，這個價值隨時在翻轉的社會，我一定要在無名氏先生過去之前，幫助他出書，而且要有一個無名氏作品的研討會，所以探望他之後，馬上交待這件事情，動用我有權力能夠自己運用的這筆錢，支持他出版，支持他開研討會，我自己知道有點跟時間賽跑，但是在我做這事的時候，我身邊的幕僚提醒我，局長，你是外省人，無名氏是外省作家，你這樣做會不會又被攻擊爲政治不正確？我們在這政治的範圍，總是這種政治地雷到處都是，我沉思了一下，我想我當年批判無名氏的時候，我並沒有在意他是在政治正確的環境下，但是在二十年後要去紀念他、或是研究他，變成一種政治不正確的事情，我也同樣不在乎。該做的事情還是該做的。

我當時想到，我們做爲文學家的悲劇在於，這個社會對於你的肯定與否定、榮與辱，是不是太過度地受政治來界定，而不是文學本身價值來界定。他當初的榮、他後來的辱又是不是一個文學標準？我想，台北要進步、文學界要進步，可能是要有像諸位先生今天來開研討會，要把當年的榮和今年的辱，把政治的元素清楚地挑出來、丟出去，讓文學回歸文學，再重新看無名氏從三十年代一路走到今天，他當初的《北極風情畫》、《塔裡的女人》到今天的《無名書》，也許大浪淘盡了政治的因素之後，真正的文學的因子會很乾淨地出現，這個時候我們再來重新認識無名氏，時間也就合適了，所以今天的研討會，我要感謝周玉山教授的那封信，要感謝文史哲的彭先生，接受文化局的贊助，執行這件事，更感謝現場前來關心這歷史上曾經重要，而將來是不是重要，還有待我們去認定、去認識的作品，我心裡緊張的是說，是不是在我們台北的角落裡，是不是還有別的老作家，有同樣的處境，等著我們用乾淨的眼睛、清明的心靈去重新找尋他、認識他，給他應得的尊敬，到最後，我只是把這個研討會幕後的故事說來和大家分享。我的話說完了，感謝大家。

綜合討論

第一，他是俄文學校畢業，是否翻譯過俄文的書？對俄文有沒有了解，思想上是否有何關聯？

第二，他的思想過程，他是佛教、天主教都有，而方才說他到台灣來沒什麼工作，忙於演講。他的思想過程是怎麼樣？

第三，方才說他小說不重情節，不知各位同意嗎？我是不同意。

政大中文系 李佩蓉整理 九一、十二、八

第一場研討會來賓發言

李瑞騰老師：

我在想，研究無名氏，目前爲止做得比較好的，有區展才，他在香港著有學位論文《無名書研究》。一九八〇年代，我在編《文訊》時，無名氏曾把這本書影印給我，寫得很精采，但我一直沒看到它正式出版。

剛剛龍應台局長特別提到，她當年評論《北極風情畫》，引來無名氏兩萬字文章回應。如果我沒記錯，那應該是區展才寫的，並非無名氏親手所爲。但無名氏的確非常憤怒，尤其當時，我和他有所聯繫，更可以感受他的不悅。沒想到，當時他氣憤的對象，最後替他辦這個研討會。

關於無名氏，現在找得到的幾本書，包括李肇星印的《無名氏的生死下落》，遠景出版社的《無名氏研究》，還有《無名氏卷》。彭正雄先生除了印無名氏的書以外，這個研討會的成果也將結集，而區展才的研究若能付梓，無名氏著作的歷史價值可能會更好。

此外，陸陸續續相關的討論，還有近幾年，大陸慢慢接受無名氏，所出現的評議文章，應可集成《無名氏資料彙編》，如此一來，研究者才有充份的文獻可供參考。

彭正雄先生：

蔣總統　經國先生邀請無名氏來台灣，那時，我們的國際情勢已經動搖，早在民國三十八年自大陸來臺軍民一直很想念大陸親人，爲了安撫民心、鼓勵軍心，政府請他對國軍演講上一千場、寫愛民文章等。因此，他實在無法靜下心來寫書。不過，他還是重讀《無名書》並重新修訂，我認爲這也是一種創作。其實民國七十六年五月已完成了《塔底的女人》(《塔裡的女人》續集)的小說,至今尚未出版。

無名氏晚年,我才認識他、出他的書。我知道,他對《無名書》最後兩種修正定本的《野獸.野獸.野獸》、《開花在星雲以外》付梓多麼掛心,而我總算在這場研討會前,把它們趕印出來,完成了他的遺願。

猶記他在生前,怕我不願出版《野獸.野獸.野獸》,還特地說明他如何修改、問我有沒有時間寄給他校對,並催我出版。他很用心,台灣小說作家的作品,寫成再修正改版的定本出版,我想,只有無名氏做到。

他晚年經濟拮拘,我們五位陪伴他度過:其中宋北超上校,從無名氏一九八三年來台,就一直照顧他,是最久的一位;薛兆庚將軍也一樣;之後,徐世澤院長和我,近五、六年才認識、才來照顧他;另外,瘦雲王牌先生在他來台時,就已有所接觸與關心。

卜老發病前的六小時,寫下令人驕傲的句子:「五四以來,碩果僅存的作家有兩位:中國的巴金,與台灣的無名氏」。從這句話,可以想見他在八五高齡,還繼續創作。

第二場研討會

羅鵬老師發表論文:〈眼睛凝視眼睛——重看無名氏的《無名書》〉

我在考慮如何紀念無名氏先生時，就想起他在九十年代初寫的一些關於剛去世的老朋友林風眠的文章。在第一篇「豹龍大師」中，無名氏簡要地提出了文革時期林風眠如何把自己的幾百幅畫都燒掉了。當時讀者對這件事情特別有興趣，他於是又寫了另外一篇「焚畫」，以便更詳細地描寫當時的情景，並且在文章的結果把朋友林風眠和自己的背景比較了一下：「他藝術上的喜劇原動力，卻是他生活悲劇的裝作者。在這方面我和他截然不同。所以在文革時間保存了無名書一百八十萬字原稿，使我畢生心血之作毫髮未傷害。」我認爲無名氏的這種比較非常有意思。眾所周知，無名氏文革時期如何辛辛苦苦保留了《無名書》的原稿，一直到七〇年代底終於有機會將它出版。對我來說，更有趣的是甚至四十年後的二〇〇一年，無名氏仍然關心其《無名書》的出版情況，並且努力要做出一套完美無缺的版本。

我第一次認識無名氏先生是在他二〇〇〇年秋天去紐約的時候。當他得知我對他的作品非常感興趣，並且已經閱讀了全套《無名書》，他就特別想知道我讀過的是哪一個版本。當他發現原來是他自己八〇年代親自送給夏志清教授的一套（夏先生後來把它轉贈給哥倫比亞大學圖書館），他就強調那個版本有好幾百個錯誤，說要送給我一個修訂本。而我最後一次跟他通話，就是在今年九月份，他打電話給我討論本研討會的時候，他那個時候還在強調這個修訂好的版本。

無名氏本來是一九六〇年左右把他的《無名書》的最後一卷寫完了。現在已經過去了四十多年，可是他一直到最後都非常重視出版這個修訂本。我認爲這是一個非常有意思的問題，而且讓我想起另外一位中文作家：香港的武俠小說大師金庸。我這樣比較無名氏和金庸也許會看上去有些奇怪。金庸無疑是現代世界被閱讀得最多的一位中文作家，而無名氏則剛好相反，是被一般讀者（甚至包括許多文學評論家）最可能忽略的作家之一。不過我認爲無名氏和金庸其實有兩個值得注意的相似之處。首先，他們都花了十五年左右的時間寫他們最重要的文學作品（《無名書》是在一九四六到一九六〇年之間寫的，而金庸的所有的小說都是一九五五到一九七〇年之間寫的），而且後來也花了好幾年把原來的作品修改完成。其次，兩位作家最近都開始非常關心他們在中國文學史上的位置。我第一次認識金庸，是在一個由他自己組織的研討會，題目是「金庸與現代中國文學」，很明顯是希望別人將自己的作品看成是「經典文學」。類似的，我們今天這個會議也是一個很好的機會來重新考慮無名氏在現代中國文學史上的位置。

我個人認爲「經典文學」這種概念比較模糊，不過我個人對將無名氏作品「經典化」也做了一些貢獻。我的博士論文中有一章關於無名氏，而且最近也給馬上要出版的英文《現代中文小說家：一九〇〇—一九四九》的文學辭典寫了一篇二十多頁的文章介紹他和他的作品（據我所知，這是英語世界中第一篇對無名氏較爲全面的介紹）。因此，我非常贊成這個研討會所倡導的對無名氏的新的關注，唯一遺憾的是他不能來參加。所以，我今天的目的一方面是想紀念無名氏先生本人，另一邊是重新思考他的作品在現代文學史的位置。

我今天紀念無名氏還是以他十年以前紀念朋友林風眠作爲出發點。其實無名氏早在一九四七年就寫了一篇關於林風眠的繪畫的文章，而且兩個藝術家都嘗試過把傳統中國文化和現代西方文化聯繫起來。無名氏甚至採用林氏作爲一九四九年首次出版的《無名書》第三卷《金色的蛇夜》中的主要人物現代畫家藺素子的原形，而無名氏的傳記作者汪應果與趙江濱建議藺素子可以看成是印蒂（即無名氏自己）「在藝術領域的化身」。因此，我們可以從對小說中的藺素子（即林風眠）的關注來進一步地了解主人公印蒂，甚至無名氏自己。

我是對《無名書》中的「視覺」感興趣。無名氏用「視覺」，一方面分析我們與外界形象的關係，另一方面，了解人人如何交流。我要舉個例子。《抒情煙雲》的論文〈胴體凝思〉中，無名氏指出視覺上的赤裸裸的刺激與高級思想兩方面之間的區別：

> 人的肉體或許只是一符號。這符號在顯影定影後的柯達軟片上，是一片黑影，在曬映後的布紋紙上，是一簇光與暗，線與方圓的渲染；在東方水墨畫上，主要是表現真草隸篆幾種書法線條的意趣，加上橫、著色與烘染的技巧等等；在米開朗

基羅是一尊石像；在主體派畫家，有時則是一堆積木，一隻提琴，或其他種種器具的形象；在達達派眼裡，則是一些沙粒、黑點或其他種種圖案。

這一段懷疑的是人體的「真實」與具體形象符號能否完全分開。可是，後來的描寫卻在懷疑形象本身在生理學和知識論中的的地位：

生命凝視生命。臉凝視臉。眼睛凝視眼睛。此眼怎麼會流入彼眼？眼怎麼會走入眼？眼怎麼會爬入頭髮、皮膚、頸椎、汗毛、纖維？它怎麼會辨出：這是此眼，那是彼眼？它們相互死死糾纏時，眼睛怎麼知道，那是眼睛？水晶體怎麼知道，那是水晶體？光如何知光？色如何知色？這個瞳孔裡，怎麼形成一副臉的圓，一張嘴的菱形，一條眉毛的直線？一副鼻子的凸突形？是生命最秘密或最神秘的內在空間、先有一個圓，一方菱形，一條直線？

法國心理學家拉崗，在他的著名論文〈鏡像階段〉中，強調兒童時代的「自我」，是怎樣通過辨認自己的影像才可以從分散的精神狀態集中於一個較凝聚性的（想像上的）「自我」。而在這裡剛好相反，無名氏是從鏡像階段的自我認識，然後通過把該自我形象分離成各個生理上成分，結果把自然性的視覺完全陌生化：「水晶體怎麼知道，那是水晶體？……」。同時，這一段也把形象本身分成各個幾何學的元件：「先有一個圓，一方菱形，一條直線……」。

我這裡將以無名氏這種「眼睛凝視眼睛」作爲一種紀念他以及重新思考他在文學史上的意義的出發點。今天早晨，許多學者提及無名氏時，也提到巴金、茅盾、魯迅……一些經典的文學作家，但我個人認爲，我們既然「重看」無名氏，不僅要問自己「《無名書》是否爲經典文學」，而且要把我們理解的經典文學陌生化，思考「經典文學到底是什麼」。

唐翼明老師發表論文：〈論無名氏後期短篇小說的藝術得失〉

我今天開這個會，心裡充滿了感慨。本來，我們期待無名氏先生親臨會場，同大家賞讀他自己的作品，然而如今，他已遠離我們而去。我寫這篇論文時，不知是否有點預感，一開頭就感嘆命運：古今的文人，有逢時，也有背時的。作爲一個小說家，無名氏可說有時走運，有時倒楣。二十六、七歲，就以兩部小說風靡文壇，四十出頭就把兩百六十萬字的《無名書》寫完，哪個小說家有這般才氣和幸運？但無名氏在中共統治之下，完全沒有自己的舞臺，幾十年，一個字也不能發表，這又是不幸。往後來台，受到英雄式的歡迎，又何其幸運？可是到晚年，又變得這樣淒慘，尉天驄先生告訴我，無名氏家裡簡直窮得像乞丐。

我在文章裡還寫道：「無論如何，在《無名書》六卷修正定本終於出齊的今天，由文史哲出版社、政大中文系和文化局主辦，來舉行無名氏創作學術研討會，卜老以八十五歲的高齡還能親身與會，與大家一起討論自己的作品，親自欣賞自己擲出的石片在人間泛起的漣漪，到底是一件值得慶幸的功德圓滿的事，更值得卜老與我們大家都浮一大白。」沒有料到，卜老這麼快，在我寫完論文兩小時以後，就走了。所以我在文末附記：「……哪料得到此話竟說得太早，命運之弄人如此，實堪浩嘆！」

本來，對於一位謝世的著名文學家，我們應該多致一些敬意，所以我特別重讀全文，因爲題目是論他的得「失」，我深怕有所不敬。但後來，我仍決定一字不改；以學術的真誠，奉獻於卜老靈前，更有意思。

以下，我概述對於無名氏後期短篇小說的看法。無名氏真正的巨著，是《無名書》，我感覺將來是會有文學上的地位，確實是經典著作。另外兩本早期的中篇小說，《北極風情畫》與《塔裡的女人》，雖然他自認爲「少年試作」，但曾經風靡文壇，也會留下名字。我覺得卜老的短篇小說，早期的有十幾篇，晚期則集中在《花與化石》、《一根鉛絲火鉤》兩本書。我感覺，無名氏長於長篇，短篇就不是他的擅場。後期短篇小說，十三篇裡面，在我看來，應該只有兩三篇比較成功。我最欣賞的是〈契闊〉，其他如〈一根鉛絲火鉤〉、〈幽靈碎片〉、〈甲魚〉都算不錯。

〈契闊〉這篇，我以爲是無名氏後期短篇小說裡，最成功、藝術成就最高的。內容非常簡單：兩個好朋友——殷與唐，十年不見了，殷住杭州，唐住南昌，這次唐路過杭州，信告來訪，殷高興得不得了，特地起個大早，到街上買了筍子，準備叫太太陳炒個唐最喜歡吃的油爆筍來款待唐。沒想到二人見面後卻幾乎演了一場啞劇。先是唐發現殷室內的陳設「氣味」不對，於是戒備起來，接著是殷發現唐的戒備也戒備起來，於是各自揣想，互相猜疑，使一場老友重逢、互敘契闊的戲完全變了調，走了樣。鄰居的指桑罵槐，戶籍警的突然到訪進一步加深了唐的疑懼，終於使他下定決心，立刻告辭，小陳已備好的午飯他都沒吃。

〈契闊〉的好處在於摘取生活中一個極平常的鏡頭，以極平常的語言，不感傷，不煽情，不叫罵，不批判，卻一步步營造出一種極怪異、極恐怖的氣氛，讓人一讀即難忘懷，對大陸文革中人性之扭曲，人際關係的緊張、猜疑竟會到達如此荒謬的程度，始則驚訝，繼則悲憫，終則不得不掩卷沉思：孰令致之？

這篇小說，我不知道台灣讀者能否體會，不過，在我這樣經歷過文革的人來看，非常含蓄、成功，也令人震動。毛澤東開啓潘朵拉的盒子之後，你會發現，人性所有的惡都跑出來，在十年中展現無遺：人與人之間的猜疑、防範，爲了自保不惜害人，人把自己變成野獸，變得不通人情……這種情形，沒有文革經驗的人很難想像。

我自己在文革中，就是被朋友出賣的。我跟這朋友組一個詩社，我後來被打成反革命，就是因爲這詩社被打成反革命集團，而這卻是因爲，我的朋友向共產黨匯報。後來大家都放出來了，都去造反，我又成了武漢市中學教師造反派的頭頭。三年之後，清理階級隊伍，我又變成混入造反派隊伍中的階級一級份子，第二次打入「反革命」。可是我這位朋友，第二次又出賣我！有一次我們約定暗號：「如果小窗簾拉下來，就表示不便會面，你不要進來。」這個約定，只有我們兩人知道，可是，第二次開我的批判會時，就被人揭發出來，說我還在底下搞特務活動！搞階級活動！我由此知道人心多麼險惡。

我讀高行健《一個人的聖經》，也有這種感觸，很多地方讀了非常感慨，有時還流淚，但在台灣幾人能懂，我是有點懷疑。

其他〈幽靈碎片〉也寫得不錯，〈甲魚〉是諷刺小品，〈一根鉛絲火鉤〉可作寓言讀。其餘篇章，有不少粗疏的地方，我都非常坦白地指出。我想以這種對學術、對藝術的坦白，表達我對卜老的尊敬和紀念。

張堂錡老師特約討論：

作爲一位自四〇年代起即飲譽文壇的作家，無名氏在現代文學史上無疑的已擁有其一席之地。雖然歷來論者都指出其作品中存在著不少缺失，但大致都能同意他對現代文學有著獨特的貢獻。汪應果、趙江濱發表於《中國現代文學研究叢刊》（一九九八年第一期）的〈無名氏對中國現代文學的貢獻〉一文可爲代表，他們認爲無名氏對中國文學的貢獻主要體現在以下三個方面：第一、他是二十世紀中國文學史上少數具有深刻思想的作家之一，他的創作爲中華文化的發展提供了寶貴的思想財富；第二、他爲中國現代文學提供了一部人類心靈探索的史詩性作品，塑造了一個浮士德式的人物——印蒂，從而不僅爲中國現代文學，也爲整部中國文學史，提供了一個嶄新的主題和人物形象；第三、無名氏是中國現代派文學的中堅，也是在這方面取得最大成就的作家之一。暫且不論這樣的評價是否允當，他們對無名氏作品評價的依據主要是早期的成名作《塔裏的女人》和《北極風情畫》，以及凝聚十年心血完成的六部、260 萬字的《無名書》，也就是他在長篇小說方面的成就。至於他的短篇小說，則除了零星幾篇短評，似乎長期以來並未受到重視，這只要看看《文訊》雜誌企畫的《懷念無名氏先生特輯》中整理的〈無名氏作品評論目錄初稿〉即可明白。

爲什麼會有這個現象？原因可能有二：一是數量太少，因此在長篇小說的光芒掩蓋下容易被忽略；二是在藝術表現上並沒有突出之處，尤其部分作品純係報導，具有現實意義、社會價值，但在文學審美意義上較不足。不過，無論如何，在拼湊「無名氏」的文學形象上，缺了短篇小說的討論終究是一種遺憾，一如他在長篇小說之外，還有報導文學、詩、演講集、散文等不同文類的嘗試。惟有全面的觀察才算是充分掌握無名氏的整體文學表現，因此，唐翼明教授的這篇論文〈論無名氏後期短篇小說的藝術得失〉也就填補了這一空白，相信對研究無名氏文學會有一定的參考價值。

唐文討論的是收於《花與化石》、《一根鉛絲火鉤》二書中的十三篇作品，其實在一九九一年由黎明文化公司出版的短篇小說集《蠱甕》中還有兩篇：一是〈奇展記〉，寫文革期間在浙江兩大造反派武鬥後，輸的一方爲控訴對方的暴行，在武鬥現場舉辦了一個奇特的展覽會，「我」隨著人潮去參觀，忠實地報導了所見所聞，也提出了自己的疑惑，這篇小說和〈上橋〉，無名氏稱之爲「報導文學」；另一篇是近四萬字的中篇〈蠱甕〉，無名氏說是「散文體小說」，是「紀實文學性質的小說」，描寫作者被關在杭州小車橋監獄一年多的生活經歷，以及被釋放後鄰居對他的冷漠、排斥甚至辱罵、批鬥，使他不得不浩歎：毛澤東是「我們遇到有史以來最神秘的巫師兼養蠱者兼最毒蠱」，因爲「他把大陸改造成一口其大無邊的蠱甕，又把各省市縣鄉鎮村造成數不清的大大小小蠱甕」，讓千萬人互相廝殺，「蠱甕內，仇恨永不會停，中國人民的血腥苦難也不會停止」。小說中描寫因長期饑餓，返家後面對飯桌的複雜感受，以及連吃十六碗飯、三碗菜的滿足與辛酸，令人印象深刻，這一段就用了近二千字，各種比喻、聯想，堪稱是絕妙的「饑餓文學」。以小說筆法處理真實素材，一直是無名氏小說的特色，他就提過：「這種風格，也是我一貫提倡的。」可以說，他是有意打破傳統的小說敘事模式，創造出一種融合哲理、詩、散文、報導爲一體的新的藝術表現形式，因此，有些論者以「散文詩小說」來概括無名氏小說的審美藝術表現，這個名詞很有趣，散文、詩、小說都有，生動地勾勒出他的小說文體特色。

這種淡化情節，運用多種抒情手段，且在語言上極盡鋪陳、激情描寫、大發議論、情意飽滿、比喻新穎、跨越文類的強烈個人色彩，自是無名氏文學的特色，甚至可稱爲「無名氏體」，但這也帶來了一些困擾，例如繼〈契闊〉被選入《七十一年短篇小說選》（周寧編，爾雅出版社，一九八三）後，無名氏的另一篇小說〈記聖誕紅〉也被選入《七十二年短篇小說選》（李喬編，一九八四），李喬認定它是小說，「以第一人稱，敘述主人公自己的體驗或命運的形式的小說」，也就是「私小說」。至於作者自己則在注解中說：「這是一篇散文，但我卻把它當作小說」，「自然，形式全不像一般小說。但我一貫主張：有時候，散文體裁也可以代替傳統小說風格，不妨稱之爲散文體小說。過去，我既在寫散文詩體的小說，和哲學詩體的小說，那麼，這篇散文体的小說，也算聊備一格吧！」李喬認爲如果把較散文化的〈記聖誕紅〉題目改爲〈花之恐怖〉可能更爲妥切，無名氏果然在以後重出的小說集中改題爲〈花的恐怖〉。這篇小說其實在刻畫不死的人心人性層面上有不錯的表現，但也許較不「像」小說，因此在唐文中就只能聊備一格，而不如〈契闊〉地受到重視。當然，我完全同意唐文將〈契闊〉視爲「無名氏後期短篇小說中最好的一篇」，因爲這篇不僅最「像」小說，而且也真的在藝術成就上最爲突出，但〈花的恐怖〉若因其文體的模糊就被忽視，恐怕也不是很妥當。

唐文中提到《無名書》在一九四〇至一九六〇年代，或許還不失新穎與前衛，但在舊世紀末新世紀初的今天，也不免成了明日黃花，命運對作家的殘酷再一次在無名氏身上上演。這樣的感慨是很深沉的。無名氏在八〇年代初期寫的一篇文章〈魔術的時刻——兼答讀者問〉中曾自述道：「一個作家的生命，主要是活在他的作品中。有生之年，只要我還有一口呼吸，我將盡最大努力，絕不放下筆」，綜觀他堅持寫作六十餘年、至死方休的不懈歷程，他確實已塑造了一種可貴的文人典型。他這一生歷盡煎熬，牢獄之災，政治壓迫，情路坎坷，健康折磨，在中共體制下竟能奇蹟似的以寫作來對抗種種不人道的待遇；來台後在「不容青史盡成灰」的使命感驅策下，他成了旗幟鮮明的「反共作家」，備受禮遇，但他仍不免有寂寞之感。在一九九〇出版的散文集《淡水魚冥思》中，他有一段話很能說明這種難言的心境：

> 作爲社會人，我生長在長江邊，又在西湖山光水色渲染過的空間消磨過三十七年，我可算是一尾淡水魚。但來到台灣後，在社會上卻遇到不少鹹水魚。我忙著調味鹹淡適中，苦矣哉！

晚年的無名氏，面對文學商品化的浪潮，作品不易出版，但仍堅持寫作。經濟壓力的煎熬，文學環境的冷落，似乎都沒有擊倒他。煎熬與堅持是一體之兩面，沒有堅持，也許就不必受那麼多煎熬；沒有煎熬，又顯不出在困境中堅持的可貴。無名氏一生的煎熬與堅持，成就了他的文學事業，但也爲文人的命運多舛寫下了不無遺憾的一頁。

吳燕娜老師發表論文：〈創傷的聲音：評析無名氏的「大牆文學」著作〉（由朱文艾代宣讀）

「大牆文學」指的是以監獄和勞改隊或勞改農場爲故事背景，並以囚犯和勞改犯爲主要人物的文學。這個詞的來源，是大陸作家從維熙一九七八年寫成的中篇小說《大牆下的紅玉蘭》。大陸名作家王蒙某次開會時，戲稱從維熙爲「大牆文學之父」，又稱張賢亮爲「大牆文學之叔」。從維熙和張賢亮都曾因勞教、勞改而在不同形式的監獄中，待過二十年上下，也都寫了不少以監獄、勞改爲背景的小說，的確是大牆文學中重量級的作家。但如果我們把這兩位作家放入較大的大牆文學範疇中來審視，我們會發現，也許應尊無名氏爲大牆文學的開山祖。

何以這麼說？因爲無名氏早在一九五八年，在「下沙鄉集中營」被關一個多月，返家兩週後，就寫下數千言的〈一個大陸囚徒的意識流——海的懲罰續篇，下沙鄉集中營心靈經驗〉。這部散文作品是早在大牆文學這個詞濫觴之前，就已是道道地地的大牆文學了。他由「集中營」回家數月後，又寫下〈電光小集——五十年代大陸人所思所感〉。到了台灣以後，寫作出版的《海的懲罰：下沙鄉集中營實錄》、《走向各各他：一九六八年受難紀實》，以及一九八九年出版的《紅鯊》等，也都應可放在大牆文學的範疇中來討論。

尤其《紅鯊》一書，是他花很長時間與主角面談、對證、確定主角誠實且記憶正確，加上他自己文學想像和功力而寫成。其中有他親身經驗，例如他說「我在杭州獄中餓得想啃木頭、吞棉花的故事」，以及在大陸和到台灣以後都還有夜半做惡夢，狂吼「救命」的習慣。他說在大陸恐怖時代所受的「白晝極端壓制，只能在午夜藉絕惡午夜夢魘來滿足幻覺的發洩」。午夜夢魘之持續不斷正是「受創傷壓力後精神失調」或「創傷後遺症」癥狀的表現。很可能無名氏在寫作《紅鯊》時，也把自己的一些親身體驗、感受也寫了進去。即使無名氏沒有黃文範所說的那種真正「勞改」的經驗，但他親身在「下沙鄉集中營」、潘板橋農場、和杭州小車橋監獄的種種體驗，以及在大陸耳聞目睹的經歷，已足以使他寫作真實性很高的大牆文學。

雖然無名氏寫作大牆文學，但大體來說，他與從維熙、張賢亮是頗不同的。無名氏早期在國民黨統治時期的中國大陸成長，曾長期浸潤於西方人本主義、較自由民主的文化思想中，也因此很反對共產黨集權專制的恐怖統治。比起無名氏來，一九三三年生的從維熙，和一九三六年生的張賢亮，屬於較年輕的一代，在共產黨壯大時成長、受教育，對社會主義充滿理想，且與共產黨認同。這兩位作者在五十年代後期反右運動中被抓去勞教、勞改。他們不是因爲反對共產黨而坐牢，而是和許多熱愛共產黨的知識分子一樣，只因他們出身「資產階級」或身爲知識分子就受到迫害。然而，坐了許多年牢，終於被釋放、平反以後，他們馬上就原諒了共產黨對他們的傷害，認爲這只是共產黨某個時期的錯誤。

無名氏與這些作家很不同的一點，就是他的獨立精神。他相信藝術的獨立性以及自己的才氣和價值，他不需對共產黨表示忠誠或靠依附共產黨來肯定自己的價值。也因他沒有參與共產黨、成爲掌權幹部之一的野心，所以更能堅持自己的獨立和個人尊嚴。

另外，在紅色中國受壓迫三十多年後，他對共產黨已不懷幻想，對毛澤東死後大陸的新掌權人也沒有信心。

無名氏的愛國方式與張賢亮那樣的作家完全不同。他不加入共產黨，不當幹部得權，也堅持自己的道德、骨氣，不當中共的御用文人，不對大陸專政者歌功頌德。

他敢講真話，可以從他直指大陸的監獄、勞改場爲「集中營」看出端倪。

除了比一些中共的御用文人有尊嚴和骨氣，有勇氣暴露並譴責中共迫害無辜人民的真相以外，無名氏對中國政治的未來想像，跟從維熙與張賢亮有根本的不同。比方說，大陸目前仍是一黨專政，沒有真正的，勢力相當的在野黨來制衡。從維熙和張賢亮的政治理想，是以馬克思主義爲基礎，以共產黨爲中心的。他們的未來想像只不過是希望共產黨不再犯以前極左的「錯誤」，而能照目前「改革開放」繼續下去，讓人民都得溫飽，可追求富裕，讓國家發展、富強。而無名氏則與一些異議人士類似，反對專制的共產黨繼續一黨專政，並且認爲中國應有真正的民主和自由。

從維熙與張賢亮等作者一般把勞改隊描寫成生活得還不錯的地方，甚至把它浪漫化。相形之下，無名氏作品中的反叛性不但很高，而且他對自己作品獨特的政治、歷史意義和藝術價值有非常強烈的自覺。他自己就說，〈一個大陸囚徒的意識流〉「算是那個時代的歷史見證」，是「反叛文字」，也是大陸三十年來「絕無僅有」的「意識流文字」。的確，除了勇敢誠實地做出「歷史見證」，而不以虛假文字來掩蓋中共殘酷真相以外，無名氏對大牆文學的很大貢獻，就是對受難者內心的挖掘。他不只寫外在的部分，如生活條件極差，做苦工、開鬥爭會很苦等等，他也搜尋自己以及他人當囚徒的「心靈經驗」——而這是最隱秘、難得、寶貴的信息。

從維熙與張賢亮很少寫到自己或小說主角被捕、受刑之類受驚嚇和痛苦的經驗，而無名氏《海的懲罰》，《走向各各他：一九六八年受難紀實》，和《紅鯊》多半使用直接描述手法（以別於象徵、寓言、抒情等手法）來敘述情節，摹擬人生，並寫出心理的真實反應。

像《紅鯊》寫的是主角洪憲衡受難的事，第一部分描述的是，主角在青海德令哈勞改農場，不屈服於逼供、酷刑而被單獨關在有蓋子的井底兩年的事。

另外他還詳述勞改犯建築青藏公路的辛苦，也以獨特的修辭方式，製造出主角和其他勞改犯受壓迫的情況和氣氛。

無名氏的《紅鯊》因而是歷史上重要的見證和文獻。他敘述的一九五〇年代青海勞改，以勞改犯來築路拓荒，以及西寧事件等都是因中共嚴密的新聞封鎖而不爲外人知的。他描述的種種真實事件和勞改隊運作、囚犯痛苦生活的細節，爲研究中國政治歷史的學者提供了極寶貴的資訊。

無名氏對上海提籃橋監獄裡的「監囂」之披露與描述，可能是目前大牆文學裡獨一無二的例子。像從維熙與張賢亮這樣的作家，不太可能會從囚犯的角度，以同情的態度，來描寫囚犯集體反抗迫害的情況。綜觀他們的大牆文學作品，包括他們可信度較高的回憶錄，其中「證言」性質也遠遠沒有無名氏的這麼強烈。

老一輩有名的作家蕭乾和巴金，曾請求中共政府至少蓋一座文化大革命的紀念館，以使後輩記取這段慘痛的歷史以及它給人們的教訓。但中共政府置若罔聞。這個情況與日本政府修改課本，希冀下一輩不會知道日本侵華、屠殺華人歷史很相似。中共政府爲了持續鞏固其集權統治，顯然希望所有人民都有健忘症，能儘快忘掉毛澤東專制政權下億萬人民遭受的壓制和痛苦。

本文所討論的幾部無名氏的大牆文學作品，並不只有歷史見證的價值，也不只爲研究中國政治、社會的學者提供了豐富的寶貴資料。筆者以爲在認知和感情方面，無名氏也頗有貢獻。

張放先生特約討論：

這篇文章非常充實，少數關於鄧的方面，說得不完全正確，但這也無妨，因爲吳燕娜在美國，不了解中國大陸的情況。

這個中文題目「大牆文學」，英文副題是"Prison Literature"，就是「監獄文學」，好像前後矛盾，我還是同意天驄兄所稱呼「大河文學」。因爲「大牆」，我們北方人講「天下沒有不透風的牆」，牆還是會透風的，大牆文學，存在不了多少年的。

在我看來，無名氏先生的《無名書》，是一系列「悲劇意識」之作。上一世紀的中國，就是個悲劇，作家便是悲劇的主角。上個世紀，老實講，小弟還目睹了一點。國共戰爭有兩項武器，一個是筆桿，一個是槍桿子，直到抗戰勝利以後，許多明眼人都看出來了，翻天覆地的內戰就要爆發。一九四七年，郭沫若在香港發表〈釋反動文藝〉，我在此引用幾句：「我們今天主要的對象，是藍色、黑色、桃紅色的一批作家，他們的文藝政策（僞裝白色、利用黃色等包含在內）、文藝理論、文藝作品，我們要毫不容情地舉行大反攻。我們今天要號召讀者……不讀他們的文字。」這段話，公開警告批判了沈從文、朱光潛、張愛玲，還有無名氏等人。這是我們永不能忘的事實。

我常在想，無名氏先生若非生活在上個世紀的中國，他可以寫出更優美真摯的作品，但是，他浪費了三十二年。三十二年，他沒辦法安心寫作。各位先生，自由的寫作環境，我認爲比麵包還重要。

十年前，我寫過關於無名氏的一篇文章，我說，無名氏在中國文壇上，可謂才氣橫溢的作家，二十幾歲就寫出《北極風情畫》、《塔裡的女人》。他的小說非常奇異，我感覺如詩如散文，又像玲瓏剔透、閃爍發光的寶石；小說的情節，就像在桂林灕江，看兩岸千奇百怪的山景，讓讀者矇矇矓矓、如醉如癡，沉浸在他所營造的藝術情境中。

一九四七年暑假，我大量閱讀小說，像魯迅、沈從文的全集都看了，但是我看《北極風情畫》，才初次知曉愛情苦樂。四十年代的文壇，左翼是主流，巴金筆下的杜大心，葉紹鈞筆下的倪煥之，在「革命加愛情」小說潮流中，確實使萬千青年陶醉。平心而論，我也受到當時文藝的影響。《北極風情畫》讀後，我心裡湧起了疑問：當中華民族四萬萬五千萬同胞，這麼痛苦的時候，男主角反而走向華山，這不是有違情理嗎？

一九四九年四月我在廣州，等船到台灣來時，讀了周而復的一篇文章，他批評《北》、《塔》兩書：在抗日最艱苦的階段，眼看就要亡國，作家還寫這種愛情至上的小說，是何居心？我當時非常認同，後來明白，這是政治干預文藝。世界上有愛情還有花朵，如果沒了花朵，人類有什麼意思？如果四周都是鐵皮房子，我們就瘋了！

主講人回應

羅　鵬老師：

蕭蕭教授提問：注重視覺，是否為無名氏每個作品的重點？我覺得，無名氏對於視覺藝術（如繪畫）的興趣，顯而易見；他討論問題時，也會下意識提到視覺的相關領域。這點值得注意。

蕭蕭教授又指出，無名書也可以視為「散文小說」或「散文詩小說」。這令我想起清朝小說，特別是《鏡花緣》和《品花寶鑑》，沒有什麼情節，而像散文一樣，討論哲學、美學、社會學的議題。所以我們重看《無名書》，也可以考慮二十世紀中國文學與清朝小說的關係，這是少人研究的。

唐翼明老師：

無名氏後期短篇小說，其中幾篇在我看來是散文，那麼我們可否說，無名氏有意打破小說跟散文的界線？到底兩者的界線在哪裡？怎樣的作法是創新，怎樣又是失誤？這些問題都很值得討論。

朱文艾老師：

我今天無法爲吳燕娜表達什麼，但會把各位的意見帶給她。

來賓發言

第一位來賓發言：

無名氏是這樣的作家，我們有無可能把他送上國際舞台？

龔鵬程老師：

張放說，無名氏的作品目前已在翻譯，而大規模的翻譯，好像還沒有這個計畫。據我所知，初步打算是設法將《無名書》與其他修訂好的稿子，印成無名氏中文全集。

第二位來賓發言：

早上，龍局長提及她與卜老的一段樑子，李瑞騰教授也補充，當時卜老的確很生氣。沒錯，不但當時生氣，前兩年我去卜老家，他還提起這件事情。那段樑子，可能比鴛鴦蝴蝶更鴛鴦蝴蝶。可否請諸位教授發表意見？

唐翼明老師：

龍應台的講話，我很感動。龍應台當年批評他，是在卜老政治很正確的時候，她沒有考慮到，作爲文學批評家，應該怎樣看這兩本書，這是對學術的真誠，也是對卜老的真誠。文學批評不需要本人的認可，文學批評講自己的話。但是現在，卜老政治很不正確、晚景淒涼時，龍局長親自到他家探視，並撥款舉辦這個會議，我就從中看出一個俠義心腸。

至於龍應台當年批評，卜老早期兩篇小說是鴛鴦蝴蝶派，我覺得也是這樣。實在他自己也講，他當時不過是「少年試作」，練練文筆；另外在上海，鴛鴦蝴蝶派很流行，他想要「奪取讀者」。

在此我念出論文中的一小段，可以跟本問題相呼應：「〈化石〉是一曲人倫悲劇，本應動人心弦，但雅玲前面的絕情和後面的傾訴反差過大，讀起來總覺得未免矯情。〈化石〉在語言方面的毛病尤其大，作者用言情通俗小說的語言來寫這樣一個沉痛的故事，令人覺得不是味道。有些句子，如『我的臉輕偎她的龐兒』、『她輕搖纖纖食指』、『我輕擁她入懷，唇瓣膠貼她的紅菱』、『酣遊茵草櫻叢，喁語碧柳煙沉，似醉的湖山如酒，我們怎忍不舉杯』，不僅稚嫩，還十分酸腐。後部雅玲的長篇哭訴（六大段），用語也過於濫情，用來寫時髦的愛情戲劇或許還可以，用在小說裡，讀者一聯想到現實，就不免有滑稽之感了。」我對他的批評，類似這個。我還是要說，對學術真誠，就是對文學前輩最好的敬意。

張堂錡老師：

無名氏自己說得很清楚：這兩本書的成功，實在是因爲當時市場太缺少真情實感，而且文字記載又不太講究。但我們注意到，就只有這兩本，他幾乎沒有再寫同類型的第三本。他不太贊成別人用「鴛鴦蝴蝶派」的名號加在他身上，因爲鴛鴦蝴蝶派，意味著娛樂、市場、趣味、消遣。但我們大概不能否認，無名氏起初動筆時，的確有心爭奪廣大的讀者市場。他自己說過：他並不想以新鴛鴦蝴蝶派的小說終其一生，但是他必須用商業手段來吸引顧客，讓顧客對他熟悉、對他有信心，然後才一步一步地推廣他的理想。從這角度而言，他的作品裡或許有些鴛鴦蝴蝶派的色彩，龍應台的批評，也許不是全無道理。但要強調，他並不以此爲滿足，後來很快就轉型了。

綜合座談

辛鬱先生：

卜老到台灣後，經常應國防部之邀四處演講，其餘時間，就喜歡跟我們這群寫現代詩的朋友聚聚。台灣現代詩，常被評爲「胡言亂語」，不知所云，直到現在，我們寫的詩還沒有完全爲社會接受，我們覺得很悲哀，但是我們有卜老這樣的知音，我覺得非常榮幸。

卜老的《無名書》，我沒有完全讀，而是跳躍、選擇地讀。我發現，其中有許多「詩的語言」。詩語言充滿張力，不只是字面義，還可以延伸出很多意義。如果充份了解他的詩語言，那麼，他除了要表達意義，還要表達意義的「造型」與「聲音」，這就是詩的繪畫性、音樂性與戲劇張力。卜老在現代詩中，特別欣賞瘂弦作品，瘂弦的詩正是充滿戲劇張力，於是，卜老多多少少改變原來的寫法，所以修訂後的《無名書》，我想會受到現代詩「胡言亂語」的影響，內涵更深更優美。

但是另一點，我不大能理解：卜老的書，好像是寫給學文學的人看，寫給高層知識份子看，跟一般人有些距離。也許我們這些能進入他作品的人，要費一點精力，爲一般人導讀，讓更多人親近卜老的書。

向明先生：

我覺得很奇怪，今天明明是研討無名氏小說，但寫詩的人來了一大群。卜老來台後，跟我們這些寫現代詩的，走得最近，經常請我們吃飯。

我初讀他的小說，是在抗戰勝利以後，那時我在西北流浪，他的兩本小說剛剛出來，我讀得非常入迷。但是後來，他寫的《野獸．野獸．野獸》，我讀了幾遍還進不去，卻又很喜歡，那時《野獸》一書很厚，我們當兵的不太可能背厚書，就把書分開來看。我現在發現，他的手法，可說非常現代：在《野獸》裡，各種文類都有，詩、散文、戲劇混在一起，而非傳統小說的寫法。所以有人認爲他的小說沒什麼情節，他不是「線性」地寫，而是「跳躍式」，用蒙太奇或超現實的手法，在我們十七歲左右，他就已經是非常前衛的作家。

孟秋萍女史：

非常感謝大家，爲卜老辦這個研討會，各位專家都盡其所學，分析他的作品。而我，算是半途出家，一九九七年從紐西蘭來台，參加中國文藝寫作協會的小說研究創作班。認識卜老師時，剛好就是十一月五日，我記得那天，老師著黑色風衣，臉色有點路—我後來才知道他當時家境很壞。他上課時提到「小說中的愛」。這個主題，一般令人聯想瓊瑤小說的男歡女愛，卜老師卻說，愛情就是畏懼，由於畏懼，人們把愛意藏起，不敢說出。

那時，同學都會購買當堂老師的作品，給老師簽名。我當時在市面上，找不到無名氏的小說，就拿日記本給老師簽。老師看到「紐西蘭」字樣，便好奇緣由，並問我有無創作，我說有，他便回答願意幫我改。此後，我的作品都由老師修改、發表。

一九九九年，我罹患腎結石，老師安排我到診所住院檢查。老師本身年事已高，又忙於寫作，無暇照顧自己的飲食起居，冰箱裡，兩個便當要撐一個禮拜。我見狀，就自願幫老師燒菜。我逗留台灣的時間只有幾個星期，在這期間，我逐漸了解老師的爲人：老師爲人很嚴肅、拘謹，我覺得他有君子、學者的風範；他的思想雖然超越這個時代，他的行爲卻很保守，說得不好聽一點，就是像書呆子一樣，不太管外面的世界，只專注於文學；他的婚姻失敗，我認爲是「理想愛情觀」耽誤了他，使他不知自己需要怎樣的人來照顧。

王樸先生：

目前爲止，我完成了一百多部作家的錄影傳記，對象包括蘇雪林、朱白水、黃得時等等，當然還有無名氏。做無名氏傳記時很有趣，我一個七十多歲的老人，每次都開兩個多小時的車，去訪問年逾八十的無名氏。不只這個傳記，我還給他辦了八十大壽。

徐世澤先生：

無名氏有一件了不起的事情：看病時，醫生見他的名字，就知他是大作家，因此他可以隨時到，隨時看病。

我認爲他的智慧很高，是個天才。

宋北超先生：

這個文學家的個性，天真得像小孩一樣。

來賓發言：

我今天是看到報紙報導，下午才趕來的。之所以參加這個會，是因爲我感覺卜先生的精神，非常了不起，在大陸受到共產黨迫害，艱苦情況下仍不改其志。他來台之後，我才曉得他的真名叫卜寧（卜乃夫），卜少夫是他的兄弟。「無名氏」這名字，我在初中時就認得了，那時，很多同學都是他的小說迷。他的著作，我只看了兩部，《北極風情畫》和《塔裡的女人》。《野獸·野獸·野獸》，我在書店裡讀了一部分，我感覺他的文字像一團火。

希望這場研討會的成果，可以結集，而報紙、期刊相關論文，也能夠彙編起來。

彭正雄：研討會的成果及報章文章，會結集出版。

台中師範學院陳教授：

很高興參加這個會議，但同時我也感傷，本來還希望能握握他的手。

我從大一起，閱讀無名氏的作品。那時我已經談戀愛了，所以《北極風情畫》和《塔裡的女人》對我來說，沒那麼重要，但是有一個人「印蒂」，此後就陪我一起成長。我同意各位先生所說，他的字裡行間確實有圖畫、有音樂，也有一團火。我當時偷偷去買，書皮是綠色，書名《印蒂》。印蒂變成類似英文中的"role model"，成長期的偶像。我很高興，生命中有這樣一個小說家，創造了這樣的角色。無名氏讓我感覺，有一個人可以跟我精神相通，尤其我在台灣十幾年，當我痛苦時，幸好有這股穩定的力量；當我情感波折時，我就想到印蒂的苦難。我們這一代「四年級」的年輕人，看過黨內黨外的掙扎，所以印蒂的掙扎，跟我多多少少可以契合。

是故，我一直很想當面謝謝無名氏，本來尉老師十一月底安排他到台中，我非常期待，準備大大歡迎他，遺憾我失去這樣的機會。我感覺文學真的可以不朽，文學可以對人心有這麼大的醞釀，我敬愛他，不僅是因爲他留下這樣的作品，也因爲他在作品中，不吝分享他人生的每分每秒。

研討會報到①市長官邸會場入口處②報到薛兆庚、胡升堂將軍③王吉隆、尉天聰、陳素英、王牌、韓游春先生小姐④管管、蜀弓先生⑤尉天聰、薛兆庚、管管先生⑥政大同學爲研討會服務⑦彭正雄迎接文化局局長龍應台蒞臨⑧詩人文曉村、龍應台局長、彭正雄。 林文俊、倪正庸攝影

研討會會議①主持人朱自力教授所長②主席宣布向無名氏卜寧先生致敬，默哀一分鐘③尉天聰教授專題演講④台北市文化局長龍應台致詞⑤上午第一場研討會主持人朱炎教授致詞⑥第一場研討會主講人及特約討論人⑦黃文範先生發表論文⑧特約討論人唐翼明教授。

林文俊、倪正庸攝影

研討會會議①戈正銘教授發表論文②特約討論人陸達誠教授③尉天聰教授發表論文④特約討論人李瑞騰教授⑤第二場研討會主持人龔鵬程教授致詞⑥第二場研討會主講人及特約討論人⑦羅鵬教授發表論文⑧特約討論人蕭蕭教授。

林文俊、倪正庸攝影

研討會會議①唐翼明教授發表論文②特約討論人張堂錡教授③吳燕娜教授（朱文艾女史代宣讀）發表論文④特約討論人張放先生⑤第一場研討會後交誼⑥第二場研討會後交誼⑦研討會一角：文化局康卜雄委員、王國良、蓉子、戈正銘、徐世澤、張默、龔華、辛鬱、丁文智先生⑧研討會一角。

林文俊、倪正庸攝影

研討會一角①魏子雲、王牌、龍應台、朱自力、林恭祖、文曉村、汪洋萍、王國良②王牌、龍應台、朱自力康委員、文曉村③辛鬱、張默、向明、丁文智、管管、周玉山④魏子雲、文曉村、林恭祖、孟秋萍、趙秋萍、羅鵬、汪洋萍、羅明河、方飛白、余興漢、胡升堂⑤張默、卜凡⑥魏子雲、林恭祖、文曉村、王牌、徐世澤、朱自力⑦張默、向明、談真、碧果、管管、丁文治、宋北超、薛兆庚、楊華銘、卜凡。⑧陸達誠、戈正銘、丁文智、徐世澤。

林文俊、倪正庸攝影

研討會一角①朱自力、康卜雄②黃文範、魏子雲、林恭祖、文曉村、王國良、王牌、孟秋萍③林文俊、文曉村、蓉子、王國良、唐翼明、大荒、戈正銘、徐世澤、張默、向明、丁文智④周玉山、羅鵬、藍雲、管管、大荒、趙秋萍、蓉子、張默、丁文智⑤朱炎教授主持與會人士一角⑥羅明河、羅鵬、趙秋萍、蓉子。**會後交誼**：⑦孟秋萍、蓉子、薛兆庚⑧戈正銘、徐世澤

林文俊、倪正庸攝影

會後交誼①王吉隆（綠蒂）、羅明河、莊桂香、大荒、張默、碧果②胡升堂、余興漢、陳恩泉③管管、辛鬱、談真、陳素英④魯蛟、謝輝煌、龔華、向明⑤龔鵬程、羅明河、韓將軍⑥魯蛟、丁文智、張默。**會後在天成飯店餐敘**：⑦張堂錡、羅門、唐翼明、談真⑧朱自力、彭正雄、韓游春。

林文俊、倪正庸攝影

綜合座談會①羅門先生發言②陸達誠教授發言③王樸先生（《作家錄影傳記》主持人）發言④徐世澤先生發言⑤宋北超先生發言⑥章以鼎先生發言⑦余興漢先生發言⑧[illegible]女史發言。 林文俊、倪正庸攝影

綜合座談會①尉天聰教授主持人②李瑞騰教授發言③彭正雄先生發言④辛鬱先生發言⑤向明先生發言⑥孟秋萍女史發言⑦來賓發言⑧呂專員宜玲發言。

林文俊、倪正庸攝影

無名氏書法展①市長官邸書法展覽廳②參觀者踴躍一斑：戈正銘、黃文範、陸達誠、魏子雲、林文俊……③管管、戈正銘、李瑞騰、羅鵬、文曉村…④胡升堂、文曉村、羅鵬……⑤蓉子、莊桂香、魏子雲……⑥胡升堂、余興漢、宋北超、彭正雄、朱自力……⑦碧果品賞書法⑧文曉村凝思無名氏海報遺像⑨彭正雄及文化局呂專員宜玲一齊佈置會場。

林文俊、倪正庸攝影

謹訂於中華民國九十一年十一月九日(週六)假台北市徐州路四十六號市長官邸舉辦無名氏文學作品研討會暨書法展。敬請蒞臨指導。若蒙應邀，懇請於十一月六日前來電，或以電子郵件告知用餐葷素事宜。耑此奉邀，順頌
道綏

無名氏文學作品研討會 籌備處 敬邀

◎主辦單位：國立政治大學中國文學系
文史哲出版社
官邸藝文沙龍

◎贊助單位：臺北市政府文化局

會議時間：民國九十一年十一月九日(週六)
報到時間：民國九十一年十一月九日上午八時三十分
書法展時間：民國九十一年十一月九日至十五日
上午十一時至下午九時(週一休息)
會議暨展覽地點：台北市徐州路四十六號市長官邸

<table>
<tr><th colspan="7">無名氏文學作品研討會議程表</th></tr>
<tr><td colspan="7">日　期：民國九十一年十一月九日 (星期六)</td></tr>
<tr><td colspan="7">地　點：台北市徐州路 46 號 市長官邸</td></tr>
<tr><td colspan="7">報到時間：08：30—09：00</td></tr>
<tr><td colspan="7">開幕致詞：09：10—09：30　台北市政府文化局長龍應台</td></tr>
<tr><td colspan="2">場　次</td><td>時候地點</td><td>主持人</td><td>主講人</td><td>論文題目</td><td>特約討論人</td></tr>
<tr><td colspan="2">專題演講</td><td>09:30-10:00</td><td>朱自力
政大中研所長</td><td>尉天聰
政大教授</td><td>歷史的鐘聲</td><td></td></tr>
<tr><td colspan="2">休　息</td><td colspan="5">10：00—10：20</td></tr>
<tr><td rowspan="4">上午</td><td>1</td><td rowspan="4">10：20
|
12：10</td><td rowspan="4">朱炎
逢甲大學
文學院長</td><td>瘂弦
名詩人</td><td>無名氏的文學時代</td><td>陳義芝
聯合報主編</td></tr>
<tr><td>2</td><td>黃文範
名翻譯家</td><td>紅鯊與古拉格群島</td><td>唐翼明
政大教授</td></tr>
<tr><td>3</td><td>戈正銘
交大教授</td><td>巍巍隱天，俯觀雲霓</td><td>陸達誠
輔大教授</td></tr>
<tr><td>4</td><td>尉天聰
政大教授</td><td>探求、反思——自由</td><td>李瑞騰
央大教授</td></tr>
<tr><td colspan="2">午餐時間</td><td colspan="5">12：10—14：00</td></tr>
<tr><td rowspan="3">下午</td><td>1</td><td rowspan="3">14：00
|
15：40</td><td rowspan="3">龔鵬程
佛光大學
校長</td><td>Carlos Rojas 羅鵬
佛羅里達大學教授</td><td>剖析金色的蛇夜</td><td>蕭蕭
文學評論家</td></tr>
<tr><td>2</td><td>唐翼明
政大教授</td><td>論無名氏後期短篇小說的藝術得失</td><td>張堂錡
政大教授</td></tr>
<tr><td>3</td><td>吳燕娜
加州大學教授</td><td>創傷的聲音：評析無名氏的大牆文學著作</td><td>張放
名作家</td></tr>
<tr><td colspan="2">休　息</td><td colspan="5">15：40—16：00</td></tr>
<tr><td colspan="2">座談會</td><td colspan="5">尉天聰主持 16：00—17：20</td></tr>
<tr><td colspan="2">閉　幕</td><td colspan="5">17：20—17：40</td></tr>
</table>

哀榮新聞剪影

公祭備極哀榮　政界文壇大老到齊
無名氏追贈華夏獎章

陳文芬

作家無名氏的喪禮昨天（二日）在第一殯儀館舉行公祭，國民黨副主席蔣仲苓主持覆蓋黨旗儀式，追贈華夏獎章，治喪主委親民黨主席宋楚瑜親臨到場，資深前輩作家司馬中原、鍾鼎文、墨人、黃文範四人擔任覆旗工作，而中國文藝協會多位老文人到場，無名氏之喪稱得上備極哀榮了。

本名卜乃夫的無名氏，四十年代就成名，七十年代中期文革書寫而成的作品「無名書」，至今仍然是中國最著名的地下文學代表作。

卜乃夫以浪漫文學之筆抵擋政治操控創作力，八十年代他輾轉從香港來台後，以「反共作家」之名，成爲當年救國團系統邀請在全島演講的明星，是位在鐵幕坎坷寫作的作家。晚年時，與年齡相差四十一歲的年輕女讀者相戀，演出一則忘年婚姻傳奇，直到年近八十之際，才宣告感情破裂。

無名氏過世前，與妻子馬福美的婚姻關係仍然存在，不過，馬福美始終未出面，卜乃夫

國民黨老大爲知名作家無名氏覆蓋黨旗。（林國彰攝）

的喪事是由「黃昏五友」及胞弟卜幼夫辦理。

昨天許多老作家趕來送卜乃夫最後一程，詩人商禽、管管、向明、辛鬱、出版人蔡文甫、王榮文、石永貴，特別是中國文藝協會老文藝社團文人聚齊近百人。

作家無名氏文學作品研討會暨書法展，已訂於九日在台北市市長官邸舉辦一天的研討會，邀請來自美國佛羅里達大學學者羅鵬、美國加州大學吳燕娜、翻譯家黃文範等多人發表論文。

台北市文化局、文史哲出版社與政大中文系聯合主辦的無名氏作品研討會，早在無名氏生前已經敲定議程，學者尉天聰準備一場專題演講，吳燕娜計畫以「大牆文學」角度評論無名氏作品，政大學者唐翼明將評論無名氏短篇小說，計有七篇論文。

——91・11・3中國時報14版・藝術人文

為無名氏送行

卜乃夫，諱寶南，又名卜寧，一九一七年元月一日出生於江蘇南京，以筆名無名氏享譽文壇。一九三五年卜乃夫前往北平，專攻俄文，並在北大旁聽；抗戰軍興，投入政府工作，後任《掃蕩報》外勤記者。一九四三年冬天，以李範奭將軍與波蘭少女戀愛故事爲題材，寫成小說處女作《北極風情畫》，翌年，《塔裡的女人》問世，兩部小說轟動西安及大後方，時年二十八歲，因自謙爲文壇無名小卒，乃以「無名氏」爲筆名，而致聲名大噪，後陸續又有《野獸‧野獸‧野獸》、《金色的蛇夜》等佳作出版。大陸變色，先生曾遭清算鬥爭下放勞改，後於一九八二年脫離抵港，三個月後來臺，創作不輟，其中剖析大陸眞相、揭穿中共面目的《紅鯊》一書，論者將其與索忍尼辛《布拉格群島》相比。

走過八十六個年頭，揚名文壇逾半世紀，無名氏先生已於今年十月十一日病逝，並擇定於今（二）日上午八時三十分假臺北市民權東路第一殯儀館景行廳舉行公祭。中國國民黨爲感念無名氏先生畢生對文學的貢獻，特追贈華夏一等獎章，並覆蓋黨旗，追贈儀式及覆旗儀式由國民黨副主席蔣仲苓先生主持，無名氏的胞弟卜幼夫代表家屬接受，覆旗委員由鍾鼎文、墨人、司馬中原、黃文範四位文壇資深作家擔任。

——91‧11‧2中央日報副刊

澳大利亞大洋時報轉載消息

作家無名氏病逝
臨終前仍心繫著作

以《北極風情畫》、《塔裡的女人》等長篇小說名噪一時的作家無名氏（本名卜乃夫、卜寧），十月十二日凌晨病逝於台北榮民總醫院，享壽八十六歲。作家一生創作不輟，臨終前仍心繫《無名氏全集》的出版事宜，並親自校訂、定稿。

無名氏胞弟，《展望》雜誌社長卜幼夫表示，十月三日無名氏因大量吐血送往榮總急救，後因肝硬化癌疾及併發症引發多種器官衰竭，於十一日凌晨病逝。卜幼夫表示，他和無名氏生前好友訂於十五日上午召開治喪籌備會，並已通知無名氏未亡人馬福美，請她共商治喪事宜。

民國六年生於南京的無名氏，曾擔任媒體記者，出版公司總編輯。一九四〇年代起，開始以無名氏爲筆名，發表的長篇小說《北極風情畫》和《塔裡的女人》，大受讀者歡迎，印行次數皆超過五百版。

一九四九年後，無名氏自願留在杭州照顧母親，未隨兄弟卜少夫（《新聞天地》創辦人）、卜幼夫來台。滯留大陸的無名氏先後被迫下放勞改，並以「反革命」罪名入獄，但即使在最艱苦的環境下，他仍持續創作，完成《創世紀大菩提》、《獄中詩抄》等作品。

一九八三年，無名氏投奔自由，先至香港，後抵達台灣，以「反共作家」的身分在台受到英雄式的歡迎。兩年後，無名氏迎娶忠實讀者馬福美，在文壇傳爲美談。然而兩人卻因個性不和，已分居三年，讓向來以《無可救藥的樂觀者》自居的老作家，晚年有些蕭索淒涼；他預計寫四、五十萬字的回憶錄，也因體力和生活條件所限，未能在生前完成。

無名氏未完成的遺願，還有總計達五百萬字《無名氏全集》的整理和出版工作。近年來全力協助無名氏整理舊作的文史哲出版社負責人彭正雄說，目前《無名氏全集》已陸續推出十卷，其中包括《北》、《塔》等無名氏代表作，以及兩百六十萬字《無名書》六卷中的《野獸·野獸·野獸》等巨著。另外，作家於二次戰後期間完成的《金色的蛇夜》（上、下卷），也將由九歌出版社推出。

彭先生指出，無名氏晚年體力稍嫌孱弱，但思慮清晰，直到最後入院前仍在創作，並親自修訂、大幅增修舊稿。住院前，無名氏還曾透露希望自己「再活五年」以完成全集修訂及回憶錄。

廿年前曾撰文批評無名氏《北》、《塔》等作品的台北市文化局長龍應台，聽到作家辭世的消息，表示感傷。她說，近日讀到國學大師錢穆「衡量作家的重要性，應由歷史意義和時代意義來判斷」，讓她重新反省過去對無名氏的批判。龍應台說，當時她是以一九八〇年代的文學觀點否定一九四〇年代的文學價值，但她如今認爲，「我不能以今日之是非昨日之是」。龍應台也表示，回台三年多，她聽到許多老作家貧病交迫的消息，讓她更覺感傷。她說，目前文化局正推動一項作家急難救助方案，但仍未通過，讓她覺得緩不濟急。她表示，文化局訂十一月爲無名氏舉辦的研討會仍會照常舉行，不受作家辭世影響。

——91・10・17大洋時報10版・大洋特輯

2002年12月29日黃昏五友、市府文化局呂專員宜玲及無名氏六弟卜幼夫、姪兒卜凡護送骨灰安奉於高雄佛光山寺，萬壽園大慧界西5-86靈位，師父念經，大家禮拜。　彭正雄攝

老作家天不從願　無名氏　晚境貧病昨病逝

六卷無名書　還沒有出齊　遺作回憶錄　沒法完成了

徐開塵

以《北極風情畫》、《塔裡的女人》等作品享有盛名的作家無名氏（卜乃夫），昨天清晨病逝台北榮總，享壽八十六歲。晚境貧病交迫的老作家，原訂近日赴大陸洽商《塔裡的女人》拍攝電視劇的版權，也滿心期待十一月台北市文化局補助舉辦的「無名氏作品討論會」，怎奈天不從人願，他終究未能等到自己再獲肯定、成爲主角的日子到來。

無名氏又名卜寧，一九一七年出生，江蘇人。北平俄文專科學校畢業後，抗戰時曾任掃蕩報、中央日報記者及華北新聞主筆。三〇年代開始以「無名氏」爲筆名寫作，《北極風情畫》及《塔裡的女人》風靡一時，廣受矚目。

一九四九年中共佔據大陸後，無名氏爲照顧老母，決定留下。文革勞改時，藉病而躲過部份勞動，並著手創作著名的《無名書》六卷。曾因撰寫反共詩文入獄，獲平反後，找了助理手抄未刊行的《無名書》及其他稿件，約三百餘萬字，前後花了四年時間，用五、六千封信暗中寄給香港友人，才使這些作品得見天日。

無名氏一九八二年申請赴港，翌年三月以「反共作家」身分來台，受邀演講和寫作不斷，轟動一時。後來與年輕讀者馬福美結合，四年前分居，一人賃居木柵。

他的作品在台陸續由遠景、文史哲和中天出版。老作家晚近最關心的仍是否出齊全集，文史哲發行人彭正雄說，無論如何一定會將《無名書》最後二卷出版，完成卜老的遺願。

在最後的日子，他仍筆耕不輟，時有新作發表，每逢舊作出版，一再修改至滿意才肯出手。本月初還將書籍封底介紹文字傳眞給彭正雄，寫著「中國五四新文學運動碩果僅存兩個小說家，一是大陸巴金，一個是台灣無名氏，巴金纏綿病床多年，無名氏仍在寫作」。老作家豪氣不減，沒想到隔日病發，從此結束數十年寫作生涯。已經寫了七、八萬字的回憶錄，成爲他永遠無法完成的著作。

彭正雄感慨當年無名氏風光時，圍繞者衆，晚年卻少人聞問，僅他和薛兆庚、宋北超、王志濂和徐世澤等五位友人照顧。但無名氏盡管經濟狀況不佳，也拒絕朋友接濟，他對老友說：「我要靠自己的筆桿生活」，彭正雄說，文人風骨令人崇敬。

作品討論會　將如期舉行

龍應台歎作家沒有保障　李瑞騰歎作品時空際遇

國家大師錢穆曾說，一個作家的重要性可由歷史和時代兩個角度來評斷。作家、評論家、台北市文化局長龍應台昨天表示，若以錢穆先生的觀點來看來，「我當年以八〇年代的文學觀，否定了無名氏四〇年代的文學價值，是有可商榷的地方」。她強調，價值觀隨著時代在改變，我們都身在變動的泥沼中，應以溫情和尊敬的角度看待林海音、王昶雄和無名氏等前輩作家一生爲文學的奉獻。

時代大翻轉，價值觀巨變，八〇年代初在新書月刊爲文尖銳批判無名氏的龍應台，也開始用不同思維角度省視自己的觀點。當年的行爲在文壇上可被視爲「兩人是有過節的」，但如今角色不同，龍應台以文化局身分補助文史哲和政大於十一月合辦「無名氏作品討論會」，她說：這項活動一定如期舉辦，不因爲作家缺席而有異動。

最近聽聞無名氏病重，到昨晨接獲噩耗，龍局長心情沈重，她說，由歷史性來看無名氏，他的作品對當年社會具有啓蒙和影響，是應該被記憶的。他的重要不只是寫出暢銷的《北極風情畫》《塔裡的女人》，還有對紅色中國的描述和剖析也被譯成多國語言。「我不能以今日是非昨日是」，不論政治、文學價值觀點如何改變，沒有一位文人敢說自己未來是否會被歷史抹去，因此我們應對歷史有溫情，對過去懷抱尊敬。

研究無名氏多年的中央大學中文系教授李瑞騰，以較高期望和標準檢視無名氏來台後這二十年的文學創作，難免遺憾。他說，作爲四〇年代成名的作家，無名氏在艱困環境中卻以《無名書》六卷展現龐大企圖心，營造自己的理想世界，讓讀者看到一個勇健的靈魂；來台後也曾嘗試在《海的處罰》、《紅鯊》等紀實文章中回憶早年受虐情形。但相較之下，後期的企圖心較弱。

盡管理解無名氏以「反共作家」身分來台後的角色位置，李瑞騰原本對才華洋溢、洞察深厚的老作家，期待看到更博大深厚的著作，「他曾是在那個時空下被需要的角色，過了那個階段，可惜未明顯調適和規劃好生活，可能台灣不適合他發展」。

跳開文學成就的論斷，龍應台想到公職三年餘不時聽聞老作家貧病交迫、晚景淒涼，忍不住歎息。她說：「一個不能重視人的文化財的社會，就是文化不成熟的社會。」她舉北歐國家將「作家」視爲一正式職業看待的例子，作家可享受健保、榮保及社會福利保障，但在台灣即使大名鼎鼎的作家，年紀大了也不免被掃到社會的角落，不受重視，像無名氏這樣在貧病中過世老作家，令人遺憾。

有鑑於多位老作家清苦凋零，台北市文化局已研擬藝人文士急難救助方案，但龍應台仍感這只能治標不是治本。她期望作家組織起來，發揮力量，向政府爭取應有權益。局長認爲，這個社會應認識到政治價值不是唯一價值，否則會對曾扶持我們走過來的手，永遠棄之如敝屣。

——91・10・12民生報A13版・文化新聞

塔裡的女人
北極風情畫

作家卜乃夫走了

弟弟卜幼夫隨侍在側　積極聯繫失聯多年的四嫂處理著作授權等問題

張黎文／台北報導

知名作家無名氏（卜乃夫）昨天凌晨零時零分，因多重器官衰竭過世，享年八十六歲。卜乃夫的弟弟卜幼夫說，直至哥哥過世，仍未能聯絡上失聯的四嫂。

卜幼夫表示，哥哥本月三日凌晨三點腸胃大量出血，經緊急送往台北榮總加護病房就醫後，發現是食道靜脈破裂，當時院方已經發出病危通知。

卜幼夫表示，過去家人不清楚哥哥的病史，就醫後才知道他有肝硬化的疾恙，最近也感染肺炎，送醫後這幾天，陸續出現嚴重腹水、腎臟衰竭、呼吸急促、血壓降低、排尿困難等症狀，還出現敗血症，醫師轉告患者出現多重器官衰竭。

他表示，前晚九點多乃兄一度呼吸中止，醫護人員緊急爲他打強心針，並施以兩次電擊急救，都不見起色，至凌晨零時零分宣告不治。卜乃夫民國六年生，享壽八十六歲。

卜幼夫說，哥哥過世時，他和妻兒隨侍在側，可惜和哥哥分居三年的嫂嫂失聯，他曾到嫂嫂的戶籍地找人，沒有找到。

陳文芬／台北報導

以《北極風情畫》、《塔裡的女人》兩本書聞名的作家無名氏，昨（十一）日在榮總病逝，享壽八十六歲。卜乃夫十月二日病危前仍在家創作不輟，並計畫十四日到蘇州，授權大陸電視台拍攝《塔裡的女人》。台北市文化局原定十一月九日要爲這位四十年代碩果僅存的小說家舉辦「卜乃夫作品研討會」，仍將如期舉行。

卜乃夫六弟、「展望」雜詩社長卜幼夫料理四哥後事時，也說明卜乃夫一九八二年來台，一九八四年以六十八歲之齡，與年紀比他小四十一歲音樂家馬福美的婚姻，多年前已告破裂，兩人分居三年未辦離婚，而卜乃夫病重住院到過世，都找不到馬福美，卜幼夫說，他只好以存證信函正式告知四嫂，處理後續卜乃夫著作授權各項問題。

卜乃夫是北平俄文專科學校畢業，抗戰在西安當記者，以「無名氏」筆名在華北新聞報連載「北極風情畫」聲動一時，該書是南韓總統李承晚時期的總理李範奭的眞實故事，文革時期因其情愛小說家身分遭到迫害，造反派抄家抄走其一九四四年出版的《塔裡的女人》原稿，但他仍默默完成六卷「無名書」，秘密郵寄出境發表，一九八二年移居香港後，以反共作家身分來台定居。無名氏其他重要著作包括《野獸・野獸・野獸》、《海艷》、《金色的蛇夜》、《死的岩層》等。

——91・10・12中國時報

無名氏病逝　藝文界哀悼

以「塔裡的女人」等名作享譽文壇　病中創作不輟　享壽86歲

因「塔裡的女人」、「北極風情畫」等小說享譽盛名的作家卜乃夫（無名氏）昨日凌晨因多重器官衰竭病逝臺北榮民總醫院，享壽八十六歲，文壇多位資深作家聞此噩耗均表示哀悼，司馬中原並盛讚他是五四作家中文字運用最好的一位，且一輩子都在寫，即使人在病中也不間斷，非常令人懷念。

民國六年出生於大陸的卜乃夫，著作多達數十種，被蔣總統經國先生譽爲「反共作家」。民國七十二年三月經大陸釋放來到臺灣，仍創作不輟，尤以對紅色中國的種種描述最爲人所傳誦，並被翻譯成多國文字，近年連大陸都著手將他的書譯成簡體字版，準備出版全集。

卜乃夫近年身體微恙，三年前與妻子分居後便獨居住在臺北木柵，晚景欠佳，十月三日凌晨因食道靜脈破裂出血而大量吐血，被家屬送到臺北榮總急診，昨日凌晨因肝硬化引發多種器官衰竭病逝。胞弟卜幼夫表示，將於本月十五日召開始治喪委員會，預定請立法委員章孝嚴擔任召集人。

卜乃夫去世的消息昨日在一場文藝界聚會活動傳聞後，引起文壇一片唏噓，中國國民黨副主席林澄枝感慨的說，她的心裡很不安，因爲本來上周四要去無名氏家中探視，表達重陽節敬老之意，卻臨時聽說他被送進醫院加護病房，後來才從友人處得知，無名氏爲了她前去造訪，興奮得在家打掃了兩天，可能是累了才住院；隔天她特地前往病房，握著他的手，撫著他的臉，安慰他一定會好起來，無奈後來醫師宣告病情並不樂觀，沒想到昨日就走了，文壇又折損一位前輩，令人心傷。

曾在十多年前爲「塔裡的女人」、「北極風情畫」二書與無名氏打筆戰而有過「過節」的臺北市文化局長龍應台則感傷的說，現在回想起來，當時她以八〇年代的文學去批判四〇年代無名氏的文學價值，作法有待商榷，對於他的文學地位與作品的歷史意義，後世都應用溫情與尊敬去看待，他確實是華文世界曾經非常重要的作家。

幾乎每場新書發表會都會爲好友無名氏「站台」的名作家司馬中原，昨日也肯定無名氏是非常有思想性的作家，其文字領先當代作家很久，更是五四作家中文字運用最好的一位，深具靈動力。司馬中原尤其喜歡無名氏量產不多的散文，因爲具有超脫的靈思及很深的哲學根柢，反而是他兩本紅透半邊天的小說「塔裡女人」、「北極風情畫」，司馬倒嫌文字稍嫌花俏，但不失創新。

——91・10・12中央日報10版・教育圈・藝文

無名氏病逝 享壽86歲

臨終前 仍心繫「無名氏全集」出版事宜
曾透露希望再活五年 完成修訂及回憶錄

以「北極風情畫」、「塔裡的女人」等長篇小說名噪一時的作家無名氏（本名卜乃夫、卜寧），昨天凌晨病逝於台北榮民總醫院，享壽八十六年。作家一生創作不輟，臨終前仍心繫「無名氏全集」的出版事宜，並親自校訂、定稿。

無名氏胞弟、「展望」雜誌社長卜幼夫表示，十月三日無名氏因大量吐血送往榮總急救，後因肝硬化痼疾及併發症引發多種器官衰竭，於十一日凌晨病逝。卜幼夫表示，他和無名氏生前好友訂於十五日上午召開治喪籌備會，並已通知無名氏未亡人馬福美，請她共商治喪事宜。

民國六年出生於南京的無名氏，曾擔任媒體記者、出版公司總編輯。一九四〇年代起，開始以無名氏爲筆名，發表的長篇小說「北極風情畫」和「塔裡的女人」，大受讀者歡迎，印行版數皆超過五百版。

一九四九年後，無名氏自願留在杭州照顧母親，未隨兄長卜少夫（「新聞天地」創辦人）、弟弟卜幼夫來台。滯留大陸的無名氏先後被迫下放勞改，並以「反革命」罪名入獄，但即使在最艱苦的環境下，他仍持續創作，完成「創世紀大菩提」、「獄中詩抄」等作品。

一九八三年，無名氏投奔自由，先至香港，後抵達台灣，以「反共作家」的身分在台受到英雄式的歡迎。兩年後，無名氏迎娶忠實讀者馬福美，在文壇傳爲美談。然而兩人卻因個性不合，已分居四年，讓向以「無可救藥的樂觀者」自居的老作家，晚年有些蕭索；他預備寫四、五十萬字的回憶錄，也因體力和生活條件所限，未能在生前完成。

無名氏於民國74年5月19日與馬福美結婚。

無名氏未完成的遺願，還有總計達五百萬字「無名氏全集」的整理和出版工作。近年來全力協助無名氏整理舊作的文史哲出版社負責人彭正雄說，目前「無名氏全集」已陸續推出十卷，其中包括

「北」、「塔」等無名氏代表作，以及兩百六十萬字「無名書」六卷中的「野獸・野獸・野獸」等巨著。另外，作家於二次戰後期間完成的「金色的蛇夜」（上、下卷），也由九歌出版社推出。

彭正雄指出，無名氏晚年體力稍嫌孱弱，但思路清晰，直到最後入院前仍在創作，並親自修訂、大幅增修舊稿。入院前，無名氏還曾透露希望自己「再活五年」，以完成全集修訂及五十萬言的回憶錄。

廿年前曾撰文批判無名氏「北」、「塔」等舊作的台北市文化局長龍應台，昨天聽到作家辭世的消息，表示感傷。她說，近日讀到國學大師錢穆「衡量作家的重要性，應由歷史意義和時代意義來判斷」，讓她重新反省過去對無名氏的批判。龍應台說，當時她是以一九八〇年代的文學觀點否定一九四〇年代的文學價值，但如今認爲，「我不能以今日之是非昨日之是」。

龍應台也表示，回台三年多，她聽到許多老作家貧病交迫的消息，讓她更覺感傷。她說，目前文化局正推動一項作家急難救助方案，但仍未通過她覺的緩不濟急。她也表示文化局訂十一月爲無名氏舉辦的研討會仍會照常舉行，不受作家辭世影響。

——91・10・12聯合報14版・文化

無名氏研討會　主角缺席

上月猶自言「八十五歲高齡仍在寫作」
回憶錄未竟　成永遠的憾事

賴素鈴

「不少文學界評論家肯定，中國五四新文學運動這一體系目前碩果僅存的兩位名小說家，一個是大陸巴金，一個是台灣無名氏（卜寧）。」作家無名氏在上月初為《野獸・野獸・野獸》一書而寫的封底文字，還自豪於「巴金纏綿病床多年，無名氏雖已八十五歲高齡仍在寫作」——連他都沒想到，這篇文稿傳真給文史哲出版社發行人彭正雄五個小時後，他就再也無法提筆寫作了。

天不假年，無名氏生前多次向好友提及，只要再活五年，他就可以完成《無名氏全集》修訂以及預計有四、五十萬字的回憶錄。斯人雖杳，台北市文化局補助，文史哲、政大中文系、官邸文藝沙龍合辦的「無名氏文學作品研討會」仍於昨天如期舉行。

全體起立默哀一分鐘，主人翁缺席的研討會，一如作家尉天驄所作的專題演講指出，「充滿了感傷、感慨與感謝」，「一個作家用他的生命，吃那麼多年苦，寫那麼多書。」尉天驄說：「只能說社會對不起他。」

社會變了，愛情觀也隨之改變，曾經風靡時代的《北極風情畫》、《塔裡的女人》不復受到年輕一輩青睞。尉天驄記得，無名氏吐血送院那天中午與他餐敘①，還爲此感慨萬千，尉天驄評價無名氏則爲「歷史的鐘聲」，敢於在紅色狂熱時代省思革命的幻滅，《無名書》六卷如今看來更有先見之明，「至少他誠懇面對生活、面對生命」，而「春天、愛情的追尋，純粹了浪漫情懷」，「浪漫主義沒有春天，就變成虛無。」尉天驄指出，「無名氏不僅懷抱浪漫主義，他的冷靜思考，更成就他的現代主義。」

自美返台初期曾因兩千字的無名氏《塔裡的女人》、《北極風情畫》評論文章，換來無名氏兩萬字②洋洋灑灑的回應，台北市文化局長龍應台憶及當時無名氏斥她「性冷感」所以不理解他的浪漫，趣稱兩人曾「結下樑子」，此時此刻爲落寞的外省作家辦研討會，也被視爲「政治不正確」的作法，但「早年無名氏的作品大受歡迎，並不因爲他的『政治正確』而是因爲他的文學」，因此，龍應台認爲，研討會在重新面對無名氏的文學，還予他應得的位置，有關單位也應審愼考量照顧病老作家的周全配套計畫。

國內學者尉天驄、黃文範、戈正銘、唐翼明及美國加大教授吳燕娜、佛羅里達大學教授羅鵬 **Carlos Rojas**，共發表六篇論文，昨起至十五日在台北官邸文藝沙龍推出「無名氏書法及手稿展」，除了無名氏書法作品，也從手稿中展現無名氏創作的艱辛，尤其《死的巖層》複寫五份（複寫紙襯紙），委由數十位友人，在一年九個月期間以兩千多封信分散寄至香港的原件，更是時代血淚的紀錄。

——91・11・10民生報A6版

編者按：

①編者在十月二日中午與卜老還在電話談書敘歡，適又有尉師（天驄）與卜老在住宅餐敘。卜老說要爲《無名書》最後兩本書的修訂定本寫小簡介，午後稍事休息，《野獸・野獸・野獸》及《開花在星雲以外》二書的封底介紹文稿已完成，於晚間七時四十來電告知，過了八分鐘就電傳文史哲出版社，是卜老最後的親筆文稿。上半年因卜老爲撰寫《塔裡的女人》劇本二十集給南京電視台，可能過份勞而體力不支。天有不測的風雲，事隔五小時（三日凌晨一時許），體虛病倒吐血送醫。當日「黃昏五友」（卜老語）王志濂、徐世澤、薛兆庚、宋北超、彭正雄會合在榮總加護病房外守候，緊急連絡家屬，至下午五時許，家屬卜老六弟到醫院，吾等方行離開。五日清晨六時半再度探病，卜老能用筆談十餘分鐘，神智、精神均甚清醒。

②二萬字的回應文字非無名氏所寫，是支持者也是名作家—區展才先生所撰。

無名氏最後手稿及詩篇手稿

(1)

不少文學界評論家肯定，中國五四新文學運動這一代作家目前碩果僅存的兩名作家，一位是大陸巴金，一位是台灣無名氏。巴金纏綿病床多年，無名氏已八十五高齡，仍在寫作。他以十五年時間完成江河小說二百六十萬字

台灣無名氏。早在廿世紀七十年代，已被文學史家司馬長風在港出書前二卷本未經修改的[illegible]史

[illegible]我認[illegible]的[illegible]白中國

本文爲無名氏(卜乃夫)先生生前最後手稿遺墨，距病發五小時前，即二〇〇二年十月三日凌晨一時微血管破裂，腸胃大量出血及吐血，三時送達榮總治療，於十一日零時六分仙逝。

TEL NO. : 866 2 29382449　　OCT. 02 2002 07:49PM　P. 1

（2）

新文學誕生以來，「無名氏初稿」是最偉大的小說。」九十年代名教授袁良駿說：「無名氏是毛澤東時代第一作家，寫作的最輝煌的作品。」名詩人瘂弦說：「無名氏是國寶級的作品。」又說：「無名氏不僅是說故事的大師，也是哲學家大師。」大陸權威的評論家，復旦大學人文科學院創造性深思和說：「無名氏是千古奇書，可與歌德的浮士德媲美。」南京大學名教授任應果

TEL NO. : 866 2 29332449 OCT. 02 2002 07:51PM P. 1

③

甚至說「無名書」是中國的但丁的神曲」近年來海內外評家，[illegible]以文藝[illegible]此書「野獸、野獸、野獸」是第一卷，已改[illegible]香港中文大學黃繼持評此書為「時代之書」生命之書

TEL NO. : 866 2 29382449　　OCT. 02 2002 07:53PM　P. 1

(4)

常在三至之山坳

封底內容文字與「默默」相同。但最後二、四句

改爲：「已改以書卷中文大學名教授黃維樑說前

最至至于紅學」是文學中的經典之作，是當世已

邁到華嚴經的境界」。宅字上古今中外作家，從

無一人用此一形式，禁絲拈思維，家數，接萬象，抓到

佛教禪宗的悟道境界、贊悟

在憶第一西江月節首詞的前面先加下面一首

憶七年（七絕）

憶曾長夏共廊居　星斗滿庭廊下坐

夜靜微風耳畔語　流螢輕掠鬢邊過

在献給列菁（七首）後面加下面小引：

小引

我寫給列菁的詩很多，只有三首。但她一九七一年、一九七二年寫完她和我離婚後，痛苦極中，我即寫了十九首詩。記在無名書稿　我刪了四首，其餘未再寫。

詩篇手稿

等待
—給菁
二十萬時靈與靈的凝固（注）
新的鐵錘猛擊它的岩石面
那萬千朵吻砌成的永恆空間
千百次試鍊新的紅魔襲擊。
（空一行）
你孤獨在深淵底爬行。
沒有一絲光喚醒透明。
一個又一個大雪夜我等待：
她是又一次上昇？是永恆沉淪。
（註）當時前妻受女造反派惡鬥，我焦灼的等待她的音訊。「二十萬時」指我們結婚已十幾年，感情凝固如岩石，終於經不住造反派摧毀。

24125=600 興陽紙品

等待

—給菁

二十萬時靈與靈的凝固（注）
新的鐵錘猛擊它的岩石面。
那萬千朵吻砌成的永恆空間，
千百次試鍊（煉）新的紅魔襲擊。

你孤獨在深淵底爬行，
沒有一絲光喚醒透明。
一個又一個大雪夜我等待：
她是又一次上昇？是永恆沉淪。

（註）當時前妻受女造反派惡鬥，我焦灼的等待她的音訊。「二十萬時」指我們結婚已十幾年，感情凝固如岩石，終於經不住造反派摧毀。

以下四首遺作，爲乃夫先生舊作，於二〇〇二年六月間手稿遺墨加以批注。

仳離(註)
是永遠離開我的時候了。
你的小手指太短攀不上
阿爾卑斯峰巔的玫瑰。
你的小足踝已在滴血。
(空一行)
永恆的颱風與鞭撻,
是你的永恆命運。
千百次閃避只帶來:
更大的瘋狂,更深的血滴。
(註)此指一九七一年前妻劉菁來信要求我離婚,我七十二小時不能闔眼入眠,極痛苦中,只得允其要求。

仳離

是永遠離開我的時候了。
你的小手指太短攀不上
阿爾卑斯峰巔的玫瑰。
你的小足踝已在滴血。

永恆的颱風與鞭撻,
是你的永恆命運。
千百次閃避只帶來:
更大的瘋狂,更深的血滴。

(註)此指一九七一年前妻劉菁來信要求與我離婚,我七十二小時不能闔眼入眠,極痛苦中,只得允其要求。

盛筵（註）

一座鋼筋混凝血建築，
肉體遍開紅色窗口。
禿鷹飛窗瘋啄，
野豺沿窗狂吮。

這是一個紅色窗口宴席。
這是一場奇異的筵會。
我親愛的小珍珠，
你也來參加這場盛筵。

（註）文革期，紅衛兵以鋼絲結成的鋼鞭鞭打「五類分子」，我雖未被鞭打，但鬥爭我，靈魂卻似被鋼鞭抽韃，因而我的肉體與靈魂似變成「一座鋼筋混凝血建築」。又我的前妻原名「寶珠」。

24 X 25 = 600　興陽紙品

盛　筵（註）

一座鋼筋混凝血建築，
肉體遍開紅色窗口。
禿鷹飛窗瘋啄，
野豺沿窗狂吮。

這是一個紅色窗口宴席。
這是一場奇異的筵會。
我親愛的小珍珠，
你也來參加這場盛筵。

（註）文革期，紅衛兵以鋼絲結成的鋼鞭鞭打「五類分子」，我雖未被鞭打，但鬥爭我，靈魂卻似被鋼鞭抽韃，因而我的肉體與靈魂似變成「一座鋼筋混凝血建築。」又，我的前妻原名「寶珠」。

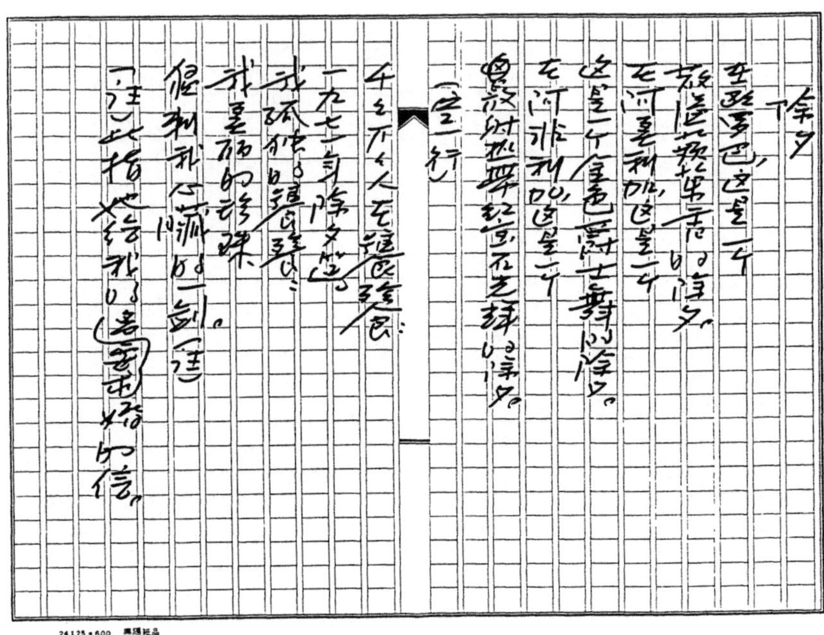

除夕
在歐羅巴，這是一個
散溢蘋果香的除夕。
在阿美利加，這是一個
這是一個金色爵士舞的除夕。
在阿非利加，這是一個
放射熱帶紅寶石光輝的除夕。
（空一行）
千千萬萬人在饕餮：
一九七一年除夕筵。
我孤獨的饕餮：
我美麗的珍珠，
猛刺我心臟的一劍。（註）
（註）此指她給我的要求離婚的信。

除　夕

在歐羅巴，這是一個
散溢蘋果香的除夕。
在阿美利加，這是一個
這是一個金色爵士舞的除夕。
在阿非利加這是一個
放射熱帶紅寶石光輝的除夕。

千千萬萬人在饕餮：
一九七一年除夕筵。
我孤獨的饕餮：
我美麗的珍珠，
猛刺我心臟的一劍。(註)

(註)此指她給我的要求離婚的信。

以上四首遺作，爲乃夫先生舊作，於二〇〇二年六月間手稿遺墨加以批注。

追懷文錄

卜寧先生（無名氏）遺照

1999年卜寧先生無名氏於木柵住宅庭院前留影
右上圖於1946年隱居杭州慧心庵專心創作時攝

小說家寫的詩

——感念無名氏

向明

最後的最後的時辰，任何一滴血都是殘忍。
海裡夜明魚在發光，森林裡麝鹿在放香。
那些最可愛的曾經離開我們。
那些最濃縮的曾經被沖淡。
左手可以緊握右手，左眼卻從沒有見過右眼。
孤獨在臉上開花，紡錘體和染色體在裂變。
但這是最後的最後的時辰，從沒有一朵花眞正離開我們。
從沒有一顆悦星眞正背向我們。
啊！任何一滴血都是殘忍！

這首詩的題目叫做《最後的時辰》，副標題註明「寫於抗戰勝利後一日」。作者是剛剛過世的眞正有資格候選諾貝爾文學獎的無名氏卜寧先生。無名氏是個從四〇年代就成名至今的小說家。他的小說突破了古今中外一切小說的框架。現在流行的所謂「文體越界」書寫，無名氏早在四〇年代就已經實驗過了。他的小說不大像小說，他以詩、散文，散文詩和類小說的敍事手法，混成了一種非常獨特的無以名之的另類小說，從來沒有人稱無名氏爲詩人，稱他爲詩人會貶低他的小說位階，但無名氏確實是一位有著詩人性格的小說家。

無名氏非常懂得詩，尤其對西洋的象徵詩非常有心得，早年還曾經寫過一系列。在給他的侄子信中，還曾分析過這些他寫的象徵詩。這一首《最後的時辰》就有這種象徵詩體的意味。這首詩是寫我國對日抗戰勝利後國家遭受重創勝利欣喜及紛亂現象。無名氏在自剖他的詩曾說過：「詩是不好過份機械理解的，它有極大的彈性。自剖祇是就字面上解釋，其餘讀詩者可自己品味。」因此讀這首詩就不必執著於用散文句讀的方式去分析，而是要從所呈現的意象後面去體會。前兩句「最後的最後的時辰，任何一滴血都是殘忍」，眞正是嘔心瀝血的沉重之言，道盡八年抗戰最後終於獲得勝利的橫生感慨。第二段寫勝利來到後聽見到的喜悅和感受的悲情。第三段寫當時國共的面和心不和，借生物內細胞分裂歪變以喻國共內部之相互傾軋。最後四行則是指雖然慘傷歷歷，亂象紛陳，但花還是照開，喜悅仍然歸屬我們。其實用眞心去體會，深層去感悟這首詩，這眞是一首以史爲鑑的動人詩篇。八年對日抗戰花了無以數計的代價，終於熬得勝利的到來，祇有這首詩寫出眞誠的撼動。而這是一位傑出的小說家所寫的詩，容易為詩家所忽略。

無名氏寫過很多的詩，曾經出版過一本厚厚的《無名氏詩篇》。其中有許多詩是當年在勞改營中所寫，但當時無紙無筆，祇有記在腦中，來台後才謄寫。小說家無名氏來台後，與他結交最深的並非小說家，而是我們這些年長的老兵詩人。他一直稱讚台灣的詩凌駕大陸之上，他總認為我們這幫人才是中國詩的希望。也許我們都有相同的沉重的歷史背景吧，他的詩觀也與我們一樣的強烈沉重。他在一首名為〈詩語〉的短詩中這樣說：

從沒有一種書
說述世界的最深度；
每一米是萬千種放射。
一粒是萬千種凝固

從沒有一種書
說述靈魂的最深度；
每一秒是萬千種自殺；
每一分是最複雜的痛苦。

詩人的小說家晚年非常不幸。活到八十六歲時，他的每一分鐘都是最複雜的痛苦。他的偉大的小說都爲地域偏見所否決；他的感人的詩篇，更是從無人記起。但我深信誠如他所說的，從沒有一朵花會眞正離開我們。從沒有一顆悅星眞正背向我們。他的作爲已經進入永恆。

——92．12．26人間福報覺世副刊

苔痕上階綠
草色入簾青
唐劉禹錫句 戊寅無名氏書

無名氏書法(一)

2000年11月23日無名氏參加高雄世貿舉行圖書展專題演講。在資深作家作品展示區前與張拓蕪、無名氏、管管、向明等留影。

無名的大丈夫，親切的長者

──敬悼無名氏

張　健

無名氏先生走了！我感到很慚愧。

認識卜先生，已是十多年前的事了，那時他來到台灣不久，在一陣熱鬧之後，漸漸歸返平淡的生活。我記得在《創世紀》三十週年慶的夜會中，我首次識荊，而跟他交談了好幾句，只有一個印象：年輕。因爲我在高中時便讀過他的書了，心中以爲他一定是一位古稀老人，但看起來不過五十歲出頭──其實那時他已經六十七、八歲了！

之後有好幾年沒見到他，偶爾在報上看到他的消息，也沒十分在意。民國七十九年底，在漢光文化公司（我倆都是漢光的作者）的尾牙宴中，再度相逢，他老先生神采依舊，說話不多，卻展示了驚人的記憶力，──「你在台大教書吧？」我頷首，頓時只覺二人之間，親近了不少。

第三次是五年前──民國八十六年五月十六日，我們一起應邀出席彰化師大主辦的現代詩學會議，他是主題演講人，我是講評人。那天是星期五，開會前一天，兩人都參加了主人準備的夜宴。在赴宴之前，我倆在皇筑大旅社大談特談，主要是我傾聽他講述三十多年來在大陸受共黨壓迫及其與共產黨人週旋的故事，真可以說是一字一淚，雖然對這些事件我本來多少有所知悉，但聆聽一位當事人一五一十地細說出來，格外有感同身受的體會。宴會之後，兩人又談了一些，才各自回房就寢。

十七號早晨，不約而地入餐廳用日式早餐，寒暄之後，繼續談台灣的文壇及社會，上午第一場是他主講台灣四十年來的詩壇，我仔細聆聽之後，也坦誠地給了他一些補充意見——如台灣詩人並非不關心現實社會種種，並信口舉例，他微微頷首，並謙遜的表示願意重新考察這一問題。

兩週之後，我一時心血來潮，拿起電話筒給他打電話聊天，聊到天南地北，尤其關切台灣的政治和前途，想不到二人背景如此不同，而所見竟多不謀而合，除了一些細節，我們不啻是久年知己。這樣的通話前後一共三次，其中有一次正臨選舉前夕，更是說得如火如荼，他差一點把鍋子上的飯食燒焦了！

三年前，著作權人協會大會上，我倆再度邂逅，這次人多嘴雜，我們只說了三分鐘的話，他對我說的最後一句是：「我會投你一票！」

後來遇見文史哲的彭正雄兄，對我說起卜先生的近況，我說：「哪天要到木柵去看他。」看來我是太慵懶了，這句出自衷誠的話，卻始終沒有付諸實踐，我對自己失信了，也未嘗不可說對長我二十多歲的卜老失信了！

我們常喜歡用卜老早年的《塔裏的女人》、《北極風情畫》評斷他，其實他後來的長篇小說早已超越了這兩部少作，而且展現了一位大作家的高度企圖心以及頗為可觀的內涵和意境，也許，他的意外的死亡，正是我們重新評估這位小說家的一個最佳時機！

——91・11・10台灣新聞報10版・西子灣副刊

呼噏廬間以自償保守兒堅身受慶方寸之中謹蓋藏精神還歸老
復壯俠以幽闕流下竟養千年樹令可壯至道不煩不旁迕靈臺通
天臨中野方寸之中至關下玉房之中神門戶既是公子教我者明堂
四達法海員真人子丹當我前三關之間精氣深子欲不死脩崐崘絳
宮重樓十二級宮室之中五采集赤神之子中池立下有長城玄谷邑長
生要眇房中急棄捐搖俗專子精

節撫右軍黃庭經　壬寅中秋節後三日寧士書於湖墅無名齋

無名氏書法(二)

二〇〇二年的秋天　看魚游

——悼名作家卜乃夫先生仙逝

碧　果

高高瘦瘦的一株楓，你是最美的今秋
被以黃而透翡的彩葉，在空裡旋著
唔，卜老你悄悄的走了
在覓尋眞理與上帝的路上
其實，你早已頓悟，
夢與現實是沒有距離的

其實，你早已頓悟
書明秋天的方式是
側耳傾聽，張目
一樹葉子又瘦又黃的楓詩成菊之魂
唔，卜老你悄悄的走了

穿過以蟬聲爲背景的喬木林子
面前是一面巨鏡也似的曠野
五色俱全的臉孔覆著其上
敗葉化泥，不見胴體而入夜

幽微的一盞燈火
處於遠遠的林之外。

其實，你早已頓悟
爲何此間的時空如此陌生而無定所
對白在沉默中，成爲溝通
交談卻消音在剪輯之前
有人背轉身去
伸手可及的距離，似乎又遠了許多
唔，卜老你悄悄的走了
誰人在哭泣，茫然困惑之後

啊，是景物在眼中淡出，升向天空
唔，卜老你悄悄的走了

其實，你早已頓悟
誰人在哭泣，背後
依然有山，山前依然有屋。
屋前依然有河。
河中也依然有魚。
魚也依然還在游。
其實，你早已頓悟
唔，卜老卜老呵你悄悄的走了

註：十月九日，我與辛鬱、大荒兄，相邀至榮總看望在內科加護病房就診的你，當時，你正在入眠中。經護理小姐告知你的病情正穩定中。沒想到三天後，你竟悄然的走了。哀哉！

——91・11・10青年日報10版・青年副刊

無名氏三大奇蹟

徐世澤

無名氏原名卜寧，又名卜乃夫，生於一九一六年，不幸於今年十月十一日零時病逝台北榮總，享壽八十六歲。四十年代前期，他出版《北極風情畫》、《塔裡的女人》，風靡一時。但三十年代末期，他在抗戰陪都重慶文壇，即已嶄露頭角。在發病前一天，他仍自豪為三十年代名小說家中，除了巴金（已臥病多年）以外，論輩分之高，應該數他了。

我所知道的無名氏，至少有三大奇蹟。

其一，我在中學時，就拜讀他的《北極風情畫》和《塔裡的女人》，不只是我，那時候的青年們，幾乎無不為這兩本小說神魂顛倒，如醉如痴。不數年間，各銷了一百幾十萬冊，成為新文學第一暢銷小說。如果無名氏像某些暢銷小說家一樣，把類似「北」、「塔」的作品，再寫個十幾二十本，肯定會發點小說財，名利雙收。但他絕不如此，反而在抗戰勝利後，隱居杭州一座尼庵中，全力創作他的代表作《無名書》六卷二百八十萬字，可見他對文學眞理的虔誠求索，近乎奇蹟了。

其二，大陸易幟時，《無名書》只完成二卷半，在那時的政治氣氛下，他接近在死亡壓力包圍中，竟能完成此書後三卷半。一九六〇年，他寫完第六卷《創世紀大菩提》最後一個字，他在室內暗呼「我勝利了」！他的毅力之驚人，也近乎奇蹟了。

其三，在那個時代二十八年中，像他這樣一個名作家，如不靠政府，不參加工作，絕不可能。但他便是小病裝大病，用各種方法瞞過當局，方能繼續寫作。他這種堅持眞理的精神，也應是一種奇蹟。

這篇小文，無法詳介他的江河小說、無名書，只想提一下前兩年出版的《創世紀大菩提》，內涵融合基督教、佛教與儒家三派重要思想，是中國小說家從未嘗試過的。二〇〇〇年五月問世的《無名書》第二卷《海艷》（台灣版），描繪愛情的語言及種種美麗境界，我認爲已超過《人間四月天》。正如名詩人瘂弦所說，他不只是說故事的大師，還是感覺的大師。至於一九九七年出版的《無名書》第三卷《金色的蛇夜》，所探索的魔鬼主義世界及其種種邪惡觀念，也至爲深刻。可惜現在不少年輕人只愛讀輕鬆俏皮的小書，對無名氏求索流露宇宙大精神的鉅作，恐無興趣，我不免爲此再三歎息。

據我所得資料，大陸已出版無名氏三本傳記，大學裡「現當代文學系」以無名氏作品寫學士論文者極多，寫碩士論文者亦不少，專門研究《無名書》而寫博士論文，獲得博士學位亦有幾位。東南方許多出版社紛紛印無名氏作品十餘種，以九年前花城出版社印「無名氏系列」一百四十萬字規模較大。台灣方面，幾個出版社陸續印《無名氏全集》，以文史哲出版社所印最多。該社今年已印完《無名書》六卷，出齊此一鉅著，現代讀書人可一飽眼福了。

今年六、七月間，無名氏因趕寫《塔裡的女人》電視連續劇二十集，患貧血症，曾住院療養十日，不料十月三日深夜突然吐血，經診斷爲食道靜脈破裂，致一病不起，而與世長辭。他臨死前，仍手書「不要死」三字，眞令人百感交集，心痛不已。

——92．11．3青年日報10版．青年副刊

悼大作家無名氏先生

卜老風流世所知，若論際遇惜離奇；
坐牢裝病逃橫死，著述等身是大師。
之一

巨著《無名書》六卷，宏論宇宙至通神；
堅持眞理不降服，毅力超群第一人。
之二

《塔裡女人》受讚揚，忙於寫劇損心腸；
病貧交迫難支撐，痛失文豪弔國殤！
之三

絕筆仍書「不要死」，尚懷簽約赴蘇州；
那知病勢趨沉重，一瞑眞教了百憂。
之四

2000年5月卜寧先生約「黃昏五友」之三位共進午餐談論6月上旬赴上海蘇杭自助旅行事宜後，在客廳合影。上圖：王牌、卜寧、徐世澤先生，下圖：彭正雄、卜寧、徐世澤先生。

當生命變成礦物時

張　默

十月十一日中午，我匆匆趕到中山南路國民黨中央黨部大廳，參加《文訊》等多家雜誌聯合舉辦的重陽敬老活動，老友王牌告知，今天凌晨無名氏走了，十分突兀而令人不敢相信這是眞的。

大約是九月下旬某一天上午，卜老打電話來，細說他十月中旬將赴蘇州與大陸洽談小說改編連續劇事宜，同時他也透露十一月九日，臺北市文化局特別爲他舉辦一次作品研討會，邀約咱們這一群寫詩的老友參加，他再三叮囑，當晚他作東，大家聊聊。

在電話中，卜老十分感謝龍應台局長的美意，他更自稱是邊緣人，對當前文學雷厲風行的本土化，深感遺憾。

以下，我把時光倒退廿年，卜老是於七十一年十二月廿三日從廣州搭火車到香港，結束他在大陸多年的夢魘生活。「聯合副刊」特於十二月廿一日發表他的詩作〈奇妙的一夜〉，長達六十五行，洋洋灑灑，充滿詩情與詩趣。正好那一年，爾雅版《七十一年詩選》誕生，由我主編，我把卜老這首詩編入，另五位編委蕭蕭、向明、李瑞騰、張漢良、向陽，在決選會議上一致熱烈鼓掌通過。

這應是卜老的詩首次在臺灣的新詩選上登場，意義非凡。下面特節錄其中數節，供大家一粲。

捕捉，那最飄幻的
在扇子搖晃中
尋找，那最固定的
在光影舞蹈中

窗外，流進來的風
是水，尋覓，燈光
每一杯茶，人的形體
而我的胴體，是乾涸的石池
痛苦的，注滿這無形的液體

當宇宙死滅時

聲音，找尋，聲音
當地球停止旋轉時
水，找尋，水

今夜，我就是尋找
不停的尋找
我形體裡的最後的
聲音，流水，燈光，思想

在卜老少數的詩作中，這是一首相當特殊的作品，不難窺探他當年強烈渴盼自由的意欲。尤其最末兩句，「我形體裡的最後的／聲音，流水，燈光，思想」，莫非就是他早就為自己擬好的「墓誌銘」。

卜老，請安心靜靜地，走吧！我深信你最繫念的全集，一定會在有心人的捉刀下早日面世。

小雨，在雲山蒼茫間飄、飄、飄

——敬悼無名氏卜乃夫先生

謝輝煌

故事的最後一滴清淚，像竹葉尖上那顆晶亮的露珠，在地心引力親切的呼喚聲中，帶著一縷清芬，投入大地的懷抱，完成一次壯闊而淒美的旅行。故事當然就到此戛然而止了，然故事中哀感頑艷的情節，以及男女主角的一悲一喜、一顰一笑，永遠會像北極的風、古塔的金鈴，帶給人一份冷冽的刺激與溫馨的安慰。

死生亦大矣，乃夫先生。您以「無名氏」試劍文壇，又以「無名氏」斬斷與文壇的塵緣。「無」就算是您的姓了。有「無」才有「有」，您所擁有的「有」，原生於「無」，不也實至而名歸？「名氏」就是「名四」，即排行「老四」。這個「名」，也就是您眞正的「根」了。葉落歸根，什麼風都帶不走了，也不怕再被「綁票」，再進「集中營」去「改造」了。

其實，「五年的改造」（坐牢一年，勞改一年、監改三年），並沒有把您「改造」成一顆安定的棋子。您仍然死抱著封建的《紅樓夢》不放，死包著西洋的名作家不放，企圖「一口氣鯨吸三江水，以完成自我獨創」。而《無名書》這部小說，就在您「萬妙皆備於我」的企圖下，贏得了「時代之書，生命之書」的喝采，這該是「五年改造」的最大收穫吧！

夢物各有其金黃的秋天，您是萬物之靈中的極品之一，當然也應有一個金黃的秋天。此際，正是菊花金黃的時節，您欣然作別千千萬萬的讀者，我們是該來唱曲「長城外，古道邊」爲您壯行的。只是您那幼弟，在重九那天，又嗚嗚地唱出了「遍插茱萸少一人」的歌聲。他的聲音顫顫的，眞像「晚風拂柳」的「殘笛聲」，使得金菊們都有點「黯然銷魂」的況味。

記得，您是很喜歡山的。華山的雪，冷峻而溫暖，只因有您的愛。黃山的景點「有些已受傷害」，而您依然「端坐蓮花峰光明頂」，端坐成一種莊嚴的象徵。

誰說不是呢？生命本就是一種完美的莊嚴，小說、詩歌和一切的藝文，也無一不是。這些完美的莊嚴，豈容踐踏或傷害？豈能抓去充當「爲某某服務」的奴工？華山就是華山，黃河也只好認輸，並進行自我改造，這不也是一種頗具「特色」的啓示嗎？誠如您說的「通過本書（指《無名書》）激情洪流，我多望讀者重新燃燒生命之火—也就是中華民族生命原動力。缺少了這一類原動活力，中華民族無從起死回生。」

董仲舒說：「爲天地立心，爲生民立命，爲往聖繼絕學，爲萬世開太平。」您是找到了那把金鑰匙了。雖然，漢武帝未因董氏而「萬歲」，中華民族也不見得會因您所標示的藝術內涵而「起死回生」，但無論如何，「一泓清泉沁詩脾」，有總比沒有要好。種豆得豆，是三兩個月的事；種智得智，則是百十年的事。人若眞有投胎轉世的話，您應有機緣品賞「萬朵靈花手自栽」的美景。

好囉，老人家，「人間到處有青山」，您就自由自在地去瀟灑一番吧，萬山千嶺中，您不會淪爲寂寞的獨行人啊。您瞧，那若隱若現的蒼茫山色中，不是還有一點、兩點、三點……盟鷗的影子，正等著您結伴再遊黃山嗎？此刻，的確是有些小雨，在雲山蒼茫間飄、飄、飄。

（附記：無名氏的《無名書》出版後，唐紹華曾作〈無名氏奔向自由世〉一文，收於《文壇往事見證》。又，不久前，無名氏曾於《中副》有〈與風景對話〉一文，均爲本文腳本之一。）

——91・11・2青年日報10版・青年副刊

林淨藏煙峯危限月帆影
搖空綠隨風飄蕩白雲還
臥深谷　清厲太鴻詞摘句
金陵卜寧書於杭州北墅

無名氏書法㈢

無名氏的二三事

魯 軍

無名氏走了！這個世上好人又弱了一個。

我認識無名氏可以分成兩個階段。

幾十年前，大概我還在讀初中，看到他的名著《塔裡的女人》和《北極風情畫》，為之著迷。那時節我常到租書店租小說看，看得最多的是張恨水的小說，諸凡：《啼笑姻緣》、《滿江紅》、《金粉世家》《虎賁萬歲》……我一本都不曾漏過，我的同學都笑我是「張迷」，後來轉學到太湖，我的校長桂凝露竟然是張恨水的妹婿，天下就是有這樣的巧事。不過，當我看過無名氏的《塔裡的女人》之後，立即被書中的人物和情節深深吸引住，和張恨水的社會言情小說，在風格上完全不同。無名氏筆下的男女主角羅聖提和黎薇所表現出飄逸、瀟灑、纏綿、哀怨，在其他小說中很難看到的，那時候年輕、童稚而又天眞的心靈裡，勾勒出原作者的形象，就是書中的羅聖提，心中充滿了崇拜和仰慕。

沒想到事隔幾十年後，在台灣我竟然有機會和《塔裡的女人》作者無名氏相識，除了機緣之外，時代的變遷恐怕也是原因之一。

無名氏來到台灣以後，受到文化界的歡迎，當時總政戰部主任許歷農非常禮遇無名氏，偶爾邀約無名氏在三軍軍官俱樂部吃早餐，談談他到台灣的感想，問問他在台灣的生活情形，因爲當時我在青年日報服務，也常常奉命作陪。在用餐的時候，許主任每次都不忘記交代「青年日報副刊要多邀卜先生寫稿」（無名氏本名爲卜乃夫）。許主任的用意我很能體會，一方面讓反共作家無名氏能有「充分」的園地發表作品，另一方面以高於「青副」一般的稿酬，算是對無名氏的一點點幫助，又不傷及他的尊嚴。

在這以前，無名氏的二哥卜少夫先生，我們很熟，我尊稱爲「少老」。少老每次從香港來台灣，文化界的好友總得聚聚，每次我都是忝陪末座。無名氏也是應邀之列。在席間，他的話鋒很健，說話的內容往往毫無顧忌，少老在緊要關頭總是打著哈哈把話題岔開。但是，無名氏不以爲意，要說的話，照說不誤，而我們聽的人也都哈哈一陣了事，沒有人放在心上。從這個地方可以看出無名氏的爲人風骨，他不阿諛、不隨便附和，雖然歷經多少苦難，他仍然不失赤子之心，這種人在我們這個社會上已經是不可多見了。

有一年我陪無名氏前往金門訪問，同行的還有反共義士孫天勤和李天慧，當時金門司令官是宋心濂。宋司令官對於他們的來臨，給予熱情的接待。無名氏當時很受感動，請人拿來文房四寶即席揮毫，寫了兩幀條幅送給司令官。我是第一次看到他寫毛筆字，對於書法我是完全不懂，只覺得他的字寫得風流瀟灑，十分好看。中國自古就有一句話說「字如其人」、這句話似乎很難用在無名氏身上。那次金門之行，給他留下很深也是很好的印象，後來我們有機會見面時，他常常提到這一段「戰地友誼」。

沒隔多久我從青年日報退役，就很少和他見面了，再加上少老過世，連提到他的時機都沒有了，去年，在一次與友人偶然的相遇中，提到無名氏的境況，包括他的婚姻、生活，都不是很如意，聽了以後，我們彼此嘆息良久，以無名氏的個性，他是不會輕易向環境低頭的，再說，如今時易事遷，誰又會注意到一個落拓耿介的文人？

最後一次是從新聞報導中知道無名氏去世的消息，我的心情是沉重的，也是淒涼的！雖然我們之間沒有深交，但是，對於一個好人、一個耿介而又純眞的好人，如此悄悄落下人生幕帷，總是會讓人覺得這個社會欠了他什麼？

不過，無名氏的一生和他筆下《塔裡的女人》羅聖提一樣，都是悲劇收場的人物，但是，他們生命過程卻是多采多姿，起伏不已，人生如此，也就了無憾事了！

——91．11．2青年日報10版．青年副刊

聞無名氏逝世

台客

「塔裡的女人」
正在哀哀哭泣
「北極風情畫」
摔跌滿地
還有那只「紅鯊」
還有那只「金色的蛇夜」
「野獸、野獸、野獸」
它們全找不到自己的主人

走過風風雨雨
走過漫漫長夜
一只堅毅的靈魂

始終甦醒著
且昂然挺立
你是無名氏
你豈是無名氏
當蓋棺論定
歷史的風雲正在
不斷的騷動

註「」內皆爲先生的文學作品集

——91·11·2青年日報10版·青年副刊

無名氏的文采

黃文範

我在烽火遍野鐵馬金戈的抗戰歲月中，初讀無名氏的《塔裡的女人》與《北極風情畫》，他那種熱辣辣濃得化不開的文筆，在當時的艱困生活中，豁然開啓了視野與想像，十分心儀作者洶湧熱情。然而直到四十年後，在寶島方得識荆，因緣際會，我得以從讀者有幸成爲他的翻譯人，迻譯了好些篇外國學人對他作品的評介，以此奠下了深厚的交誼。

治譯有年中，我深深體會翻譯文學評論之難，便由於評論學人的學院風格，往往基於西方文學長篇大論的經典理論，再採用所評論作品的章節原句作引證，爲文雖不長，卻不得不放下筆就引用的雙面資料推敲，再去尋覓大量原作。無名氏才情澎湃，作品浩瀚，評論家點出引用書名，還有出處可覓，否則就只有與無名氏探討，請教原著的出處。譯者能與作者直接溝通，是我治譯以來罕有的經歷，也獲益良多。

在我譯過的西方評論中，美國歐文奧楚淇評論無名氏《花的恐怖》這個短篇小說集，最爲推崇的兩個短篇爲〈契闊〉與〈一型〉結論爲：

「儘管卜寧在他的小說及回憶中，有一種憂鬱的語調，但今天他對生命，還保持幽默的見地，對中國大陸的未來，也具有樂觀的態度，他對本身的苦難及國家的悲劇作了紀錄，立意爲作史實的記載，而不是傾瀉悲痛與挫敗；但最重要的是：此書是文學文體與想像力的一次勝利。」

對無名氏中篇小說的評論，邁阿密大學學報中，則有琴恩德雷爾（Jone TeatelDryer）評論《紅鯊》，標題爲「令人屏息的故事」，文中道及毛澤東時代大陸一名勞改犯洪憲衡的一生遭遇。

「洪憲衡是修路犯人，一九五一年，他因遭疑爲國民黨特務而被捕下獄。起先關在上海監獄，受盡了飢餓與迫害達一年多。後來把他押到大陸腹地，認爲是施恩，說在那裡吃的東西比較多，空氣新鮮，還有每天增加自行活動的機會，至少至少這第二和第三項承諾實現了，犯人在氣溫攝氏零下二十度的嚴寒中，一天工作十四到十八個小時，而他們配給的衣著與伙食，則是最少最少。每天都有餓死或者疾病發作而死亡。在修一條橋樑時，要犯人在冰水中結成一道人牆，收工後，他們想在火邊使凍僵的四肢暖和一下，卻造成骨頭像殘枝般斷裂。

無名氏根據洪憲衡的手稿，也由於他在大陸時遭受過勞動改造，在集中營和監獄關過幾年，他利用上述原稿，加上多次與洪談話的紀錄，又參考一些資料，抒情的文體並沒有弱化或聳動洪憲衡的經歷，而寫成了一本使人屏息的故事。」

而一段對無名氏長篇小說《無名書》所作的評論，我在今年七月十六日才譯完寄出，標題爲「無名氏的文采」：

「雖則無名氏並不是一九四九年以前大陸的唯一作家，他躲過了一九四九年的改朝換代，在社會主義的時代中活了過來；卻是相當非等尋常地，在二十世紀後半世紀的大部分時間，繼續創作的唯一一位，而且還積極地繼續修改從早期直到現在的作品。他的作品文體範疇廣大，包括了小說與非小說，他最能持久的承傳之作，當然就是定論還過早而大名鼎鼎的《無名書》了；這一本小說始於社會動亂及外邦侵略的時代，成於社會寫實主義正派顯著藐視時，堅持直到中華人民共和國初期才完成。《無名書》對二十世紀中國文學史的傳統分期，到挑戰歷史分期劃分的主題，在本書中，尤其有關中世紀「世紀結束」，在整本書中有清清楚楚的發展。書中劃時代的變遷，既涉及當時中國的政治危急關頭，尤其普遍提及現代本身、與現代思想輪廓範圍有體系的思想。

《無名書》的整體，標誌出以恰當的歷史與普遍的抽象一種迷人的混合。一方面，它定位在中華人民共和國成形以及抗日戰爭時期，它的基本情節，根據了那一時期政治與文化的鬥爭；另一方面，，這部小說變得越來越與外表上的歷史背景分離，轉移爲進入對人類文化性質、以及人類精神有更爲超時間限制的思想。

也像無名氏的總體般，《無名書》出自一種折衷的混雜敘述文體，包括了自傳的回憶、報導文學、哲學省思，以及情感上的浪漫。它描繪出人類精神，在中國二十世紀脆弱的政治、社會，及文化花氈上長期漂泊。它所堅持的顯著烏托邦思想，成爲許多中國文學討論特具的地方觀念，一劑受人歡迎的解毒藥。

這篇較爲廣泛深入的評論，無名氏顯然非常重視，今年七月初，寄我翻譯時，前後通過四次電話，我幸而未辱所命，在他有生之日譯奉，使他知道自己的作品，受到海內外廣大的歡迎與認眞的評論，玉樓奉召跨箕歸天，可以無憾了。

——91．11．2青年日報10版．青年副刊

無名氏書法㈣

霜影亂紅凋

——悼念乃夫兄

戈正銘

十月五日早上，我在看中國時報，忽然看到一條消息，說無名氏病危，在十月三日已住在榮民總醫院了，我忙打電話問文史哲出版社發行人彭正雄先生。蒙彭先生熱心地告知詳情。方知無名氏在三日當天腸胃大出血，下午已不省人事，醫院才發出病危通知，四日病情有好轉，人也清醒了。我在十月五日下午一點半去榮總急診室加護病房去看他時，他神智清楚，還對我含笑點頭。但因嘴中插著管子無法說話。我當時還寫了一首七絕送他，祝他早日康復。誰知這竟是我們相見的最後一面。乃夫兄大去矣！

乃夫兄一九四三年二十六歲時即聲震文壇。一九四七年我在上海南洋模範中學讀高中二年級時，首次接觸無名氏的作品：《北極風情畫》及《塔裡的女人》。當時這兩本書非常風行。同學們排好日子，一個人接一個人輪著看，可以想見其受歡迎的程度。一九四九年我首次看他的無名書第一卷《野獸、野獸、野獸》，覺得很震撼。那時我在上海交通大學讀大一，中外古今的小說名著，少說也讀過數百種，卻從未見過以全宇宙、全人類爲文學對象的，空前浩瀚而如此華美的小說，直到多年後，讀完無名書的六卷之後，覺得《無名書》在現代文學史上，無疑是獨樹一幟的開山之作。他在華文現代文學史上自應有其大師級的地位。

我與乃夫兄訂交近二十年。我們是道義之交、性靈之交，也是文學之交。我們常通電話，談論中外古今的文學、歷史和哲學。一談就是一、兩個鐘頭。近年來，他每出一本書，我都寫一篇書評，也很得到他的誇獎。他對我的傳統詩詞很欣賞，評價很高，時常催我結集出版。我因忙於本業的科學研究與教學工作，結集之事遲遲未完成。好在我今年八月一日起已退休，有較多空暇，可將詩詞整理出版，以告慰亡友。

走筆至此，秋風乍寒，弦月在天，爰賦浪淘沙一首悼念乃夫兄：

浪淘沙

執手病床前，詩祝平安，詎知竟乏術回天。
別後又匆匆匝月，再見無緣！
曩昔震文壇，卅載孤寒。無名書六卷珍傳。
當代平章文學史，卜子當先。

——91．11．2青年日報10版．青年副刊

我們虧欠無名氏

向明

無名氏卜寧先生走了。八月間聽說卜老不太舒服，我曾和詩人辛鬱相約到他寄居的木柵山邊小屋去看他。辛鬱說卜老是江蘇人，一定會喜歡吃蘇州茶食，我們特別到一家專作有這種特色的點心店去買了兩盒帶去。獨居的他見我們先是一愣，聽我們自報姓名，他這才欣喜若狂，幾乎要和我們擁抱。他的一愣是因爲他的眼睛越來越看不清來人的面目，一定要聽到聲音才知來人是誰。卜老一直把我們這些當兵出身寫詩的人視爲密友，隔不多久便要請我們吃飯，地點是衡陽路武昌街上的一家江浙館。他是寫小說的，可是來台灣後卻一直稱讚台灣的詩凌駕大陸之上，他認爲我們這幫人才是中國詩的希望。

卜老住的地方很小，但卻是兩層樓房，他寫作和睡覺的地方都在樓上的小屋裡。由於一人獨居，無人照顧，事實上他的行動也已蹣跚，自己照顧自己都很困難，進得小屋便是一陣異味撲鼻而來，地上四處都是垃圾，廁所到處都是髒物，馬桶已很久沒有沖洗。我到樓上去看，一陣鼻酸，那裡是人住的地方？滿地都是報紙，看不到一張床，矮桌上堆滿了書籍紙張。卜老卻很興奮的在爲我們解說他的偉大的寫作計畫。他說他正在應大陸一家電視台的要求，親自改寫他早年的成名作《塔裡的女人》為連續劇。他說自己寫的東西自己改寫很順手，十月份應該可以全部完成。我們知道他的視力已經很差，看書要用高倍數放大鏡。便問他寫連續劇要寫那麼多字，看不清怎麼辦？他說還是靠放大鏡把字寫大一點。我在報社當編輯時看過很多卜老的稿件。他是從來不打草稿的，來的稿件上不是左改一筆，便是右改一行，有時行距間容不下改正的字，便一條黑線引到老遠的稿紙邊緣空白處動起筆來。看卜老的稿，編輯頭痛，校對頭大。現在他放大鏡下寫字，不知有何異狀？

聽到他在那麼力不從心的身體狀況下，還拚命要寫連續劇，我們知道他是迫不得已的。現在他已無任何經濟來源，書也賣不動，維持起碼的生活都要靠朋友照顧接濟，他接下寫連續劇，也是想自食其力呵！我的心裡暗自滴血。這是什麼樣的一個世界啊！一個這麼有成就的老作家，一個以《北極風情畫》蜚聲文壇，一個完成過《野獸、野獸、野獸》等六部擲地有聲的長篇小說，震驚文學界；一個寫出與索忍尼辛小說《古拉格群島》齊名的《紅鯊》巨著，譯成英文成為劃時代經典之作的文壇老鬥士；一個一生反共愛國，曾經歷經紅色劫難，好不容易脫困來台的忠貞之士，到老會得到這樣的下場，得不到社會的任何扶持照顧，竟然讓他在一切匱乏之下，含悲而死，這是一個什麼樣無情的世界呵！我們能說不虧欠他太多麼？

——91・11・2青年日報10版・青年副刊

無名氏，你沒有死

王璞

我認識無名氏十幾年了。當時，他從香港「投奔自由」來台不久；到台北市中山北路「聯勤外事俱樂部」，觀賞我們「中華民國頂好方塊舞俱樂部」的會員們跳美國方塊舞。我因爲年輕時就看過他的《北極風情畫》和《塔裡的女人》，而自己又喜歡文藝寫作，還編了多年的文藝雜誌，無形中便和他成了「一國」的人。但眞正過從甚密，到無話不談，還是從民國八十五年底，我和他商量爲他拍攝《作家錄影傳記》的事開始。

〈無名氏自傳〉，是我已完成的一百多部「錄影傳記」當中的第一部。他看了相當滿意。在台灣，對誰都稱讚我的攝影技術，說我拍得如何如何的好；甚至還介紹我去紐約，爲夏志清教授拍了一部〈夏志清自傳〉，這是後話，已另文談到（請參閱《聯合文學》第二一三期）。

現在查閱我的「錄影記事簿」：八十六年元月十一日，他來電告訴我，〈無名氏自傳〉的資料已經準備好，相約在「榮總」的咖啡廳見面。那天我們整整談了一個下午。他不但把有關照片都帶來了，還備妥一份文字資料。另外，還有好幾卷他來台後電視台訪問他的錄影帶，以及在美國的錄影訪問。他建議從裡面剪接一些放到〈無名氏自傳〉中去。

「這會牽扯到版權問題。」我說：「我要拍攝一系列的《作家錄影傳記》，如果其中一部將來有人提出異議，那麻煩就大了。」

他同意我的看法。說我做事考慮得很周到。此外他要用的幾張有關杭州和南京的風景照片，我都要求他必須先徵得有關人士同意，那是郭嗣汾兄所編的一套《錦繡河山》上的。

當時，他住在淡水鎮山坡上新民街的一棟大廈五樓；而我家住台北市東區。我開車去他家錄影，來回一趟要二三個小時。我早出晚歸，花了五個工作天才殺青。我跟他開玩笑：

「我們兩個人創出世界金氏紀錄了！一個（虛歲）七十歲的老頭子，開車兩三個小時，去給一個（實歲）八十歲的老頭子拍攝『錄影傳記』，全世界恐怕都找不到吧？」

我剪接這部〈無名氏自傳〉，前後花了二十三天，一共有四個版本，他來我家看了非常感動！

我也很感動。感動的是：在這兩個小時的錄影帶中，無名氏有時是在天堂上，有時又在地獄裡；有時是赫赫英雄，而有的候，卻是勞改營中求生不能、求死不得的囚犯！其中有歡笑、有淚水、有幸福、有悲慘，有屈辱、有光芒，有孤寂、有熱鬧，有淒清、有燦爛，有意氣風發、有落寞蒼涼，有愛、有恨，有生、有死……讓你的情緒不由地跟著其中的情節忽上、忽下，忽喜、忽憂，忽怒、忽恕、忽懼、忽恐……天地間能有幾人像他如此複雜的遭遇？又有幾人能像他如此的勇敢果決，足智多謀，百折不撓，而勇往直前！

在這部〈無名氏自傳〉中，他毫無保留地敘說他祖父是一個「賣大布的」；他先後幾次談戀愛，是如何的刻骨銘心，迴腸盪氣；為了照顧老母，而深陷水火，受盡折磨；為了不跟共產黨合作，佯稱患了非常嚴重的肺病，而裝瘋賣傻……更讓人肅然起敬的是：在共產黨嚴密地控制之下，在艱苦驚險的環境之中，他偷偷地完成了《金色的蛇夜》下卷，與《死的巖層》、《開花在星雲以外》，以及《創世紀大菩提》等等。

尤其更讓人敬佩的：他把他著作抄寫在複寫襯紙的薄紙上，前後用四千多封信函的方式，透過他自己和他的學生、朋友，利用外出（出差）的機會，坐火車時在沿途各站，從大陸各地投郵，給香港他的「老哥」卜少夫先生。最後，當少夫先生寫信告訴他都全部收齊時（有的會被查到沒收，就再補寄），他簡直欣喜若狂，和朋友們擁抱慶祝……誰能在二個小時的錄影帶中，看到過如此的天翻地覆，地獄和天堂？

而且我敢打賭，很少人會看到他淚流滿面—他一向表現的是那麼堅強，那麼自信，那麼注重自己的形象——但是，當他敘述老母病逝，拿著他老人家的遺照無助地呼天搶地時，他禁不住潸然淚下，嗚咽地說：「我也是有血有肉的人啊！」此時，我一面掌鏡，一面也跟著淚眼模糊了！

在這部《無名氏自傳》以外，我還為他拍了好多卷紀錄片。例如：〈無名氏八十書法回顧展〉、〈無名氏八十壽宴〉、〈無名氏拜訪小學老師〉、〈卜寧新書發表會〉、〈無名氏訪釋廣元〉、〈無名氏宴請藝文友好〉等。此外，我還應他之邀，拍攝了〈百老匯巨星王洛勇演講〉，以及〈卜少夫先生追思會〉等等。

因此，他視我為他的「好朋友」，甚至「最好的朋友」；並戲稱我「王聖人」。其實，我自從提倡「全民錄影・保存文化」（請參閱〈聯合副刊〉八十八年六月十九日至二十一日三天）以來，《作家錄影傳記》如同前面所提，已完成一百多部，《藝文活動紀錄片》共計二百多部；每完成一部我都贈送當事人和有關人員一份拷貝作為紀念，絕不接受分文報酬。（假使我接受了任何報酬，不會有人說：什麼理想，什麼使命感，只是說著好聽而已，還不是為了錢嗎？是不是？）我是創始人，提倡者；「全民錄影・保存文化」，是我的「教」（前歷史博物館館長何浩天先生稱我的教為「文教」），也是我的「道」。我忍辱負重到處「傳教」，也決心「殉道」，豈能想到報酬？接受報酬？唯一想到的只是我的「道」如何能通行全國（甚至全球）；我的「教」如何能吸收「教徒」，擴大「教務」，以冀對每個家庭、各行各業、國家民族，甚至能對全世界的文化有所貢獻！（彭歌先生在給我的信中，曾鼓勵的說：全民錄影，全民推廣；為文化拓展新土，為歷史留下紀錄。……）

所以，我不光是不接受無名氏的報酬，任何人都一樣。他每次來我家，除了他的書，我不但不接受任何餽贈，反倒讓他帶回去一點水果什麼的；因為他一個老人家獨居（在淡水時已「有名無實」，夫婦兩人早就不說話了。只有我一個人了解實情，當時答應為他保密；現在在此也不便多提），我們看了實在心酸和心痛！而我感到非常抱歉的是，我因為工作太忙，一年三百六十五天全年無休；有時他要來我家，實在找不出時間接待他。好在他能諒解。

他常說，他喜歡來我家。在我家他可以完全放鬆，不必保持什麼形象；不只是寬外套，熱了連內衣都露出來了。而且愛說什麼就說什麼，毫無顧忌。再說，他喜歡內子為他準備的菜餚，而兩個人也滿談得來的。內子是小學教師，對標點符號相當注意；他們兩人也無話不說──她常對他提到標點符號的事；他坦率地說：我沒有學過標點符號。

而這些，不但不會傷害到我們的友誼，反而更增加了彼此的了解。有一次，他提醒我：你注意到了嗎？我送別人的書，簽名是用卜乃夫；送你的，簽的是「乃夫」哩！我們深深感激。

今年（民國九十一年、公元二〇〇二年）十月十一日上午，由《文訊》月刊等雜誌社所聯合舉辦的，一年一度「文藝界重陽敬老聯誼活動」，我照例去全程錄影。第一位應邀致詞的，是台北市文化局長龍應台，她一開口就說：我剛才在來此的車子上，聽到無名氏先生今天凌晨在「榮總」病逝的消息……我情不自禁地「啊！」了一聲，頓時心中五味雜陳！

唉！不管怎樣，他曾經是被熱烈歡迎的英雄般人物；也曾經是讀者崇拜的偶像；他曾經被邀請在全國各地演講；也曾經是海外受歡迎的演講寵兒……而時過境遷，勢移事易，儘管由於客觀的環境和主觀的原因不同了，但是，一位八十六歲的老人家，晚年竟孤苦伶仃的「蟄居陋巷」，能不令人感慨萬千！在這裡，我不敢埋怨誰、指責誰，只是呼籲有關單位和文化大員，不要光口口聲聲地高唱文藝多麼重要，文化多麼重要，要建設什麼文化大國的「大話」；請先切切實實地去做點「小事」吧！而照顧這類「文化老兵」，該是刻不容緩的「小事」呢！

寫到這裡，我一直耿耿於懷的是民國八十七年，我去台南爲蘇雪林教授拍攝「錄影傳記」時，所看到的種種，所體會的種種，不能不讓我暗自啜泣！若不是由她的學生唐亦男教授爲她張羅，蘇教授的晚景恐怕比無名氏還悽苦！別的不說，連她在老人院伙食費都沒有著落，還是由成功大學校友會來承擔。文化界的有關大員們在做什麼？相關單位又在幹什麼？她老人家是教育家、學術家、作家，也是畫家，更是一百零三歲的人瑞啊！當我爲她拍完〈蘇雪林傳〉不到三個月，她就因病住進加護病房了，醫生居然發現她患有營養不良症！啊，台灣錢淹腳目，一位一百多歲的國寶級人物，竟然會營養不良，誰能相信？誰敢相信！至於她的宿舍，誰又能爲她建爲一座「蘇雪林紀念館」呢？……

唉！在我拍攝的這一百多部《作家錄影傳記》當中，已經有十多位傳主離開人間了！除了蘇雪林，還包括：黃得時、陳火泉、吳若、林海音、朱白水、張秀亞、應未遲、彭品光、李牧……現在又加上無名氏！在靈堂裡，我們所看到的輓額、輓幛，常說他（她）們「音容宛在」；而在我的錄影帶中，他們卻是「音容永在」！

剛剛我又在電視上播放〈無名氏自傳〉，他如同我在為他拍攝時一樣地，對著我侃侃而談。有時激昂慷慨，有時悲憤填膺，而有時笑，有時哭，……他沒有死！

他沒有死！他不但活生生地活在我的錄影帶（光碟片）裡；更會活在無數讀者的心靈中！

尤其，我這套《中華民國／作家錄影傳記／王璞錄製》的片頭字，是出自他的手筆，蒼勁有力，更能和每位傳主同在，包括以後的！

啊！無名氏，你沒有死！你永遠不會死。

——91・11・1青年日報10版・青年副刊

永和九年歲在癸丑暮
春之初會于會稽山陰
之蘭亭脩禊事也羣賢
畢至少長咸集此地有崇
山峻領茂林脩竹又有清
流激湍映帶左右引以為流
觴曲水列坐其次雖無絲
竹管絃之盛一觴一詠亦足以
暢敘幽情是日也天朗氣
清惠風和暢仰觀宇宙
之大俯察品類之盛
右錄蘭亭序
正雄仁兄正字
丁丑卜寧書

無名氏書法(五)

天涯異客

——記念作家無名氏先生

辛鬱

在我的印象裡，無名氏作爲一個跨越多個世代的作家，是一個異數。抗日戰爭時間就開始寫小說的無名氏，當時並不以抗戰這樣的時代巨變作爲創作素材，而以兒女情長的戀愛故事，穿插一、三十年代的社會背景，作爲寫作的標的，這在當時，豈非異數。當然，在抗戰勝利後出版的《北極風情畫》、《塔裡的女人》這兩部小說，無名氏以他的特殊表現手法，在一個又一個愛情故事中，加入了對時代、社會等等背景的描寫，不過，那些僅只是一些必要的襯托。所以說，無名氏無法與當時的小說家如巴金、茅盾、艾蕪等放在一起排比。

其實，就小說來論，《北極風情畫》與《塔裡的女人》雖有浪漫主義的虛構傾向，卻是兩則動人的故事，且至今仍在流傳。

來到台灣後，無名氏陸續發表並出版小說，帶著個人的痛苦回憶，所以筆觸有強烈的批判性，有針對某種邪惡力量的駁斥與抗議。但表現手法，似乎仍有浪漫主義傾向，不過已從「虛構」易爲「寫實」；這也是一個異數。譬如《紅鯊》這部作品，無名氏用盡了心力來寫一股邪惡力量，但它引起的回響，不知怎麼回事，竟非常微弱。在台灣中期，無名氏與一群現代詩人交往，那時期的作品，浪漫傾向減弱了，帶著一股內在的反省，人生探索的意味也加重加深。可惜的是，一方面因爲年齡漸高，體力日衰，另一方面則因爲「家變」，似乎有些後繼無力。到了晚期，雖然仍看得出他奮力向前的身影，但畢竟時不我予，那身影已直挺不起來了。在印象中，他見到朋友，談的幾乎都是沉湎在往昔風光中的回味；我常感到一絲落拓的悲涼。

如今他大去，對台灣文壇，似乎並無所損，這是多麼不公呀！

——91・11・1青年日報10版・青年副刊

2000年6月24日無名氏在蘇州庭院幽憩。

無名氏二三事

瘦雲王牌

無名氏先生走了，朋友們都很難過。

承先生不棄，生前把我們當作兄弟和朋友；所以很多心事都向我傾吐，一次又一次。

卜老津津樂道的一件事是一生深愛三個女人。這三個女子曾經爲他帶來極大的歡樂和幸福，也爲他帶來無邊的痛苦與折磨。每次談起這三位女性，都是眉飛色舞，意興湍飛，但最後總是唉聲嘆氣，感慨萬千，久久說不出話來。

卜老第二個愛的女子是趙無華（名畫家趙無極的妹妹）。他們在杭州西湖湖畔邂逅，進而凝成一場柏拉圖式的愛情。夢幻、浪漫、唯美，是卜老一生中最幸福的日子。可惜趙小姐身染肺疾，在醫藥缺乏的艱苦時代，趙小姐抵不過病菌侵蝕而香消玉殞。這也是無名氏最最痛苦的一段歲月，爲此他披髮行吟西湖湖畔好幾年，差一點投身西湖追隨趙無華而去。

無名氏第一個愛的人是前妻劉菁。劉菁是親戚家的女兒（一說是祖母的貼身侍女）兩人自小一塊兒長大，青梅竹馬完全是一段純純的愛。兩人結婚後當然過著幸福快樂的日子，有如神仙眷侶，羨煞世人。然而好景不常，因大時代劇變而陷身竹幕，甜蜜生活一下子陷入昏天黑地和痛苦深淵而被迫仳離，各奔東西，爲此他寫了十七首詩給劉菁，以訴思念之苦。祇是這十七首詩無法在竹幕裡發表，不久即下放勞改全數被抄走，無法找到。今年六月間他憑記憶抄錄了四首，分別傳給彭正雄與筆者並附有小引，這四首詩成了他最後的遺作，令人感傷！

第三個女子即海島上的馬××。無名氏七十二年脫難由港來台，於抗戰時期他所撰《塔裡的女人》、《北極風情畫》兩本唯美小說曾風靡全國。大陸變色後未能及時逃出，以致傳說紛紜，有的說他已爲情辭世，因爲他就是《塔裡的女人》中的男主角羅聖提。有的說他看破紅塵遁入空門，在一座深山古剎中潛心向佛。六十九年我曾在已故前輩詩人李莎先生所寫一句詩「鴿群」中談論過這些傳說，引起不少人好奇。所以七十二年他來台消息經報端報導後，引起世人，尤其是老一輩廣大無名氏迷的好奇，奔相走告，他仍成了知名風雲人物。全國各社團、學校和機關團體搶著請他演講，國內、國外不下數百場之多。俗話說「英雄美人」，馬小姐得過東亞電風琴大賽亞軍，才貌雙全，在崇拜英雄心理下兩人很快結爲秦晉之好，成爲美談。由於年齡、個性差異太大，兩人情感很快跌至冰點。雖然還同在一個屋簷下，卻形同陌路，兩個人都很痛苦，卜老日子尤其難挨。同時以前的所有名譽職銜全沒了，收入銳減，生活開銷卻越來越大，身體狀況愈來愈差，幾年下來，整個人一下子老了不少。與來台時意氣風發相較，判若兩人。他幾乎天天跑醫院與醫護人員打交道，身上、房間、書桌及床頭都是藥瓶、藥罐和剩下的成藥。而影響健康最大的是生活不正常，有時一天三頓、四頓，有時

一天一餐；有時候一道菜餚吃個四、五天，有時醬油、味精拌飯……，日子過得極為辛苦。一代作家，竟落魄至此，誠可謂無語問蒼天！

——91・11・1青年日報10版・青年副刊

68歲的無名氏

27歲的馬福美

沒有人接的電話

墨爾本 俗 子

不知道在天上的「您」是否可以無憂無慮了？
活著時飽經憂患，臨死前也是驚天動地、嘔心瀝血如泣鬼神。
您的唯一摯愛《無華》早已在天堂裡等候您！
希望您們能在天堂會面，如您寫給天堂的一封信，信中殷切地呼喚：《再相見！再相見》
再見了！祝您靈魂得到安息，不再悲愁！不再流浪！

註：無名氏本名卜乃夫，又名卜寧，筆者曾受教於他，恩師生活簡約，全心專志於文學創作，書法研究，尤精於王羲之書法。爲人樂觀助人，尤其提攜後進不遺於力。平日以練氣功、慢跑鍛鍊身體，只惜晚景清苦，飲食欠佳，據醫生報導是食道靜脈破裂，嘔吐大量出血，加上肺炎及多種器官衰竭，而導致死亡。老師平生大志是爭取最高榮譽「諾貝爾文學獎」看來是遙遙無期了。

我想再加一首小詩，時當一九九九暮春，乍雨初晴，在台北近郊淡水河畔一西餐廳，大師暢談自己寫作計畫及校對「無名大書」的進度，未來猶如《朝日》充滿了希望，竟忘記了日已西斜，侍者來催促，但是飯菜僅食用一半，因爲談話忘記了吃飯，看老師興致高昂，做學生的也只能空腹聆聽，過了下午打烊時間，於是在侍者的監視下，匆匆划了兩口飯，留下一桌子大盤、小盤的菜餚。

懊悔點了太多，但是在沒有吃之前怎麼知道吃不下呢？

我們活著的時候總是對自己期望過高，但是過了中年卻發現事與願違。

臨江宴

那天，我們的興致很高，
點了許多的菜，擺了滿滿的一桌。
窗外是蔚藍的海水連著無限的藍天，
我們暢談著未來，
內心卻充滿著欣喜與感傷，
不知從何下箸。

恍惚中，
日光輕移了腳步。
人生的每一道滋味還未細細品嚐時，卻已被撤走了。

謹以此首小詩紀念亦師亦友「無名氏」文學大師，十月十一日凌晨卜師過世，他終生致力於文學創作，八十六高齡因體力透支而大量吐血而亡，他的最大願望是希望得到「諾貝爾文學獎」。本人在此誠心呼籲中英文俱佳的文友或前輩，請您們共襄盛舉，來替「無名氏」著作翻譯成英文。

1999年2月駱駝在台北市麗都飯店和無名氏會面

我最敬愛的無名氏老師

墨爾本 **駱 駝**

本月十三日上午接到世界華文作協秘書長符兆祥先生的電話，他沉痛地告訴我「卜乃夫老先生（即無名氏）已于十二日凌晨仙逝，享年八十六歲……」

我的心只一沉，頓時兩眼一黑，以後的話就沒聽進去……

噩耗來得如此突然，令我頹然不知所措……待情緒稍定後，我又一次取出珍藏身邊的一張彩照，老師的音容笑貌又重新出現在我的面前。這張照片是一九九九年二月我在台北市麗都飯店和老師會面時拍攝的。那是我們有生以來的第一次見面。盡管我們素昧平生，但卻一見如故，我絲毫沒有拘謹的感覺。我像小學生向老師匯報情況那樣，原原本本地報告我接受無名氏思想影響的過程：五十二年前，我在中學裡讀了《北極風情畫》《塔裡的女人》和《海艷》，書中醉人的詩情畫意強烈地吸引了我。爾後，我又讀了《野獸野獸野獸》《一百萬年以前》和《沉思試驗》，書中湧現的愛國熱情和人生哲理進一步啓迪了我，終於使我效仿書中主人公離家走出，踏上「革命」的征程。幾十年過去了，我經歷了比無名氏筆下人物更曲折複雜的坎坷，而在這漫長的歲月中，我始終遵循著無名氏的思想指導，爲追求光明而生活而奮鬥。在這同時，我又多麼渴望有朝一日，能有幸見到這位不識面的導師，向他傾訴一切啊！也許是「有志者事竟成」吧，我移民澳洲後，經多方打聽，終於得知了老師的下落，於是我不遠萬里飛台北，見到了仰慕已久的老師。時值早春，乍暖還寒氣候宜人。這時華燈初放，我們約會在燈光柔和的咖啡廳，隔桌對坐，捧杯交談，只見老師身材高大，衣著樸素，笑容可掬，已經年逾八旬的他依然精神鑊爍，談笑風生。我向老師敘述了自己的經歷後，又像小孩央求大人一樣，希望老師以我的經歷的素材，再寫出一部小說來。老師和顏悅色地談了自己的看法，給了我很大鼓勵，他說：「你還是自己寫吧，你完全有能力寫一本自傳，寫好後給我看看。」隨後又作了其它指示。我興沖沖回到澳洲，忠實地遵照老師的指示，幾經周折，終於寫出《駱駝行》這部自傳體回憶錄。脫稿後，自然先寄給老師審閱，老師收到後立刻打電話來說「你寫的很好，……非常好，……好極了！」一連三個「好」使我有些受寵若驚了。隨後又來信說：「你得趕快設法出版，這是一部很有價值的史料，很珍貴。我可以爲你寫個短序……」幾天後，就收到老師電傳過來的序言，眞是誨人不倦。現在又聽說去年老師用他那昏花的老眼審閱我的稿件時，由於用眼過度，導致視力急遽下降，急送醫院搶救，亦未奏效，在此艱難情況下，老師仍舊堅持給我寫序言並一再來信鼓勵我，難怪那字跡潦草得難以辨認。這眞令我悔恨莫及！

《駱駝行》一書澳洲朋友們的大力支持下出版後，我當然首先寄給老師一本，他收到後又來電話，熱情地祝賀我……

我下決心於明年春暖花開時再去台北看望老師，還準備帶錄音機聆聽老師的教誨，我還多次夢想著再次會晤的情景：在歡樂的宴會上，我舉杯敬祝他老人家健康長壽……可是我萬萬沒料到噩耗來得這麼早，這麼突然！

三年前的首次會面竟成了最後的訣別……

我的夢想永遠無法實現了！

其實冷靜地想一想，人生苦短，壽命再長也有大去之日，無名氏老師享年八十六歲，也算長壽了。而且生命貴在奉獻，老師辛勤筆耕一生，爲社會創造的精神財富將彪炳千秋，照亮著廣大讀者的生活道路。無名氏最有名。無名氏是偉大的。

我最敬愛的無名氏老師永遠活在我們心中。

〔小資料〕據說抗戰期間文化名人卜少夫和弟弟卜乃夫在重慶租賃一間小屋，用作「書屋」。兄弟二人原想爲此小屋取個好名字，他想來想去總不滿意，而在此小書屋從事創作的卜乃夫便以「無名氏」作筆名了，不久以後，無名氏在此小屋內寫出的《北極風情畫》和《塔裡的女人》譽滿天下，無名氏成了最負盛名的作家。

九州生氣恃風雷

——論無名氏「野獸・野獸・野獸」的元氣

戈正銘

二十世紀四十年代後半期，中國廣大土地上內戰正酣之際，中國文壇上忽然出現一朵空前絕豔的奇葩——無名氏（卜乃夫）的《野獸・野獸・野獸》。作為二百六十萬字的、六巨册的《無名書》的第一巨册，它著實震撼了當時的文壇。看慣了魯迅的沉鬱短篇、茅盾的「遵命文學」、巴金的流暢篇章，讀者終于看到了「迴腸蕩氣感精靈」、「亦狂亦狹亦溫文」的、元氣淋漓的宏偉鉅著：無名氏的《野獸・野獸・野獸》。它的出現標示著華文現代長篇小說，在新文學運動經過之十年的歷程後，終於成熟了。

「九州生氣恃風雷」，中國大地的蓬勃元氣經過苦難風雷的激蕩終於迸發出來了！元氣在《野獸》一書中是貫徹始終的。首先它表現在本書的主題，對生命的執著無比的追求，之中。本書的最後一頁點出書名的命意：「野獸樣向生命撲過去！與生命肉搏！抓生命的頭，擰生命的臉！……去追求！去追求！到地底去追求！到海角天涯去追求！……生命不是為了做點綴的侏儒！不是為蒼蠅樣到處舐甜！不是為了蚊子樣嗡嗡嗡嗡，又貪婪、又牢騷、又懦怯！生命是為一場霹靂雷鳴、為一場瀰天雷火。」正如荷馬的「伊利亞特」與「奧德賽」一樣，作者對人性的刻劃鞭辟入裡，細膩的探討了人性的弱點，重點卻表現在對生命的自我肯定與認同上。在荷馬的史詩中，人的自我最大的肯定表現多在戰場上的殘忍與殺戮。與此不同，無名氏的史詩則顯示著，元氣即是生命，元氣即是無比執著的追求。這種追求就是人的自我最大的肯定。

其次，元氣貫徹於本書對痛苦與戰爭的闡述中。本書除了悲天憫人的一面之外，深刻的指出，痛苦—包括戰爭帶來的痛苦—是獲取幸福的必由之路。不像但丁在「神曲・地獄篇」第一章第一句悲觀的說「當人生的中，我迷失在一個黑暗的森林之中。要說明那個森林的荒野，嚴肅和廣漠，是多麼的困難呀」，作者胸有成竹的寫道：「戰爭在進行。革命在進行。中國大陸在進行翻天。古代東方在進行覆地。所有這一切進行主要是—一片時代大瀑流在進行。大瀑流中，千千萬萬渴望明天的生命們，颭展出千千萬萬順應瀑流和表現瀑流的姿態。」生命只有在經由大痛苦後才更有元氣，證之作者本人的半生苦難經歷，可謂夫子自道。

另外，即使在純景色的描述中也充滿著元氣。請看：「藍色海水彩畫似的開展，畫軸隱入天際，白色毛卷層雲的波浪裏。天空灩藍，影綽綽的，疏掛縞狀雲的乳色薄幕。藍色天氈下，海水輕舐淡棕色海岸，空闊中鳴起神秘和音，藍色的和音。在長期海蝕輪迴中塑成的海岸，微微隆凸淺棕色胴體，它的每一個細胞，現在都滲透陽光的金液。一些斑駁的古銅色海螺獅，摺扇形的褐色大蚌壳，及一些被巨浪打上來的五臂海盤車，星花似的紫黑色海盤車，古典意味的裝飾這片淡棕色胴體。胴體的另一部分，點綴綺紋玲瓏的五彩貝殼，絢爛的海藻，以及海藻中的半透明樹架形的水螅群體，它們爍爍發光。……彩色蝴蝶魚在海裏游。一切和平而蔚藍。」生機處處，萬物欣欣。醲郁的元氣直撲讀者！愛因斯坦說：「個人的生命只有當它用來使一切有生命的東西都生活得更高尚，更優美時才有意義。生命是神聖的，也就是說它的價值最高，對於它，其他一切都是次一等的。」偉大的文學家與偉大的科學家在心靈深處是完全契合的。

韓愈的「雜說一」說：「龍噓氣成雲。雲固弗靈於龍也，然龍乘是氣，茫洋窮手玄間，薄日月，伏光景，感震電，神變化。」作爲人中之龍的無名氏以其「薄日月，伏光景」的、浩然的元氣「茫洋窮手玄間」，馳騁文壇六十多年，以八十五歲高齡，筆耕愈勤，眞正做到了使讀者們「感震電，神變化」。以致他的作品歷經五、六十年時間的考驗，讀者群仍然愈來愈大，影響也愈來愈大。

走筆至此，驚悉老友無名氏因病逝世，不勝悲痛。謹獻悼詩一首：

七律　悼乃夫兄

早歲螢窗客舊京，淹通中外悟虧盈。
歌狂北極華巔夢，琴碎南都塔裡情。
海豔孤燈長獨影，星雲繁景偶商庚。

菩提樹下修成果，宇宙文宗不朽名。

無名氏青年時代求學於北平，發憤螢窗苦讀，博覽遍及中外古今，遂成通人。「虧盈」出自易經：「天道虧盈」。第三、四兩句是無名氏成名著《北極風情畫》及《塔裡的女人》兩書之內容。《北》書以一怪道士狂歌於華山之巔展開情節。《塔裡的女人》則一開始以男主角在南京演奏小提琴為與女主角邂逅之始。第五句的「海豔」是《無名書》的第二卷。「獨影」指佛家所說的三境之一的「獨影境」。這裡指，追憶既往，設想未來。第六句的「星雲」是指《無名書》的第五卷《開花在星雲以外》。「商庚」即倉庚。詩經：「春日載陽，有鳴倉庚。」商庚鳥叫，表示冬夜已過，春日將來臨。「商庚」是雙關語，還有另一層意思：商略（即商量）于長庚星。詩經：「東有啓明，西有長庚。」所以第六句的第一種意思是：星雲滿天，自是繁景，卻經常是孤寂一人，偶而也有愉悅的春天鳥鳴，例如，無名氏在《無名書》全部寫畢後，曾在室中獨自低聲歡跳以示慶祝。第二種意思是：星雲繁景，無人共賞，只好偶而與長庚星共享了。因為有第二種意思的存在，所以用第一種意思時，可以用第二種意思的，作為動詞的「商」字與上句作為動詞「獨自形成」的「獨」字相對。這在詩律的技巧中，叫做「借對」。第七句中，「菩提」指《無名書》最後一卷《創世紀大菩提》。第八句中，「宇宙文宗」指，《無名書》開創了「宇宙文學」──特別是第五卷「開花在星雲以外」──無名氏乃是「宇宙文學」的宗師。

──92．10．14來稿

適去，順也

魏子雲

《文史哲》的經紀人彭正雄老友，聽說我不愼摔了跤，傷及腰骨，趕來我家看我。醫生給我處方製作護腰鋼架，已能起床行動，告訴我無名氏卜寧先生又住入醫院，此行已進加護病房。聞說之後，除了慶幸我摔了此一大跤，傷及之處，雖是要害，幸未傷到骨骼。卻又與起憐念這位孤苦的老文友，可能生命步入後段了。

論年齡，無名氏年長於我。近數年以來，他一直忙於印行他的「全集」，卻苦於無有投資者，此事一直是彭先生爲其經始，雖一切入乎工作，只欠東風吹燃，莫可奈何耶？

我一生處窮，素無助人之力，是以在自然而然的境遇中生存於世。對於一己之生死存亡，總不忘莊子的那幾句話：「適來，時也。適去，順也。安時而處順，哀樂不能入也。」（此數語乃指「生死」二事也）所以，我聽到無名氏之未能完成其「全集」之成，就此離去人世，誠是人生之一大遺憾！說來，斯乃世間之大自然而理則也。是則「剪不能工，繪不能巧。葉繁而花疏；色麗則香減，核堅則殼薄，表剛則內柔。魚淵居空其鰓，鳥霄翔輕其翮。蛩求食利其喙。獸無衣溫其毛。猿狖邑居夫犍其臂，馬騾陸馳勁其啼。再者，產母將產子乳至。子免而乳絕。兒之出胎也，百無一知而知食。故智者云：理無極，出則爲『太極』也。太極，無極也。太極無物，萬物生焉！無極之妙，妙有光靈上帝也。」

這天，彭正雄兄離去後，我僅把《莊子》取一册到手，讀了幾篇，心情閒適起來。卻也希冀無名氏出院，能完成其「全集」問世。讀了幾篇《莊子》，忽又想起明儒屠赤水所著《黃眉叟傳》，遂又讀了一遍，抄了幾段在本文中。這番話，也是我與無名氏在一起閒聊的一些，聽其自然的龍門套兒。

說起來，我與無名氏的交遊，爲時最晚，相識不過近十年光景。在其首次書法展的會場上，由張放兄介紹的，觀其書法之丰神，以及其臨摩之法帖，遂知其是一位苦讀詩書的儒生。由於我在青年時代，拜讀過他的暢銷書《北極風情畫》與《塔裡的女人》。至今，還存有其《一百萬年以前》這部書。我還應其所求，爲之寫了一篇讀後感！（忘了是那本書了）

近三幾年，無名氏在生活上，有些挫折，不下三次遷居，彼此都在歲月上，失去了青壯的飛揚的體質，見面聊天的日子日少。見了彭正雄時，方知無名氏在修正其全集中的一些微疵。居然未能成其生前所期。宇宙間的自然法則之流轉，非個己之所能期求之也。

——91・10・12中央日報

哀無名氏先生

政大教授 周玉山

無名氏先生突然走了，留下滿桌的書稿、遍地的毛筆字，以及即將出國的行程，和一個爲他而舉辦的作品研討會。一切都在推動中，死神卻拔地而出，宣告提早引領他走向一個中斷的世界。我面對老人的來信，耳中重播他的宏音，覺得不可置信，最後悲從中來。

我們稱他卜老，總相信還可以再老幾年。他的兄長卜少夫先生，煙酒佳人伴此一生，結果壽逾九十。他們的高堂老母，在惡劣的環境下過活，仍然年登耄耋，卜家眞有長壽的傳統。他多次告訴我，應可再活五年，完成所有計畫。現在，他度過國慶就匆匆離去，距離民國六年元旦的生日，還不滿八十六歲。他的生命打了九五折，損失卻是巨大的，「無名氏全集」預計二十卷，誰能代理最後八卷呢？

近年來，他的著作標明了本名「卜寧」，因爲「無名氏」三字無法取得智慧財產權。爲了配合兄弟，他又名乃夫，令我想起孟子的大丈夫定義。溫柔敦厚的卜老，果眞是富貴不能淫，貧賤不能移，威武不能屈！他在極權下熬了三十三年，終見毛澤東先他而去。八十歲以後，他的景氣不佳，但較之從前，他仍滿意於台灣的歲月，所以遲遲不赴大陸定居。他的氣節，一如當年的馬思聰先生；他的寂寞，也的確不足爲外人道。

很少人知曉，這幾年他住在台北木柵的陋巷中，要爲每月一萬五千元的房租暗自發愁。他的成名作「北極風情畫」和「塔裡的女人」，號稱中國新文學史上最暢銷的愛情小說，各有五百多版的紀錄，卻因多屬盜印，使他幾無實惠，貧困以終。最後，他拚命寫稿，寫到大口吐血，送醫急救。出院後，悲劇循環演出，在最後一次吐血後不久，他走了，絕對是不甘的。啊，誰的血是甜的？

那年，他從大陸移植到台灣來，曾經轟動一時。我關注他的新聞，蒐集他所有的著作，也爲他的婚姻祝福。近年來，台灣的政治和文學生態丕變，他再努力創作，也被認爲不合時宜。國家文藝獎與他無關，暢銷書排行榜也與他絕緣，只有文史哲出版社的主人彭正雄先生，基於敬意和道義，不計虧損爲他出書。五年前，他的婚姻出了狀況，賠掉半生的積蓄，過著貧民一般的獨居生活。假如抽離陋巷的場景，年逾八十的卜老，仍然休休有容，和我談文學和未來，不怪任何人。他的心胸寬廣如海洋，這正是通稱海派作家的氣度。但是，生活的現實逼人而來，他終於浸染了「壽高則辱」的悲哀。

近四十年前，我是他的小讀者，隔著一道海峽，不知他的生死。近二十年來，我們在台灣時相過往，成爲忘年之交。近五年來，我們同住木柵，可謂廣義的鄰居，但因忙碌與懶惰，我時常疏於照顧這位客氣的老先生。現在，他突然走了，我要怎樣不吃後悔藥呢？又怎能原諒自己對一位藹藹長者的虧欠呢？

——91．10．12聯合報14版．文化

文曲星沉

——祭無名氏（卜寧）先生文

金　筑

秋風蕭蕭，碧雲慘慘，晨起，突聞您的大去的噩耗，猶如晴天霹靂，震得我們呆立當場，久久不能動彈，不敢相信這是事實。

前些日子，您還告訴大家，十月中旬要赴蘇州簽訂《塔裡的女人》連續劇合約，重展您十六年前的文采風華，怎奈尚未啓程就走了，走得如此匆忙，如此蕭索，如此淒然！

卜公乃夫，生於江蘇南京。及長，負笈北京，孜孜苦學，專攻俄文。並在北大旁聽，汲汲新知，抗戰軍興，投入政府工作及擔任掃蕩報外勤記者，與韓國革命志士密切往還，爲流亡政府主持文宣，出任上校秘書。三十二年冬以李範奭將軍與波蘭少女戀愛故事爲題材寫成《北極風情畫》及爾後的《塔裡的女人》兩部小說，轟動文壇，因自認爲文壇無名小卒，遂以「無名氏」爲筆名自謙。讀書人的謙沖修爲於此可見。越兩載，《金色的蛇夜》出版，奠定文學上應有的地位，惜神州陸沉，您爲照顧老母而陷身竹幕，受盡凌辱煎熬，幸七十二年脫難由港來台，重享自由。受到各界熱烈歡迎，應邀在軍中、學校、社團及海外演講數百場，剖析竹幕黑暗，揭穿紅色中國眞面目。不久劃時代巨著《紅鯊》出版。並譯成英文在歐美發行，獲得一致好評，譽爲與索忍尼辛《古拉格群島》媲美的經典之作。國人同感驕傲，與有榮焉！

近年以來，社會劇變，您不幸擠成邊緣人，生活困頓，婚姻生波，身體日益羸弱，但仍埋首案頭，創作不輟。且多次修改兩百六十萬言的人間大著《無名書六卷》，使其臻於完美，成爲五四新文藝運動以來的宏偉巨構。而您念念不忘的《無名氏全集》亦全部完成。您笑語友人，人生亦無憾恨，祇希再活五年，完成五十萬言的《無名氏自傳》即可告老還鄉，頤養天年。誰知天不從人願，突然離我們而去，沒有留下片言隻字，半語遺言，叫我們如何不驚駭莫名，如何不悲慟淒惶，淚落如雨……。

如今，您走了。金陵城頭落花如絮，燈殘夢遠；溪水河畔水鳥倦翼，冷雨淒風，黃昏浸濕了您的腳步，暮靄襲了您的身影。您走了，走得如此匆匆，如此無息無聲，《塔裡的女人》情緣未了，《北極風情畫》的淚痕未乾，翩然羽化，空留魂夢淒愴，我們薤露盈盈，悼詞淒淒切切，衷心悲悲戚戚，淚濕衣襟，不能自己！

乃夫先生！您卸下了人生苦楚重荷，掙脫了時間與空間的束縛，拋開了利鎖名繮、幸福和愛情，忘卻了紅色王朝的重重夢魘，與天地合一，回歸塵土。仰首蒼穹，文曲星沉，您眞的走了。然而，您留下的璀璨輝煌，絢麗繽紛，將長留文學青空，永垂不朽！

安息吧！卜公！

中華民國九十一年十月二日金筑吟誦

屏東青年第一七七期65 66頁

無名氏的浪漫情懷

——《抒情煙雲》讀後

瘦雲王牌

我國自新文學運動以來，談起浪漫文學及其作家，大多會提到徐志摩和他的「愛眉小札」，或徐志摩與陸小曼的愛情故事。其實，根據筆者所讀過的諸多作品比較，無名氏才是浪漫作品的代言人，他也是浪漫作品寫得最多的作家。

「北極風情畫」、「塔裡的女人」固是兩部浪漫愛情小說，更是享譽最久、銷售最多的新文學作品。自民國三十三年發行以來，前後共印五百版以上，各銷百萬冊左右。這還不包括他身陷竹幕後、文革期中各地的無數手抄本。無名氏來台灣以後，兩書又各售數萬本，且文史哲出版社正準備再度發行「全集」。

除了「北」、「塔」兩書具有高層次的浪漫風格外，無名氏兩百六十萬字的大河小說「無名書」六卷，同樣也或多或少具有一定的浪漫氣息，儘管它是一本文化小說，又被稱爲哲理小說、詩小說、象徵主義小說等等。去年歲末出版的「全集第十二卷」上下册「在生命的光環上跳舞」與「宇宙投影」。前一本是遊記，也充滿美麗的浪漫情調。而今年推出的「抒情煙雲」（全集第十一卷），尤多浪漫色彩。「抒情煙雲」上册，描寫得最多的，是他先後和兩位妻子、三位「薔薇人兒」（無名氏語）的愛情故事。

無名氏說，我國自古到今，文學家描繪愛情的作品很多，但敢於把戀人之間的日記公開的極少。他就是這個極少數人之一。現在，我們看看無名氏寫與前妻劉菁的艷事。他寫道：

「我的愛人菁像一艘航船，每年總有幾次駛入我的港灣，停泊我的碼頭。於是我們沒頂於比海洋更深的黑夜，……最長的銷魂，自是她的暑假期，那是我們的蜜月在吐朵朵玫瑰。……把我們的盛宴調製得分外令人沉醉。」

一般人寫情人重逢，大多用「緊緊擁抱或熱烈擁吻」一類詞彙以示相愛熾烈，無名氏卻只用兩個形象畫面予以形容，具體而生動。「那是我們的蜜月在吐朵朵玫瑰。」一句，讓人似乎聞到倆人蜜月生活的芳香。好美！好舒服！而描寫閨房之樂的文字，就令人感到愛的溫馨和幸福的情懷。

「這是幽靜的房間，瀦滿美麗的綠色燈光。兩人相對，單是四目甜視（甜字用得多好），脈脈含情，就夠繾綣……，她豐滿的身子緊緊貼在我的懷裡，直似羔羊純潔、順從。當一個女人自動解開第一顆鈕扣時，那情調多迷人。」

「當一個女人自動解開第一顆鈕扣時……」一般人讀到這句話時，一定急著想看下文。但無名氏適時打住，點到爲止，欲說還休，具有高層次的浪漫風格，卻又吐射象徵主義的迷離與朦朧，這種手法極爲誘惑感人。至於有關與趙無華（旅法名畫家趙無極妹妹）之間的愛戀呢喃，大多循此風格開展，只是文筆更加流暢，語言文字更輕俏活潑，場景尤其羅曼蒂克，讓人很想一口氣看完全書；但又捨不得一下子讀完，因爲其中有些情節、對話，引人一讀再讀，不忍釋手。

總之，區區讀完「抒情煙雲」，猶感全書芬芳繞樑。難怪聽說文壇元老司馬中原手執此卷後，幾乎徹夜不眠，非讀完全書不肯掩卷，足見其文字魅力了。

——87・5・19西子灣副刊

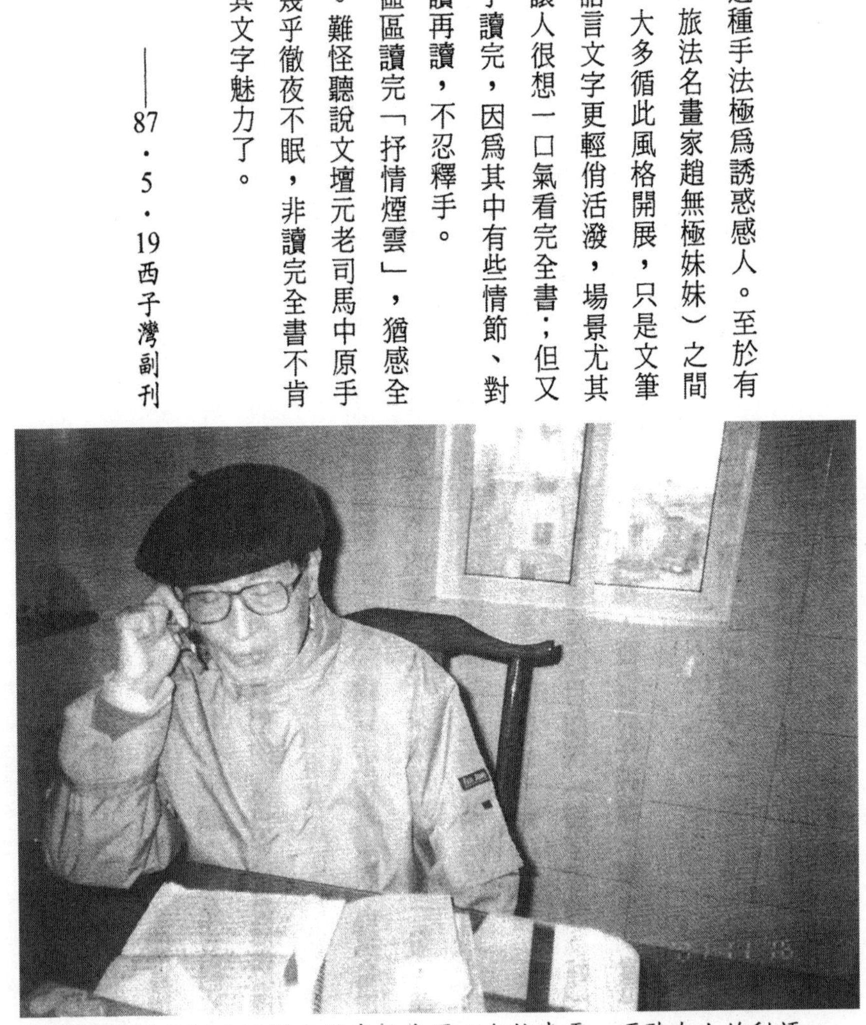

2001年11月16日沉思在滿桌的魚雁；忽接來電，頃聽友人的秘語。

記憶大海裡的珍寶

——略談無名氏的「宇宙投影」

向　明

我像遙望北斗樣的仰望他，在仰望了近五十年後的而今，無名氏竟成了我輩亦師亦友的忘年交，他不時會把我們聚在一起，聽他那充滿傳奇性的一生……

開始讀無名氏先生早年那轟動一時的名著《北極風情畫》、《塔裡的女人》和大厚本的《野獸・野獸・野獸》的時候，那時我才十六歲，正流浪在這三本書的出生地—西安，住在那秦皇漢武都曾屯兵的古城北門城樓上，與滿城樓橫樑上的烏鴉群共同分享那來自咸陽古道的刺骨寒風，凄涼歲月，唯一讓我忘卻那份落寞蕭瑟的就是他這三本書，以及他筆下的鮮活小說人物，黎薇與羅聖提的愛情悲劇，以及韓國志士李範奭與波蘭少女的異國戀情，當時也正值青春早熟的我，眞不知爲他們的悽惶的愛情流了多少淚，嘆了多少氣。

自那時起無名氏這三個字便深印在我腦海裡了。我像遙望北斗樣的仰望他，但卻從未奢想會有幸見到他。他連名姓都不願透露，當然也不會把自己隨便亮相，神秘往往是文人必要的素養。然而誰會想到呢？在仰望了近五十年後的而今，無名氏竟成了我輩亦師亦友的忘年交，就像對待小老弟樣，他不時會把我們聚在一起，聽他那充滿傳奇性的一生，和他那豐富得讓我們聽起來都感到慚愧的文學創作經驗。他來台灣這些年簡直就成了我們文學知識和大陸認知的自動補給站。

我們現在都不敢叫他無名氏了，連加上先生也覺不敬。我們都叫他卜老。八十歲的卜老不但是常識豐富，而且是座書庫，他的驚人的記憶力隨時可以把他長長一生所看所寫，所聽所聞，所履歷過的各種經驗，隨時源源本本的叫出。即以寫詩來說吧！我們都很詫異，他在大陸受到那麼多迫害，且目爲黑五類，抄家數次，怎麼可能把兩百多首詩保存得完完好好的帶到台灣來。他指了指他的腦袋說，在牢裡連手紙都沒有，寫好的詩都存在這裡面，到台灣來以後，再輸出的。

他的早年那幾本小說更是我們常常好奇的地方。譬如那個《塔裡的女人》到底是誰？眞有其人嗎？還有戀得要死要活的羅聖提又是何等人物？《北極風情畫》的那個韓國志工怎麼會出現在他這個中國作家的筆下？他和趙無極的妹妹到底是怎麼回事？卜老最喜歡我們問他這些當年得意的盛事，然後他就會連筷子都放下細說那些人物來，這些人物的眞人眞事和現在還活著的情形。說到精彩處，我們的餐會常常因聽他的故事拖得女侍們都下不了班。我們當然喜歡聽，但是他的故事太多，時間有限，我們總認爲這種口述歷史難以保存，好幾次都要他寫下來，不但我們愛聽，聽不到的也一定會愛看。

卜老並沒有吝嗇他這枝愈老愈開花的筆。他寫了，一篇篇的寫好發表，一篇篇的得到喝采聲。現在更有人把他寫的這些篇章輯印成上下兩册，一本像旅遊筆記，取名《在生命的光環上跳舞》一本是人生實錄，書名《宇由投影》。他一生八十春秋所見的花花草草，所遇的風風雨雨，包括我們好奇和不解的許多故事軼事都在這兩本書的文字間繪聲繪影的道出，和他的本行小說互爭光彩。

最近我收到大陸詩人寄給我一套上海出版的「火鳳凰叢書」。作者都是和卜老同時代的老作家和詩人，如曹禺、沈從文、賈植芳、邵燕祥等，書中寫的都是他們那段可怕的文革經驗，無不令人怵目驚心。卜老比他們幸運，到台灣過了十多年的自由日子，現在他出版這兩本寫的是兩岸生活經驗，苦過也有甜。那套叢書中詩人邵燕祥把他的書取名《沉船》，並在書前引了一段外電，說從十世紀以來，全球各海底沉下了不少於二十萬艘各式各樣的大船，裡面藏寶無數。意思是他們終於寫出來的書，也會像沉船樣有許多寶藏，待人打撈。卜老的新書是他自己從記憶的大海裡打撈出來的珍寶，不用潛水，我們便歷歷可見。這才是我們文學今年最大的收穫。

——86・12・5西子灣副刊

圓山飯店新春文薈欣遇無名氏先生預祝八秩榮慶

王　幻

北極風情畫，卓群意象新。
昔時崇仰士，今見著書人。
雅集圓山會，騁懷淡水濱。
頌觴眉壽酒，東海碧同春。

為卜乃夫（無名氏）先生嵌聯

王　幻

乃壽無疆，八秩春秋光北斗；
夫緣有份，一庭喜氣頌南山。

無名氏先生餐敘小記

名作家無名氏先生（卜乃夫）在大陸上受苦受難了三十多年，去年僥倖逃離大陸回到祖國，重獲自由。為慶祝卜先生回國後歡度第一個春節，七十三年二月二十五日，四十多位詩人假臺北市美琪大飯店康樂園餐廳邀請無名氏先生餐敘。名導演也是名攝影家的何藩先生聞訊欣然參加。並為參加餐會的全體詩人拍了一張合照，作為紀念。

餐會進行的極其輕鬆愉快，大家無拘無束，開懷暢談，眞正是一次名符其實的餐敘。參加餐敘的詩人包括老、中、青、少四代。遠自嘉義的詩人許正宗也專程北上參加，確實難得。原擬參加餐會的詩人有四十四人，有數位因臨時有事不克出席，除先後打電話給筆者表示歉意外，對於未能一瞻卜氏丰采，深表惋惜。這固然是無名氏先生知名度高，著作傑出有以致之，然而也可以看出詩人們熱忱和坦率的一面。

二十五日晚上的餐敘，確實達到了賓主盡歡與聯誼的目的。不過卜先生所說的一個故事卻讓參加餐敘的人感慨不已！卜先生說他在大陸時候，無緣無故被中共關進監牢，過了五年暗無天日的鐵窗生涯。中共為了要他答應擔任僞職，故意不讓他與人見面，故意不給他食物。

一個人長時間被孤立隔絕，見不到一個人影，已經夠受折磨了，而長時間的挨餓更叫人難以忍受，有一次，孤獨得實在受不了，一個人在黑牢裏故意大吼大叫，想引起幹部的注意前來問話，可是吼叫了半個多小時，卻絲毫沒有動靜，連個鬼影子都沒有！引人說話的希望破滅了以後，忽然感到肚子好餓好餓，不但手腳發軟，兩眼發花，整個人幾乎快要癱瘓下去，全身顫抖不已。回到國內以後，看到同胞們雞鴨魚肉大吃大喝，內心感到既高興又難過。高興的是生活在寶島上的人眞是有福氣，可以自由自在，愛吃什麼就吃什麼，想到那裡去玩就到那裡去玩，完全沒有限制和恐懼；難過的是大陸上的老百姓，不但成天要生活在饑餓的邊緣，甚至常年生活在恐懼和擔心害怕之中，以致面對滿桌佳肴，內心總有一種罪過的感覺。

聽了卜先生這一席話，我猛然憬悟：今天生活在臺灣的人實在太奢侈、也太自私了。報章雜誌上常常說我們每年要吃掉一條高速公路，是一種浪費。我以爲這只是有形的物質浪費，而在物質背後的無形損失，恐怕千百倍於一條高速公路呢！如果我們再這樣毫無節制的浪費下去，不加節省；精神上不建立起一道長城，築起阻擋浪費奢侈的防線，若干年後，恐怕我們要淹死在酒池肉林之中也說不定！

也許，這是我參加無名氏先生餐敘後的一點體驗與收穫吧！

——民國七十三年四月四日中華民國新詩學會會訊

我所知道的無名氏

宋北超

無名氏卜乃夫先生於一九八三年三月二十二日自香港搭機來台北，由救總以大陸災胞反共作家名義暫時安置在台北市愛國西路聯勤招待所自由之家。三月二十四日來台第三天我去拜訪他，那時我是在國防部總政戰部戰地政務處任職，是民政部門上校首席參謀，主管戰地政務儲訓幹部管理、動員、聯誼活動等業務。去拜訪無名氏，是希望藉其大陸見聞，在戰政後備幹部聯誼活動座談會上，將中共政權控制下的大陸情勢作詳實剖析，以期與會人員瞭解大陸人民實際生活情況，作為未來從事戰地政務工作之參考。

拜訪的那天是在早上八點到達自由之家，依事先約定，須在八點三十分之前結束訪談，以便無名氏九點之前趕赴國父紀念館出席一場大型記者招待會。在短短的三十分鐘時間裡，除簡單的寒暄自我介紹外，大部分的時間是向無名氏說明座談會預計時程、報告使用時間、參加人員教育程度等，但和無名氏幽默平易近人的對話中，就已感受到大作家不凡的談吐。告辭前我特別提到四十年前在家鄉山東濟南就讀中學時，就是《北極風情畫》、《塔裡的女人》的忠實讀者，並向無名氏表示，剛到台灣這個新環境，生活上如有需要協助的地方，可以打電話給我。

我在參謀本部服務期間，盡量設法安排無名氏參加座談會或演講，一方面藉其高知名度，提高會議出席率，另一方面增加他的收入，補益其生活費。由於談話投契，過往甚密，我們遂結爲莫逆。一九八五年五月無名氏與馬福美小姐結婚時，我特別協調南投森林遊樂區，安排其新婚蜜月旅行，溪頭青年活動中心曾免費提供一週住宿旅遊。

無名氏有次罹患重感冒，我去石牌寓所探望，談話不久，他突然對我說：「宋上校！我現在像計程車司機，馬達一天不響就要斷炊啊！」我當時聽了這悲傷的語氣，深爲難過。第二天便將此事向執行官楊亭雲中將報告，亭公問我意見，我建議本部所辦報刊，以先發部分稿費後補稿件的方式，安定無名氏生活。無名氏曾向我表示參謀本部給他的補助，對他來台後的持續創作，發揮了積極的激勵與安定作用。

一九九六年十月韓國社團法人李範奭基金會，邀請無名氏前往訪問，並舉辦書法展覽及《北極風情畫》韓文版發表會，無名氏來函邀我隨同前往，八秩高齡仍執著創作的無名氏，有機會去韓國訪問，這是他嚮往已久的事，尤其能同時舉辦《北極風情畫》韓文版發表會，更是他喜出望外的美事，我有機會陪伴老友同行，亦倍感榮幸。

無名氏與「鐵驥」李範奭將軍是在一九四一年冬天四川重慶韓國流亡臨時政府期間認識的（抗戰勝利後，李範奭回國任大韓民國第一任內閣總理兼國防部長，一九七二年去世），那時兩人同居一室，每天晚上無名氏聽「鐵驥」講述西伯利亞的一次經歷，「鐵驥」的浪漫故事觸動了無名氏的創作靈感，當時無名氏對故事做了完整的記錄，後來就成了無名氏成名作《北極風情畫》的素材，該書主人翁原型就是「鐵驥」將軍。

無名氏預計十月十八日至二十七日前往韓國訪問十天，我陪同前往，李範奭基金會免費提供我們兩人往返機票及在韓一切活動招待。無名氏平時投入寫作，對身體疏於照顧，健康情況不是很好，高齡老人出國訪問，瞭解體能狀況甚爲必要，我特別安排他在台北宏恩醫院作一次重點式體檢，檢查結果僅發現有攝護腺炎及輕微血液缺氧現象，並未發現影響出國訪問行程的病情。

十月十八日那天，我先趕到機場，瞭解飛韓班機是否準時起飛，不久無名氏亦及時趕到，見他臉色紅潤，神情愉快，拄著拐杖輕步走進出境大廳，我請無名氏先就坐休息，再去辦理出境及行李托運等手續。由於李範奭基金會所訂機位是頭等艙，等一般旅客登機後，我才攙扶無名氏登機入座。下午四時三十分到達漢城金浦機場，天氣陰冷，再度關照無名氏穿好大衣、圍好圍巾以免著涼。入境後見到基金會副會長徐英勳，總幹事李秉洙及在台灣大學取得文學博士的朴宰雨教授等人前來迎接。晚上徐副會長設宴爲我們接風，是法國牛排大餐及法國名酒，席間對無名氏來訪倍加贊許，並一再表示，有任何需要或要求請隨時提出，切勿客氣，我當時就深深感受到異國友人對一位高齡作家的尊重和崇敬。

第二天我們到國家公墓向李範奭將軍致敬，整個墓園中以範奭靈墓最大，墓位也置最高，我們佇立默哀三分鐘，親眼看到無名氏紅著淚眼行大禮，下跪叩首三次，起立後又長揖三次，其待人之誠懇，由此可見一斑。

十月二十一日是無名氏訪韓的重頭戲。上午到明知大學演講，題目是「我所知道的李範奭將軍的革命事蹟」，聽眾除該校中文系學生外，尚有其他系學生，巨大的教室座無虛席，由於演講內容精彩，加上翻譯傳神，演講經常被鼓掌聲打斷，坐在我旁邊的朴宰雨教授一直稱讚無名氏《北極風情畫》等作品受到韓國青年學生歡迎，並說從演講的聽眾掌聲中，看到無名氏人文素養獨領風騷的魅力。

中午書法展覽會在東崇美術館揭幕，除徐副會長、李總幹事、朴教授外，尚有李範奭家屬幾位代表，徐副會長致詞時，稱讚無名氏是國際知名的作家，書法也有很高的造詣，並稱他是韓國永久的朋友。當場就有幾位參觀人士訂購無名氏書法作品，這不僅是對無名氏書法藝術的認同，也給了八秩老翁很大的精神鼓勵。

晚上，《北極風情畫》韓文版發表與歡迎會同時舉行，因爲《北》書的主角是李範奭，據該基金會李秉洙總幹事告知，李將軍的老朋友全部來了，光是革命元老就有一百多位，還有社會名流、退休部長、國會議員等。歡迎會氣魄宏闊聲勢壯大，無名氏像眾星拱月般被擁入會場並請上主席台。無名氏不愧是《北極風情畫》印行五百多版，暢銷五十幾年的大作家，一上台時台下掌聲雷動，二十分鐘的致詞中，掌聲不斷。身爲無名氏隨行人，謹把當時二十分鐘的內容濃縮成下面文字，也算是盡一位「書僮」應盡的一點責任吧！

「當我站在這個高貴的空間時，有一件事一直在我心裡震盪，那就是我萬萬沒有想到，半個世紀前，我偶然為韓國革命事業做點個人應該做的事，而半個世紀之後，高貴的韓國朋友竟還記得我所做的事，且特別安排今晚這個盛會，以及其他的文化活動，答謝當年我對韓國革命所奉獻的一點點友誼。我真有說不出的感動，我為大韓民族所顯示的極動人的人情味而感動，我更為大韓民國所創造的這種以愛報愛的高尚倫理所感動。現在我以虔誠的心，對貴國這種人情味與高尚倫理，致最深的敬意與謝意。」

在漢城的幾天活動，我與乃夫先生最欣賞的是漢江，這一條四、五百公里長的河流，竟清碧似淡藍色巨大絲帶，毫無汙染，可以說越看越可愛，再想想台北短短的淡水河，迄今仍汙穢觸目，就令人沮喪。更驚人的是，這裡的街道、商店或公寓住家幾乎看不到鐵窗，不像台灣的商店與住家都關在鐵籠裡，到處一片鐵色，連我駐韓代表處人員，都稱讚韓國的治安比台灣要好幾倍。

記得無名氏寓居台北淡水時，有天他打電話給我，向我表示爲了修訂《無名書》稿要搬離現在住的地方，請我幫忙租一處適合他一個人居住的房子，住處僅設信箱，暫時謝絕對外一切應酬。我知其遷出動機，應是和夫人感情起了變化，才興起搬家的念頭。一個體弱多病的獨居老人，在沒有親人的照顧下，生活起居能否自理，一旦發生意外該怎麼辦，在在都讓我審慎考量。幾經考慮，我與軍中衛生單位退休的堂弟商議，徵得其同意，將台北木柵眷舍，騰出一間空屋給無名氏居住，憑其在軍中照顧病患的經驗，就近照料他，雖未臻理想，總算可讓無名氏在無安全顧慮的情況下住下來。

無名氏搬進木柵寓所前，先後結識了詩人作家王志濂（瘦雲王牌）先生，文史哲出版社負責人彭正雄先生及台北榮總大醫師詩人徐世澤先生，這三人再加上國防部總政戰部處長薛兆庚將軍及筆者，被無名氏稱爲「黃昏五友」，無名氏家人不在身邊，孤獨一身的情況下，五個人時常在醫療與生活上給予關心與照顧。

二〇〇二年十月，正當無名氏準備去蘇州爲南京電視台拍攝其改編的「塔裡的女人」連續劇簽約時，突傳來無名氏吐血住進榮總加護病房的消息，令人震驚又意外。基於健康因素，無名氏稍早曾希望本人代他前往蘇州辦理簽約手續，我自知缺乏這方面的專業知識及經驗，請他另覓適當人選而予以婉拒，稍後蘇州方面來函，堅請無名氏本人前往簽約，並願提供隨行人往返機票及招待蘇杭地區一週的旅遊活動，他們相信絕對會讓卜先生高高興興來蘇州，歡歡喜喜的回台灣，幾經考慮，無名氏決定與我一同前往蘇州。

十月三日凌晨三點十分，接到堂弟從台北打來的電話，告知無名氏因吐血住進榮總急診室，卜先生希望你盡快趕來，我從中壢趕到台北榮總時，已是清晨四點五十分，見到無名氏躺在病床上，護士們正忙著輸血打點滴，他臉色蒼白，但神志清醒，見到我第一句話說：「你來到就好了。」接著又問去蘇州的事情辦的如何？我告訴他我們兩人的台胞證已完成簽證手續，現在只等你病癒出院，健康狀況允許，便隨時可以前往。「這就好！這就好！」卜先生連說兩句，臉上露出一絲笑容。我握著他的手說：「卜大哥！現在好好養病，多休息，其他事以後再說。」

無名氏住院期間，黃昏五友都利用早晚時間，輪流到病房去探望及照顧。十月六日那天，徐世澤先生陪同前陽明大學校長張心湜博士到急診室看無名氏，那時候他插著管子無法講話，但神智清醒，還能用筆交談，卜先生閉著眼睛寫「不要死」三個字。張校長停了一會，走到急診室外面，輕聲的對我說：「卜先生現在情況，與當年經國先生病況完全一樣！」再問復原的可能性時，他直搖頭沒有回答。十月七日病情穩定，八日轉二樓加護病房，我們正爲他病情轉好感到高興時，那知後來病情急轉直下，十一日零時六分卜先生辭世離開了人間。

無名氏熱愛創作，視創作爲終生志業，即使在很惡劣的環境下，寫作熱情都不曾稍減，他擁有儒、釋、耶等宗教家的淑世精神，把生命作爲最大投資，透過文學追求永恆。

無名氏雖然離開我們兩年了，但是他永遠是我最懷念的作家，一位國寶級的大作家。

上圖：本文作者陪無名氏歐洲旅遊。
下圖：本文作者在無名氏住宅附近攝影。

懷念熱忱待人與堅持創作的無名氏

彭正雄

我早就仰慕作家無名氏的大名了，因爲在中學時期有緣讀到他的成名作《北極風情畫》、《塔裏的女人》，但是與他從相識到結爲莫逆，卻是四十多年以後的事了。

記得一九九七年六月王志濂先生介紹卜老與我認識，我們就過從甚密。基於對卜老的敬仰，一九九八年起我重刊卜老的舊作《抒情煙雲》上下冊，《北極風情畫》、《塔裡的女人》等著名小說，接著幾年又陸續印行了卜老十幾本著作。當然我們的接觸是從出版事務開始的，但是後來卜老與我愈來愈投契。平常我敬稱他「卜老」，則稱我「彭兄」，卜老視我爲忘年知己，甚至將我列爲其「黃昏五友」之一，卜老將王志濂（筆名瘦雲王牌）、徐世澤、薛兆庚、宋北超和我稱爲「黃昏五友」，我們五人時常在醫療、生活上關心與照顧卜老。

卜老常來寒舍走動。那時「人間四月天」電視連續劇相當風行，他說很想看，於是我買回二十卷「人」劇錄影帶，上午陪他在我家一起觀賞，下午就近到南門市場買現成菜餚，晚上請他在寒舍用餐，飯後送他上計程車回木柵寓所，我會暗中抄下計程車車號，直到卜老安全返抵家門。

卜老也常約我去他住處小聚，閑話家常，談論書稿，我也便中幫他打理居家環境，卜老身體並不好，有攝護腺炎及眼疾，加上親人遠離，孤身一人獨居台北，生活相當清苦，三餐常以乾稀飯爲主，早餐加個水煮蛋，中晚餐配菜則是附近小吃店送來的炒蘿蔔絲或炒茄子。我頗耽心卜老缺乏營養影響身體，每每探望他時，會順道帶些魚肉菜餚讓他補充營養。幸而他的創作精神極爲旺盛，所以生活雖然清苦，但是從來不放棄他對生命及創作的堅持，從這裡我看到了卜老的文人風骨。

但是我更有幸看到卜老熱忱待人的一面……。

一九九八年中天出版社重刊卜老《花的恐怖》一書，該書批判大陸文革期間對於人民思想的箝制，一九九九年美國葉憲先生主持的天馬圖書公司刊行《花》書的英文版，美國百老滙歌劇巨星王洛勇先生還特別推崇這本書的成就。王先生在百老滙主演《西貢小姐》歌劇，一齣戲四年間演出一千餘場，卜老亟盼台灣文藝界得以目睹百老滙巨星的風采，曾託我申辦外籍人士來台訪問等程序。一九九八年八月十七王洛勇先生偕葉憲先生來台訪問，來台期間拜會新聞局、台灣新生報、聯合報、中國文藝協會等機關團體，並先後在台大校友會館舉行新聞記者會、耕莘文教院示範演唱及演講。王洛勇先生在台訪問期間的所有活動，卜老都一一陪同，舉凡引介、評述、參觀皆不假他人之手，直到最後一晚卜老因身體負荷不了，才請託王志濂先生、言言小姐和我三人代他陪同王先生遊賞台北夜景，然而王洛勇先生離台時，卜老仍堅持送行到機場。卜老待人如何，於此就可見一斑了。

二〇〇〇年「黃昏五友」當中的王志濂、徐世澤與我三人計畫陪同卜老到大陸自助旅行，六月十日啓程，十天四人的足跡遍及上海、杭州、蘇州、漢口等地。卜老曾經住過蘇杭，重遊神州時便興緻高昂地扮起嚮導的角色，卜老以八十三歲高齡善盡地主之誼，詳細介紹各地觀光景點，凡此種種，都讓我深刻感受到卜老對待朋友的熱忱。

晚年的卜老，仍然創作不輟，努力爭取讓自己的作品和讀者見面，這當然有部份是爲了生計，但在背後更隱藏著一份作家的執著。其實卜老的驟然離世，跟他在二〇〇二年上半年趕工寫作有關，原來卜老應南京電視台之邀，改寫《塔裡的女人》爲二十集的電視連續劇，就在卜老完成十五集劇本，準備與南京電視台簽約之際，他便因過度勞累、體力不支而病倒。

卜老生前最後的心願也就是將自己著作一一修訂出版。其中，他最關心的就是《無名書》的定稿，也常記掛《野獸．野獸．野獸》及《開花在星雲以外》二書的付梓情形，所以常不時來電向我說明如何修改著作、何時寄給他校對。二〇〇二年十月二日中午，我與卜老還在電話裡談論書稿，談話中得知他與政大中文系尉天驄教授正在餐敘及討論之前我向台北市文化局申請的「無名氏文學作品研討會」事宜，午後稍事休息，卜老完成《野獸・野獸・野獸》及《開花在星雲以外》二書的封底介紹文，晚間七時許傳真至出版社給我，介紹文中卜老親筆寫下的句子：「中國五四新文學運動一體系，目前碩果僅存的兩個名小說家，一個是大陸巴金，一個是台灣無名氏。巴金纏綿病床多年，無名氏雖以八十五歲高齡仍在寫作……。」（時年八十五歲又九個月）這些句子不僅是事實的描述，更透露出卜老個人對持續創作的自我堅持與肯定。

詎料五個小時後，十月三日凌晨一時傳來卜老吐血，住進榮民總醫院急診加護病房的消息。誰也料想不到卜老這次因食道靜脈破裂住院，便再也無法康復過來。我們「黃昏五友」每天早上分別輪流探望卜老。十月五日清晨六時半我探視時，卜老因口中插著管子無法講話，但神智、精神甚爲清醒，還能用筆交談，卜老閉著眼寫著：「鼻子悶、鼻（子）不透氣，伸舌頭、伸不開、口不開、透氣（要）幾天，拔拔管」，我安慰卜老：「病情好轉，就可拔管」又寫著：「有幾天可吃、幾天吃米（飯）」，我又答：「很快」，他又寫：「好好」（附親筆遺墨）。十月六日徐世澤先生先探視卜老，卜老猶寫著「不要死」三個字。八日轉二樓加護病房，我陪他兩小時，當時心跳、血壓都已穩定，怎知後來病情急轉直下，十月十一日零時六分卜老竟然離開了人世。

卜老生前念茲在茲出版《無名氏全集》的「修正定本」二十卷，其中二一七卷《無名書》是他的代表力作，卜老最爲重視，他還想用《無名書》六卷申請諾貝爾文學獎。原訂二〇〇二年十一月出版《無名書》時舉行「無名氏文學作品研討會」，很遺憾的是，卜老來不及參加了。十一月九日「無名氏文學作品研討會」如期在台北市市長官邸藝文沙龍舉行，只不過這次研討會，成了無名氏逝世後第一個文學紀念會。我們從一九九八年陸續刊行卜老的修正定本著作《無名書》共四卷八本，直到研討會這一天又趕出《無名書》其餘二卷一一《野獸．野獸．野獸》及《開花在星雲以外》，這兩卷四本書的出版，使《無名書》六卷得以完整面世，我想卜老在天有靈，也應感到高興吧！

目前《全集》修正定本至今共出版了十卷二十本，約「全集」三分之二，文稿達三百五十萬字。文史哲出版社出版了「全集」第一卷《北極風情畫》、《塔裡的女人》，第二卷「無名書定稿第一卷」《野獸．野獸．野獸》、第四卷「無名書定稿第二卷」《海艷》，第五卷「無名書定稿第四卷」《死的巖層》，第六卷「無名書定稿第五卷」《開花在星雲以外》，第七卷「無名書定稿第六卷」《創世紀大菩提》，第十一卷《抒情煙雲》共十四冊；九歌出版社出版了第三卷「無名書定稿」《金色的蛇夜》計二冊；中天出版社出版了第九卷《花的恐怖》分成《花與化石》、《一根鉛絲火鉤》兩本，第十二卷《在生命的光環上跳舞》、《宇宙投影》計四冊。但第八、十、十三至二十卷迄今尙未出版，只有期待文化界有識之士，將來整理文稿印製了。

時光荏苒，轉眼卜老離開人世已快兩年了，卜老的文學成就與地位，學界及文壇自有評價，無須我多著墨；但身爲卜老的忘年交，我得說一句心裏話，他待人處世的精神，以及努力創作的堅持，將永遠銘刻在喜好文學的人士及我們一群好友的心中。

二〇〇四年七月十五日

無名氏與文史哲出版社合辦邀約紐約百老匯巨星王洛勇先生來台訪問與表演。

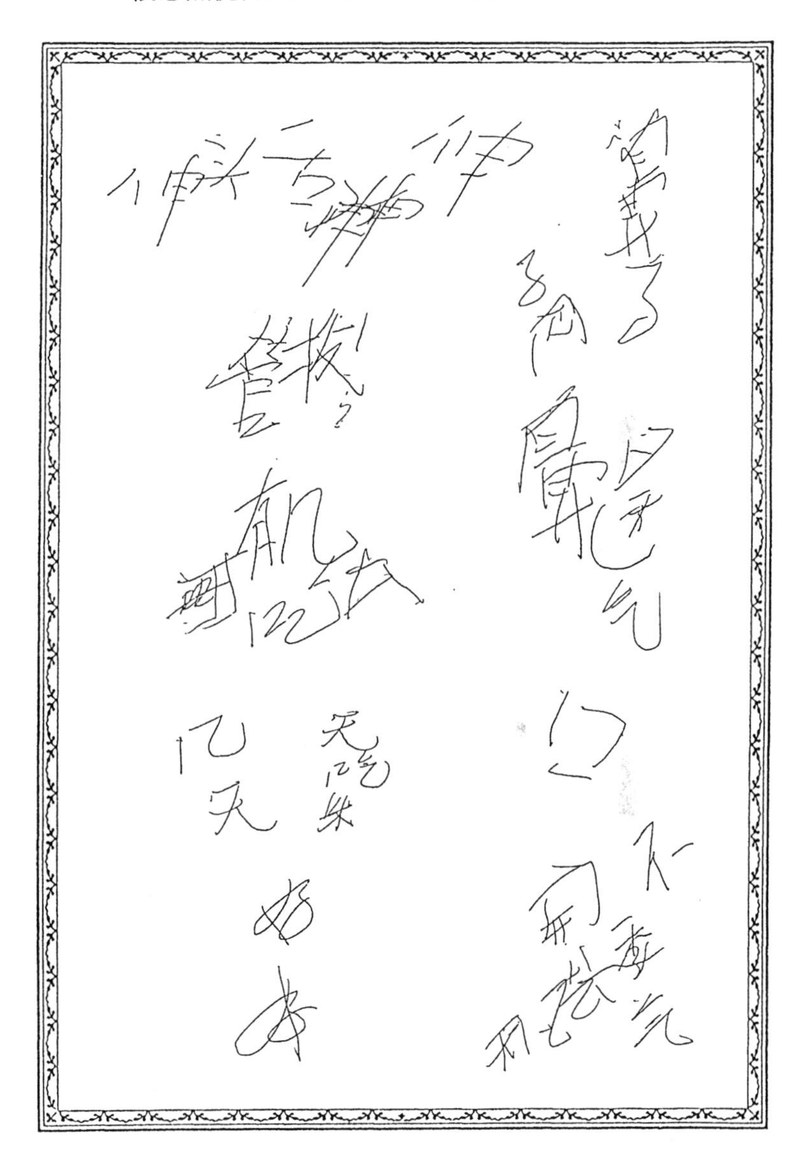

2000 年 6 月 10 日無名氏等四人赴上海自助旅行在丁香花園（李鴻章故居）餐敘。

附錄：

無名氏文學創作年表 附小傳

彭正雄編

小傳

無名氏，譜名卜寶南，後改卜乃夫，又名卜寧(一九九七年以後出版《無名氏全集》之正名)，一度稱卜懷君。生於一九一七年一月一日(農曆一九一六年十二月八日)南京下關天保里。祖父卜庭柱原籍山東，少時遷揚州，父卜善夫又由蘇北定居南京行醫。一九三四—三五年，在北京俄文專科學校畢業，抗戰爆發後，考入金陵大學外文系三年級，未就讀。

抗戰八年，無名氏先後任藝文研究會編譯員，中央圖書雜誌審查委員會幹事(審查員)、香港立報、星報、爪哇吧城(雅加達)新報駐重慶特派員，重慶掃蕩報記者，重慶新蜀報、貴陽中央日報駐西北特派員，西安華北新聞主筆，上海真善美出版公司總編輯。從事新聞業期間，立報社長成舍我、掃蕩報社長何聯奎，黃少谷，大公報總編輯王芸生，國際問題研究所所長王芃生等人先後對他頗加青睞。抗戰後期，大公報驕橫不可一世，甚藐視同業，唯對卜寧在掃蕩報發表之報導文章，有時均轉載香港桂林兩版，並在編輯會議上討論。

一九三八年起，除撰新聞報導外，兼事文藝創作。一九三九年以後，其文體極被當時名作家名編輯靳以賞識，曾主動要求與他通訊。一九四〇年，四千字散文〈薤露〉在《時事新報》副刊登載後，中央廣播電臺曾請前國立劇校一期學生郭季定朗誦廣播，連當時遠在印度旁遮普省的國軍醫院的軍官也把它速記下來。黃炎培所辦的中華職業學校則印成國文教材(此文後亦收入臺灣語文教科書)。

一九四三年十一月，應華北新聞總編輯趙蔭華之請，第一次用「無名氏」筆名，寫長篇小說《北極風情畫》，連載後，轟動大西北。次年，又寫長篇《一百萬年以前》與《塔裡的女人》，《塔》刊行後，亦風行一時。一九四五年，無名氏返重慶，《北》《塔》二書出版，暢銷盛況，造成中國新文學出版史上新記錄。一年後，各地有廿一種翻版本問世，被公認爲新文學作品中第一暢銷書。至一九四九年大陸淪陷止，估計印了一百多版，銷了卅幾萬冊。當時凡能看小說亦能買得到此二書的青年 幾乎全讀過。

一九四五年冬，抗戰勝利，無名氏赴上海，翌歲遷杭州慧心菴，完成「無名書」第一卷《野獸、野獸、野獸》約卅萬字，第二卷《海艷》約四十萬字，並出版。一九四八年一月，搬至西湖邊葛嶺，寫成第三卷《金色的蛇夜》上冊廿餘萬字，一九四九年夏，中共占滬杭後，潛赴上海刊行此書。

一九四九年大陸淪陷，無名氏因照顧老母，未離杭州，但決定對中共秘密進行信仰戰爭，這就是：一、不與中共合作；二、不任公職；三、不拿中共一文錢；四、不寫文章捧中共；五、繼續忠於藝術原則，自由創作；六、繼續忠於真理與正義，凡有所寫作，一定要對抗、反叛馬、列、史、毛思想體系——精神體系；七、繼續用巧妙手法，相機寫直接反共作品；八、絕不寫任何反對或傷害自由世界的文章。

一九五〇年，並偷偷完成《金色的蛇夜》二十餘萬字；一九五六年夏至一九六〇年五月，在最艱苦、驚險的環境下，他又完成《死的巖層》、《開花在星雲以外》、《創世紀大菩提》等，共約一百四十萬字。

一九八二年春三月，申請探親，十月批准，十一月五日通知他。緊張準備了一個多月，十二月十九日，由杭州飛廣州，二十三日上午搭火車至深圳，下午乘火車抵九龍。次年三月二十二日在香港居留期滿的當晚，夜九時，由兄長卜少夫陪伴，乘香港到台灣班機，抵台北投奔自由，回歸中華民國自由臺灣，正式結束了三十年的大陸夢魘生活。

一九八五年五月十九日與馬福美結婚。

一九八三年先後任台灣日報顧問，台灣中華日報特約主筆，台灣國立成功大學文學講座，當代中國研究所研究員，舊金山中山文化學院名譽教授。

他的《獄中詩抄》獲一九八五年中山文藝獎；《我站在金門望大陸》獲一九八六年國家文藝獎；一九八七年，文建會致贈「文藝醒世」獎牌；一九九〇年並獲教育部社會教育有功個人獎。

二〇〇二年六月十五日（端午節）因貧血嚴重一度進入台北萬芳醫院治療，七月又轉榮總醫院治療，病情漸穩定。未料十月三日凌晨一時大量吐血，復進榮總急救，十月十一日清晨零時六分不幸辭世。十一月二日舉行告別式並火化。十一月九日舉辦「無名氏文學作品研討會暨書法展」，書法展於十一月九日至十五日展出七天。十二月二十九日骨灰安奉於高雄佛光山寺，萬壽園大慧界西五—八六（**西五—八六**：巧合寫作時在**西湖**，諧音**西五**，仙逝享壽**八十六**歲—**八六**）。

作品年表

•一九三七年

在南京完成散文〈崩潰〉，作者收在《無名書全集》中的第一篇文章，描寫尼采精神崩潰前的心理狀態。

•一九三八年至一九四三年

在重慶等地及海外各報發表不少報導抗戰的文章，作者曾說：將來擬收集成冊，出《抗戰文錄》。

•一九三九年至一九四一年

在重慶及海外各報及雜志發表短篇小說〈騎士的哀怨〉等七篇。又完成〈人之子〉，此篇四十年後在台灣《華視新聞雜誌》刊出。又發表《薤露》等散文詩數篇。

•一九四二年

㈠《露西亞之戀》(短篇小說)，重慶，光復社，一九四二年，三十二開，一六九頁；香港，新聞天地社，一九七六年九月，三十二開，一六九頁。

㈡完成報告文學《韓國的憤怒》，並出版。

㈢《中韓外交史話》，重慶，韓國獨立社，一九四二年，三十二開，二一〇頁。

•一九四三年

㈠在西安完成長篇小說《北極風情畫》，先在《華北新聞》連載。

•一九四四年

(一)《北極風情畫》(長篇)，西安，華北新聞社，一九四四年，三十二開，二四六頁；香港，新聞天地社，一九七六年六月，三十二開，二八二頁；臺北，黎明文化事業公司，一九八九年十月，三十二開，二四七頁；與《塔裡的女人》合集，廣東，花城出版社，一九九五年一月，大三十二開，二八三頁；上海，上海文藝出版社，二〇〇一年七月，大三十二開，一七六頁；編入《無名氏全集》第一卷下冊，臺北，文史哲出版社，一九九八年十月，二十五開二四六頁。

*附註：凡編入《無名氏全集》均為最後修正定本。

(二)在西安完成長篇小說《一百萬年以前》，在報紙上連載。完成長篇小說《塔裡的女人》，自辦「無名書屋」發行。

(三)《塔裡的女人》(長篇)，西安，鐘樓書局，一九四四年，三九二開，一九六頁；臺北，黎明文化事業公司，一九七六年九月，大三十二開，一九七頁，又一九八七年五月，三十二開，一九九頁；臺北，遠景出版事業公司，一九八四年九月，三十二開，二〇三頁；編入無名氏全集第一卷上冊，臺北，文史哲出版社，一九九八年十月，二十五開，一八五頁；上海，上海文藝出版社，二〇〇一年七月，大三十二開，一四〇頁。

(四)《一百萬年以前》(長篇)，西安，鐘樓書局，一九四四年，三十二開，二〇七頁；香港，新聞天地社，一九七六年九月，三十二開，二〇七頁。

•一九四五至一九四六年

㈠在重慶、上海、杭州完成六卷本長篇小說《無名書稿》的第一卷《野獸・野獸・野獸》。

㈡《野獸・野獸・野獸》（長篇），上海，真善美出版公司，一九四六年十二月，三十二開，五三〇頁；臺北，遠景出版事業公司，一九八四年十二月，三十二開，五八五頁；編入無名氏全集第二卷上下冊，臺北，文史哲出版社，二〇〇二年十月，二十五開，五五八頁。

・一九四七年

㈠在杭州完成《無名書稿》的第二卷《海艷》，一九四三～一九四七年完成哲思隨筆《沉思試驗》。

㈡《薤露》，上海，真善美出版公司，一九四七年，三十二開，一九一頁；香港，新聞天地社，一九七六年九月，三十二開，一九一頁。

㈢《海艷》(長篇)，上海，真善美出版公司，一九四七年九月，三十二開，七〇三（五三一‧一二三三)頁；香港，新聞天地，一九七七年一月，三十二開，七五六頁；臺北，漢光文化事業公司，一九八六年七月，上下冊三二開，五一三頁；廣州，花城出版社，一九九五年二月，二十五開，五一二頁；編入《無名氏全集》第四卷上下冊，臺北，文史哲出版社，二〇〇〇年五月，二十五開，六二一頁。

㈣《龍窟》（散文、短篇小說），上海，真善美出版公司，一九四七年，三十二開，一九七頁。

• 一九四八年

㈠《沉思試驗》，上海，真善美出版公司，一九四八年七月，三十二開，二一七頁；臺北，遠景出版公司，一九八三年，三十二開，二二一頁。

• 一九四九年

㈠完成《無名書稿》第三卷《金色的蛇夜》上冊。

㈡《金色的蛇夜》(上)(長篇)，上海，真善美出版公司，一九四九年，三十二開，四七八頁；香港，新聞天地社，一九七七年一月，三十二開，四七八頁；編入《無名氏全集》第三卷上冊，臺北，九歌出版社，一九九九年一月，二十五開，三九七頁。

• 一九五〇年

㈠完成《無名書稿》第三卷《金色的蛇夜》下冊。

• 一九五一年至一九五五年

㈠完成《沉思試驗續》，及文藝理論思想隨筆書評若干篇，收集爲《吮蕊集》。

• 一九五六年至一九六〇年

㈠一九五六年~一九五七年完成《無名書稿》第四卷《死的巖層》。

㈡一九五七年~一九五八年完成《無名書稿》第五卷《開花在星雲以外》。

㈢一九五九年~一九六〇年完成《無名書稿》第六卷《創世紀大菩提》。

㈣一九六〇年完成朦朧詩集《夜梟詩篇》。

•一九六一年至一九六八年

㈠寫詩一百多首，長詩二首。

㈡完成長篇自傳小說《綠色的迴聲•青春愛情自傳》。

㈢完成《聖誕紅》等短篇小說六篇。

•一九六八年至一九七六年

㈠作詩近二百首，定名爲《猩猩詩篇》。

•一九七七年至一九八二年

㈠寫詩多首。整理、修改積稿及已出版的書達三百餘萬字，以數千封信寄往海外發表，出版。

㈡《冥思偶拾》（哲學隨筆），香港，新聞天地社，一九七七年一月，三十二開，二一七頁。

㈢《印蒂》（長篇），香港，新聞天地社，一九七七年一月，三十二開，五六七頁。

㈣《死的巖層》（長篇），臺北，遠景出版公司，一九八一年，三十二開，七一二頁；編入《無名氏全集》第五卷上下冊，臺北，文史哲出版社，二〇〇一年四月，二十五開，六三〇頁。

(五)《金色的蛇夜》下（長篇），香港，新聞天地社，一九八二年，三十二開，五五二頁；編入《無名氏全集》第三卷下冊，臺北，九歌出版社，一九九九年七月，二十五開，四五九頁。

(六)《無名氏詩篇》，香港，新聞天地社，一九八二年二月，三十二開，二九四頁。

(七)《聖誕紅》(短篇)，香港，山河出版社，一九八二年十二月，三十二開，一九八頁；臺北，遠景出版公司，一九八三年，三十二開。

・一九八三年

(一)《開花在星雲以外》(長篇)，香港，新聞天地社，一九八三年一月，三十二開，七七五頁；編入《無名氏全集》第六卷上下冊，臺北，文史哲出版社，二〇〇二年十月，二十五開，七〇〇頁。

(二)《綠色的迴聲》(長篇)，臺北，展望雜誌社，一九八三年七月，三十二開，三六一頁；臺北，黎明文化事業公司，一九八三年，三十二開，四九五頁；—無名氏青春期愛情自傳，廣東，花城出版社，一九九五年一月，大三十二開，三〇八頁。

(三)《魚簡》(書信)，臺北，遠景出版公司，一九八三年四月，三十二開，二二一頁。

(四)《海峽兩岸七大奇蹟》(演講集)，臺北，黎明文化事業公司，一六八三年十二月，三十二開，一七五頁。

·一九八四年

㈠《創世紀大菩提》(長篇)，臺北，遠景出版公司，一九八四年，三十二開，九六三頁；編入《無名氏全集》第七卷上下冊，臺北，文史哲出版社，一九九九年九月，二十五開，八三四頁。

㈡《無名氏詩詞墨蹟》（書法），臺北，黎明文化事業公司，一九八四年三十二開，六十一頁。

㈢《獄中詩抄》，臺北，黎明文化事業公司，一九八四年五月，三十二開，二七三頁。

·一九八五年

㈠《大陸冥思》(哲學隨筆)。

㈡《我站在金門望大陸》，臺北，黎明文化事業公司，一九八五年八月，三十二開，三六七頁。

㈢《海的懲罰》（集中營實錄），臺北，新聞天地社，一九八五年八月，三十二開，一七三頁。

㈣《無名氏自選集》(小說、詩)，臺北，黎明文化事業公司，一九八五年三月，三十二開，三〇三頁。

㈤《無名氏巡迴美、加、日演講紀要》，臺北，光陸出版社，一九八五年四月，二十四開，二五四頁。

·一九八六年

㈠《走向各各他》(一九八六年受難紀實)，臺北，新聞天地社，一九八六年二月，三十二開，八〇頁。

·一九八七年

㈠五月八日完成《塔底的女人》(小說)，同年八月七日第一次修改，八月十六日第二次修改，九月六日第三次修改完竣，十月十日第四次修改，十一月十九日第五次修改。

·一九八八年

㈠《花的恐怖》(短篇)，臺北，黎明文化事業公司，一九八八年一月，三十二開，三二八頁；編入《無名氏全集》第九卷上冊，《花與化石》，臺北，中天出版社，一九九九年五月，二十五開，二〇七頁；編入《無名氏全集》第九卷下冊，《一根鉛絲火鉤》，臺北，中天出版社，二十五開，二〇七頁。

㈡《中國大悲劇時代對話演講集》，臺北，黎明文化事業公司，一九八八年五月，三十二開，二五七頁。

·一九八九年

(一)《紅鯊》(報導文學)，臺北，黎明文化事業公司，一九八九年九月，三十二開，四六八頁。

•一九九〇年

(一)《塔外的女人》，臺北，風雲時代出版社，一九九〇年四月，三十二開，二八〇頁。

(三)《塔裡•塔外•女人》，臺北，風雲時代出版社，一九九〇年四月，三十二開，二四四頁；廣　州，花城出版社，一九九五年一月，三十二開，三四二頁。

•一九九一年

(一)一月完成《淡水魚冥思》。

•一九九二年

(一)《淡水魚冥思》(散文)，臺北，黎明文化事業公司，一九九二年一月，大三十二開，一七一頁；廣東，花城出版社，一九九五年一月，大三十二開，二一七頁。

(二)《恐龍世紀》(報導文學)，臺北，黎明文化事業公司，一九九二年十二月，大三十二開，八十八頁。

•一九九三年

(一)《愛情•愛情•愛情》(散文)，臺北，黎明文化事業公司，一九九三年五月，二十五開，四八五

•一九九四年

㈠《蝴蝶沉思》，臺北，黎明文化公司，一九九四年六月，二十五開二三九頁。

㈡ *Red in Tooth and Claw*（《紅鯊》英文本），New York，Grove Press，二二八頁。

・一九九七年

㈠《在生命的光環上跳舞》(散文)，編入《無名氏全集》第十二卷上冊，臺北，中天出版社，一九九七年十二月，二十五開，二八〇頁；北京，人民文學出版社，二〇〇二年六月，二十五開，二八七頁。

㈡《宇宙投影》(散文)，編入《無名氏全集》第十二卷下冊，臺北，中天出版社，一九九七年十二月，二十五開，二三七頁。

・一九九八年

㈠《抒情煙雲》—無名氏與美麗才女趙無華的一段情，編入《無名氏全集》第十一卷上冊，文史哲出版社，一九九八年一月，二十五開，三八〇頁。

㈡《抒情煙雲》—生命是漫天奇景，編入《無名氏全集》十一卷下冊，文史哲出版社，一九九八年一月，二十五開，四五七頁。

・一九九九年

㈠ *Flower Terror*(《花的恐佈》英文本)，New Jersey.，Homa & Sekey Books，二五五頁。

・二〇〇一年

㈠《談情》（抒情短文），江蘇，江蘇文藝出版社，二〇〇一年十二月，四十開，一三五頁。

㈡《說愛》（抒情短文），江蘇，江蘇文藝出版社，二〇〇一年十二月，四十開，二〇五頁。

㈢《我心蕩漾》—俄國少女妲尼婭與我的故事，江蘇，江蘇文藝出版社，二〇〇一年十二月，大三十二開，三五四頁。

附錄

㈠《無名氏傳奇》，汪應果·趙江濱著，上海，上海文藝出版社，一九九八年十月大三十二開，三四二頁。

㈡《神秘的無名氏》，李偉著，上海，上海書店出版社，一九九八年八月，大三十二開，二八一頁。

㈢《獨行人蹤無名氏傳》，耿傳明著，江蘇，江蘇文藝出版社，二〇〇一年四月，大三十二開，二四七頁。

㈣《中國現代文學百家》—無名氏代表作，沐定勝編選，江蘇，江蘇文藝出版社，一九九九年十月，大三十二開，三四七頁。

二〇〇二年十月十六日初稿　十二月三十日修訂
二〇〇二年十一月　文訊雜誌月刊　二〇五期
二〇〇三年四月　全國新資訊月刊　國家圖書館
二〇〇四年七月重訂於《無名的文學探索與紀懷》出版